★世界著名战争回忆录丛书（插图本）★

1848年法国革命回忆录

Reminiscences

The French Revolution of 1848

（法）托克维尔◎著　李秀峰　王文艺　崔金英◎译

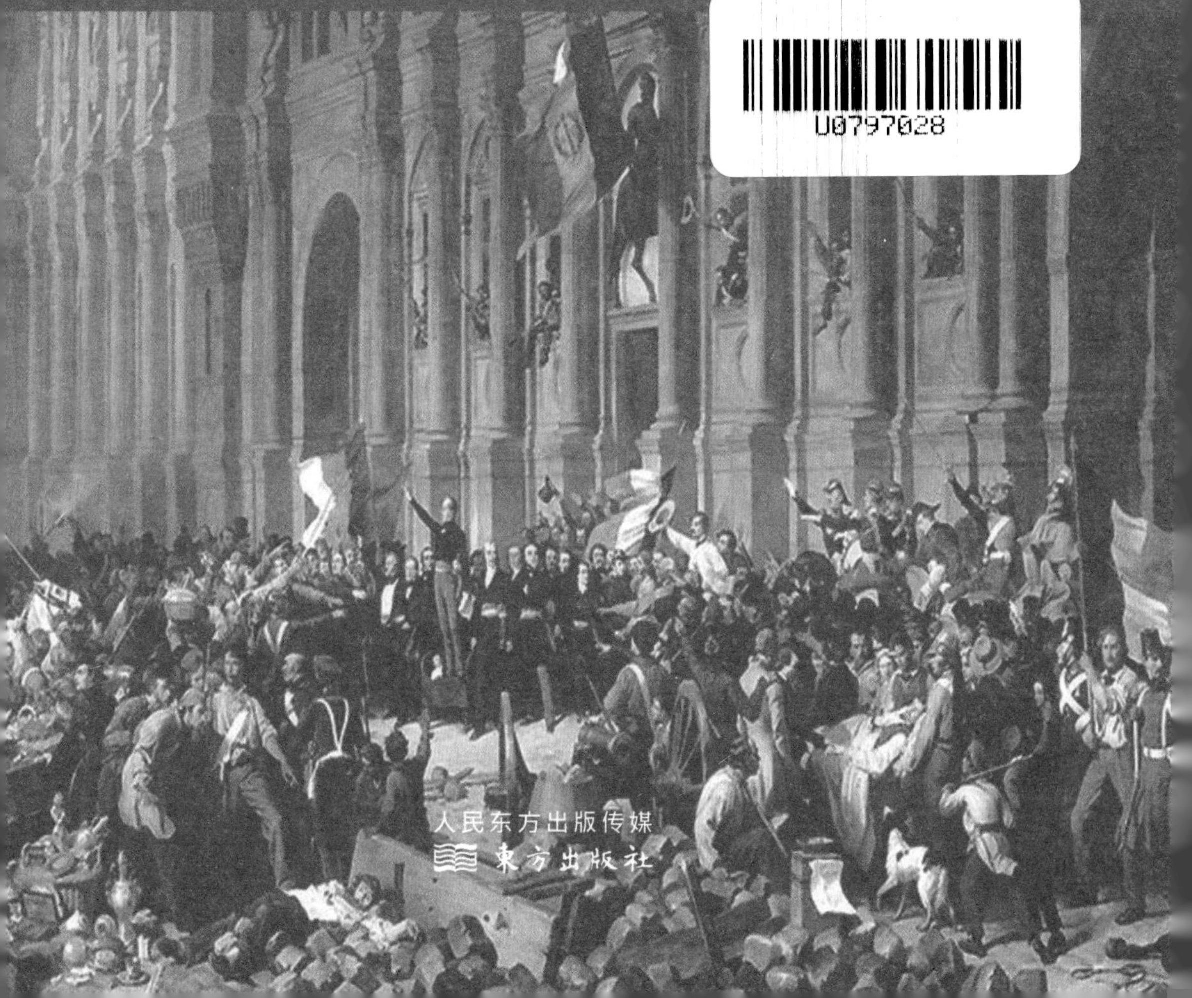

人民东方出版传媒
東方出版社

图书在版编目（CIP）数据

1848年法国革命回忆录 /（法）托克维尔著；李秀峰等译.
—北京：东方出版社，2015
（世界著名战争回忆录丛书：插图本）
书名原文：THE RECOLLECTIONS OF ALEXIS DE TOCQUEVILLE
ISBN 978-7-5060-8169-6

Ⅰ.①1… Ⅱ.①托… ②李… Ⅲ.①法国大革命—研究
Ⅳ.①K565.41

中国版本图书馆CIP数据核字（2015）第092696号

1848年法国革命回忆录
（1848 NIAN FAGUO GEMING HUIYILU）
（法）托克维尔 著 李秀峰 王文艺 崔金英 译

策划编辑：李 斌
责任编辑：梁 欣
出 版：東方出版社
发 行：人民东方出版传媒有限公司
地 址：北京市东城区朝阳门内大街192号
邮政编码：100010
印 刷：北京汇林印务有限公司
版 次：2015年7月第1版
印 次：2015年7月北京第1次印刷
开 本：710毫米×1000毫米 1/16
印 张：23.25
字 数：332千字
书 号：ISBN 978-7-5060-8169-6
定 价：56.00元
发行电话：（010）64258117 64258115 64258112

托克维尔

PREFACE
前言[①]

“看到这些东西总是很高兴的，因为它们都是由力图去恰当地作出指引的人们所记载的。”

——蒙田

1839年，埃里克斯·德·托克维尔开始了他的政治生涯。二月革命爆发之际，托克维尔正值青壮年时期，但此时他的个人才智和天赋却已经很成熟。他投身于战争，立志要为国家和社会作出贡献。他是全心全意为共和国的稳定而努力奋斗的先驱者之一，为的是让共和国在避开君主专政和革命的双重危险下，实现平稳健康的发展。他的这份努力是危险的，也是吃力不讨好的，聪明的他早已看出这场革命将要面对的困难，他很快预见到这次革命不会长久。

结束了令人担忧而又充满暴乱的短暂的政治生涯之后，他想从烦琐的公

① 前言是卡密特·德·托克维尔专门为本书所写。——译者注

共事务中放松一段时间（或许这段时间将是永远），他先去了诺曼底，接着又去了索伦托、那不勒斯海湾，去寻求他所渴求的和平与安宁。这位伟大的政治家，从不向外界展示他懦弱的一面。对于托克维尔来说，无事可做才是真正的折磨和苦难。于是，他立即开始着手寻找能够引起他注意的事情。很快，他在法国大革命这场伟大的戏剧里找到了他想要的，这场革命不可避免地吸引了他，而且注定在托克维尔以后辉煌的事业中体现出他受这场革命的影响之大。

与此同时，托克维尔被国内日益糟糕的政局所困扰，正因为如此，他才写了这本革命回忆录，这本回忆录现在已经出版了。但这本回忆录仅仅是他在工作间隔草草记下的一些零散的事情。这些并不是他革命生涯的终结，直到他屈服于好友的劝说，他才最终同意出版这部作品。在回忆的过程中，他乐在其中，就好像重新经历了一遍所发生的事情一样。他喜欢反复尝试，就像这样：对其所从事的活动颁布新的规定，虽然其特点往往是短暂易逝，但看起来却很有必要进行的明晰的改革，同时，其他事件也需要进行类似的变革。这样一来，人们就可以预测出潜在的危险，从而扭转乾坤。因此，好比那些行者，在经历了一番艰难险阻——危险的礁石、荒无人烟的岛屿之后，他们在此停留并待上数日之后，到了他们要离开的时候，在此地还未完全被大浪淹没时，他们会再转过身来向其投出长长的忧伤的目光。国民议会已经失去了独立性；存在了三十年的宪法上规定的自由的统治也消失不见了；引用一句非常著名的话："帝国统治已成为事实。"

今天，我们能够很好地评判所描述的这个时期所发生过的事情，革命、战争，甚至国家所经历的不幸，似乎早已远离我们。对现在的我们来说，革命带给我们的灾难和痛苦已经慢慢减退。不过，细心的观察者和目光敏锐的人们还是能发现一些东西的。我们离那些幸存者是如此之近，可以从他们的口中获得最直接的证据；但又不那么近，因为所有的激情早已消失不见，所有的深仇大恨也早已不在。我们所处的时代既不缺乏信息也不缺少对事情的公正评判。我们所处的时代见证了拉乌尔、里果特和德勒克吕兹执掌政权。路易斯·布兰克和康斯德雷的理论并没有在当时引起太大的轰动，他们的思想只是人们谈论的话题；当时大多数政治家认为有必要采用一些社会主义的东西。科尔默南、马拉斯特和拉马丁所做的和西哀士、佩蒂翁还有米拉博所做的一样，都将会被载入史册；而我们也能够像1830年或者是1789年的人们一样自由地评判1848年的人们和发生的事情。

埃里克斯·德·托克维尔没有预知未来的能力。然而，如果我们试图去寻找的话，我们会发现上天赋予他的崇高的思想。他不属于任何党派，因为他是超越于党派之外而存在的；他并不依附于哪个组织的领导，他是自由的；他没有任何低俗的野心，他将所有的精力都放在了一个崇高的目标上——自由的胜利和人们的尊严。

在对这个革命时期进行回忆的时候，兴趣无疑是被他考虑在内的。这位历史的见证人见多识广，写下了这本回忆录。在短暂的政治生涯的起起伏伏中，他凭借自己的天资和正直，尽职尽责地工作着。然而，最受人们欢迎的是这位伟大的思想家对这段历史的回忆中的独特见解；他对国家和社会的未来深刻的反思；他对他所处的时代表达了自己坚定且小心谨慎的观点。在他的描述下，所有的事情总是令人印象深刻。每当阅读这些既没有被修订也没有被作者本人修改的私人记录时，我们似乎离那些观点和欲望又近了一步。我几乎能感受到他们的理想，他们热切地追求一种几乎所有人和体制都不会满足的东西。

许多年过去了，帝国统治在这场恐怖的灾难中建立起来。埃里克斯·德·托克维尔也早已不在人世，也许这对他的国家是无法弥补的损失。二十多年过去了，我们还深陷其中无法自拔，谁知道他身上所肩负的使命？他揭露了一些人的阴谋诡计，使他们的野心受挫，这些事情所造成的影响又是什么？受1848年革命的启发，他是否还会再一次尝试这种经历？这样做永远都只是权宜之计——那就是在君主主义者的支持下统治共和国。更确切地说，就像他之前作出的描述一样：

共和国形式的政府并不符合法国的需求，不稳定的政府永远都是承诺得多，而实际能够兑现得却很少。更多的人崇尚的是自由而不是君主立宪制度。

他是否能够说服君主立宪派人士去维护所谓的自由？不过，有一件事情是确定无疑的，他绝对不会为了保住自己的地位而做出有损忠于自己人的事情。

我们认为像今天的年轻人，他们很少有机会去接触到这样品格高尚的人，当他们一旦接触到这些伟大且崇高的人物，在这些庄严的地方驻足一会儿，他们就会在这种珍贵的氛围中体会到历史给我们的教训，寻找到公共生活中的例子。他们一定会乐在其中的。这些伟人永远忠实于早前的愿望，永远有两个伟大的信仰：对荣誉的狂热和对自由的向往。

CONTENTS
目 录

第三部分

附　录

第一部分

1850年7月写于托克维尔堡

第一章 1848年革命之前的概况

我暂时远离公共舞台也有一段时间了。在我隐退的这段时间里，身体状况一直不太好，在寂寞孤独的时候，我时常自我反思，或者更准确地说，反复思考当时那些我亲自参与或者亲眼见证的事情。

对于我来说，能够利用这段闲暇时间的最好的方式就是重新描绘我亲眼见证参与那些事件的人们。如果可以的话，要抓住这些人物的特征，并且对那些不清晰的人物形象加以刻画，这构成了当时我所处的那个时代的骚动不安的景象。

在作此决定的同时，我也作了另外一个决定。这个决定和第一个不相上下：这些回忆将仅仅是我精神上的放松和休息，回忆录并非是一部文学作品。我只为我自己而撰写这本书。这本书将是自我娱乐、自我消遣时关注我所处的那个时代，以及我自己的一面镜子，而绝非为公众所作的一幅画。

我的大多数密友也不会看到这本书，因为我想像描述我自己一样自由地描述他们，绝无奉承的言辞。我希望真实地表达出他们，还有我以及其他人当时行为的秘密动机，而且，在发现这些动机的时候，把它们揭露出来。总而言之，我希望真诚地叙述我的回忆，为了达到这个效果，我必须对此绝对保密。

我并非有意将我的回忆追溯到1848年革命之前，也无意将它引申到1849年10月30日——我退出政坛之日。因为仅仅只有在这一段有限的时期内我回忆的这些事情才有意义，或者说当时我所处的职位能够让我更好地观察那些发生的事情。

尽管当时的我已经退出政坛，过上了隐居的生活，但我仍然亲身经历了七月王朝最后几年的议会时代。然而，尽管事情从发生到现在时间并不算太长，但要将所有的事情重新回忆对我来说并非一件容易的事情，因为这些事情在我记忆中的印象不算太深刻。

七月王朝（1830—1848）的国徽

我回忆的线索迷失在一连串细小的事情中、无价值的想法中、少得可怜的激情中、个人的观点中以及互相矛盾的意见中。其实，当时许多公众人物的生活都迷失其中。在我脑海中栩栩如生地存在的就只有这一时期的概况。我时常怀揣着好奇而又恐惧的心情看待这一时期的概况。我能够清晰地识别出这一时期所具有的独有的特征。

如果从远处整体观察，我们可以把1789年到1830年之间的历史看作法国1789年大革命之前的旧的社会制度和政治制度以及它的传统、人们对它的回忆和期待、以贵族阶级为代表的人们和在中产阶级领导下的新法兰西之间的一场殊死搏斗的画面。

1789 年巴黎人民攻占巴士底狱，标志着法国大革命的爆发

1830年结束了我们所经历过的，或者可以说是我们的第一阶段的革命。因为只有这次革命是在面对财富变化的情况下进行的。我们的父辈见证了这场革命的兴起，我们中的多数人很可能看不到这场革命的完成。

1830年，中产阶级的胜利是确定无疑的，同样也是彻底的，以致所有的政治权力、所有的公民权、所有的特权以及整个政府的一切管理权都受到了限制。可以说所有的权力都集中到中产阶级这一狭小的范围之内。所有的权力都处于法律之下而凌驾于事实之上。中产阶级不但统治着整个社会，而且也促使着新社会的形成。他们存在于社会的每一个角落，而且以惊人的数量快速增加。他们习惯于花国库中的钱，就像消耗他们自己的资产一样。

1830年的这场革命刚刚取得胜利，跟着发生的就是人们政治热情的消减，期间伴随的是社会公共财富的大幅增加。中产阶级的一些特别的思想已经成为政府的普遍精神。这种普遍的精神统治着政府的内政和外交：这是一种积极向上而又勤奋刻苦的精神。这种精神使得中产阶级经常是不受人尊重的，通常又是冷静严肃的，他们会因为虚荣心和利己主义，在处理事情时胆小怕事、性格温和，除了那些能使他们感到舒服的事情。这一切都是极其平凡的。这种精神与平民大众和贵族的精神结合在一起，虽然可以取得惊人的成就，但它只能创造出无德和没有伟业的政府。从某种意义上来说，没有任何贵族曾经做到过或者说从来没有期望过将所有的事情掌控在自己手中。

中产阶级成为统治阶级后，他们将权力看成是一种商业贸易，他们首先要确保自己的权力。不久之后，他们就将自己的利益摆在了首位，他们中的每个成员都认为自己的个人利益要比国家的公共利益重要。对他们来说，自己的享受比整个国家的利益要重要得多。

后辈们通常只会看到受人关注的犯罪事件，却看不见政府犯罪的恶行。后辈们也许永远不可能知道政府在统治后期将自己的统治看作一家贸易公司以所有股东的利益为目的的交易。这些罪行是由于统治阶级的天性使然，由于政府权力的绝对化，同时也由于当时的时代特征所造成的。也许国王路易·菲利普也为这些罪恶的形成作出了贡献。

路易·菲利普国王是一位拥有各种奇特特质的人。如果想要细致地描绘他，必须要更长时间，更广泛地了解他。

虽然我从未参加过他的任何一场会议，但我经常有机会和他接触。我最后一次与他接触是在二月革命爆发之前不久。当时我是法兰西学术院的院长，我需要亲自面见国王，因为学院中有一些问题需要得到国王的重视。在解决完这些问题之后，我准备辞去学术院院长的职务，但国王留住了我，他

法国国王查理十世流亡英国后，七月王朝开始统治法国，路易·菲利普成为国王。图为路易·菲利普

坐了下来，让我坐在另一把椅子上，之后他友善地对我说：“托克维尔先生，既然你在这儿，我们就多聊聊吧！我想让你简单地聊聊美国。”

法兰西学术院是法国的权威学术机构。图为1835年的法兰西学术院

我非常了解他，知道他是什么意思：我会就美国谈谈我自己的观点。他也详细而又彻底地谈论了这个问题。我根本没有机会插话，也不想去发表自己的观点。因为我感兴趣的是他本人。他所描绘的地方就好像在他眼前一样。他回忆40年前他见过的那些杰出人物，就好像昨天刚见过一样。他能够准确无误地说出他们受洗礼时所取的名字，他们的姓，以及当时他们的年龄，与他们相关的历史，他们的家系血统，还有他们的子孙后代，一点儿也感觉不到乏味无聊，这些他都细致地描绘出来了。他从美国回来之后一刻也没有停歇，又前往欧洲。他与我讨论了国内外的所有事情，他的言谈相当无拘无束，没有任何顾忌（事实上我没有权力和资格得到他如此的信任），他说到了沙俄皇帝的种种不好，称他为“尼古拉先生”。偶尔他也提及帕默斯顿爵士，他说帕默斯顿爵士是个流氓无赖。最后他又滔滔不绝地谈论起前不

沙皇尼古拉一世

久刚刚与西班牙王室发生的联姻，这给他带来了来自英国方面的麻烦事儿。

他说："女王对此非常生气，并表现出了极大的愤怒。"他又说道："但毕竟这些抗议和不满不能够阻止'我驾驶自己的马车'。"

尽管"我驾驶自己的马车"这句话可以追溯到旧秩序时期，但我认为路易十四想利用此事来确保西班牙王位保留在自己人手中。不过，我认为路易·菲利普的话是错的，就像他所说的那样：同西班牙王室联姻并没有弄翻他的"马车"。

45分钟之后，国王起身向我致谢，感谢我的谈话给他带来了快乐（其实我没说什么），然后就让我走了。我感觉国王非常高兴，就像一个人通常会因为自己在另一个人面前作了一番精彩的演说一样。那次谈话是我与国王的最后一次谈话。

路易·菲利普国王对国家重要机构所作的回复都是即兴的，即使是在一些重要的场合下。他的谈话就像私下聊天一样流利自如，尽管他并不像私下谈话那样开心和巧妙机智。有时，他的谈话会突然变得晦涩，因为他将一些大胆轻率的言辞融入他的长篇大论中。在这些语句中，他不能预测到问题的内容，也无法预测到事情的结局。最后，当他强迫自己从这些晦涩难懂的长句中解脱出来的时候，他既不明白这些句子的意思，也无法清楚完整地表达出自己的思想。

在由他这样管理的政治世界里，最欠缺的，尤其是在路易·菲利普国王的统治后期，就是政治生活本身。旧贵族被征服，人民大众被排斥。所有的事情都由统治阶级的成员之间讨论决定。按照他们的利益和精神准则，根本不可能有不同阶级党派之间争论的战场存在。这种立场、利益和因此而产生的观点具有单一的同质性，它统治和支配着基佐先生所谓的法制化国家，剥夺了议会辩论的独创性和现实性，因此也剥夺了所有真实的热情。这种政治生活不会在一个以宪法为准则的法律圈子里产生和发展。

基佐是法国当时的政治家和历史学家，1847—1848 年担任首相

在我的一生中，有十年的时间与统治阶级的这些伟人同行，他们一直处于一种持续的激动状态，但并没有发生更加激烈的讨论。一方面，这些伟人用尽他们所有的睿智，试图找寻使他们产生激烈争执的话题，可最后却发现这一切都只是徒劳。另一方面，国王路易·菲利普在公共事务中取得了优势，这种优势不允许其他政客的思想与他的思想产生分歧，否则他们的权力会被剥夺。国王将党派之间不同的色彩减少成为细微的差别，使党派之间的纷争变得毫无意义。

我怀疑是否有哪个议会（不排除制宪议会——我指的是1789年的真实的那个）拥有比七月王朝统治的最后几年里还多的各种不同的杰出的人才。

然而，我敢断言，这些伟大的演说家一定厌烦倾听对方的演说，而且更糟糕的是，整个国家的人民也讨厌听到他们的演说。人们在毫无意识的情况下已经慢慢习惯了把各个议院之间的争论看成是知识分子之间的演练而并非激烈的争论，习惯于将不同议会派别之间的分歧——其中包括多数派、左中派、王朝反对派——看成是家庭内部孩子们之间的恶作剧。

一些偶然被发现的引人注目的腐败事件，使人们不得不想到这些事件背后所隐藏的一些事实，使民众确信整个统治阶级都是腐败堕落的。由此，民众对统治阶级充满着沉默的蔑视，统治阶级则认为这是民众对政府的深信不疑和满意的服从。

那时，国家被分为两个不平等的部分或者说是圈子：上层阶级试图控制整个国家的政治生活，其实他们什么也没有统治，有的只是疲倦、无能、停滞不前和厌倦；下层阶级则是另外一番景象，政治生活本身开始显露出狂热的无规律的迹象。对此，一些细心的观察者能够十分轻易地抓住其中的深层含义。

我是这些观察者之一，我万万没有想到这灾难会离我们如此之近，如此可怕，就像命中注定一样。我感觉到一种强烈的不信任在萌生，并且在我脑海中不断加剧，而且一种我们正昂首阔步地走向一场新的革命的思想在我心中越来越根深蒂固。这预示着我思想上有了一个巨大的转变。

自从七月革命之后的紧张的局面逐渐平息下来，一切变得毫无生气，这让我不得不认为在很长的一段时间内，我将在这无精打采而又充满祥和的社会中度过我的余生。的确，每一个了解政府内部组织的人都将对此有坚定的信仰。所有的事情看起来似乎都联合在一起，通过自由的体制来产生一个占绝对优势的王权，这种王权已近乎专制独裁。而且，事实上，这种结果可以通过国家机器有规律且平稳的运作来毫不费力地实现。

国王路易·菲利普曾告诫自己只要不用手触碰这台精美的国家机器，让它按照自身规律良好运转，他就可以免于一切危险。他唯一的职责就是使国家这台机器井然有序地运作，按照自己的想法让它工作，但他却忽略了一个事实：那就是这台设计精妙且具有独创性的国家机器赖以存在的社会本身。他就像那些拒绝承认他们的房子着火这一事实的人一样，因为他的口袋里有房子的钥匙。我没有与他相同的兴趣，也对此毫不关心，这让我看透了这些政府机构的运作机制，通过一些日常的琐碎事情的凝聚，来观察国家的道德和人民的想法。我清楚地观察到一些迹象，这些迹象通常预示着革命即将到来，我开始相信1830年的那场革命不过是一场戏的结局。

当时，我写的却没有发表的文章，还有我在1848年早期所作的一次演讲，都见证了我当时的想法。

1847年10月，我们一些议会的朋友聚在一起，讨论在接下来的议会会议中所采用的政策。我们最终达成协议，以宣言的形式将这一政策制定出来，而起草文件的工作则由我来负责。之后，大家抛弃了发表的想法，但那时我已经写好了文件。后来，我在我的文件资料中发现了这个文件。于是，我摘出了下面节选的内容。在对议会的慵懒无为发表自己的观点之后，我继续表达道：

当人们发现国家再次被分成两个大的派别时，这种时代终将会来临。法国大革命废除了一切特权，摧毁了一些专有权，却让财产所有权残存了下来。财产所有者不能刻意隐瞒自己的实力地位，也不能因为到现在没有被超越而认为自己的财产权已经形成了一道难以逾越的屏障，因为我们所处的时代与其他的时代并不相同。当财产权仅仅只是其他一些权力的起源和开端时，它能够很好地防卫，或者更精确地说，它从未遭受过攻击，然后它形成了一道社会的围墙。在这道社会的围墙中，其他所有的权力都是它的前哨兵，所有的撞击都不能够接近它，没有严重的攻击触及它。但今天，当财产权不过是一个已经被推翻的贵族世界的最后残余势力之时，当它被完全冷落在一旁，作为孤立的特权处在社会平均水平之中之时；当它不再有一些更备受争议，更可憎的权力保护之时，情况就改变了，它要每天独自抵抗民主意见直接的不断的打击……

……不久之后，政治斗争将仅仅局限在那些有财产权和没有财产权的人之间；财产权将会形成大的战场；一些重要的政治问题将会或多或少地转移到对财产所有者权力的修改上。我们将再一次面临严重的公共动荡和大的政治党派的选择。

这些预兆怎能逃得过公众的眼睛？难道会有人相信这些只是人类大脑一时兴起偶然产生的想法？我们可以清楚地看出到处都存在着奇怪的学说，它们拥有各种不同的名称，但它们的本质都是对财产权的否定，至少所有的都倾向于限制、摧毁和削弱财产权。所有的人都可以看出在危机即将到来的这个时代中旧民主弊病的最后的症状。

1848年1月29日，在国民议会发表的演说中，我所阐述的内容更加急迫、更加清楚明了。关于本次演说的内容可以在1月30日的《箴言报》中看到。

我引用了其中重要的段落：

……人们告诉我没有暴乱，也就无所谓危险的存在；因为在社会表面不存在明显的秩序混乱，也就没有即将到来的革命。

先生们，请允许我告诉你们，你们都被表象蒙蔽了。的确，现在并不存在一些明显的混乱，但革命早已深入人心。请你们看看工人阶级中间正在发生着什么，我承认直到现在他们仍旧在保持沉默。

毫无疑问，他们绝不会被政治热情所干扰，或许从某种程度上来说，他们曾经拥有过这样的热情。难道你们没有发现他们的热情已经从政治转向了社会吗？难道你们没有看见他们内部正逐渐在形成一些观点和想法，这些观点和想法不仅会扰乱法律、政府部门甚至是政府的组织形式，而且还会影响到这个社会本身，动摇当今社会赖以生存的根基吗？难道你们没有听到每天他们之间相互讨论的问题吗？难道你们没有听到他们无休止地抱怨，统治他们的政府既无能也不配来统治他们；目前世界范围内的财产分配都是不公平的；财产权是建立在不公平的基础上的吗？难道你们没有意识到一旦这样的观念深入人心，当这些观点普遍传播的时候，当它们深入群众的时候，它们迟早会带来一场史无前例的最可怕的革命吗？虽然我不知道这场革命什么时候会发生，会以何种方式进行。

先生们，这就是我心中确定无疑的信念：我认为，此时此刻我们正躺在活火山上睡觉。对此我深信不疑……

……刚才我刚刚说过工人阶级迟早会带来一场史无前例的最可怕的革命，我不知道这场革命什么时候会发生，会以何种方式进行，请相信这场革命一定会发生。

当我想要研究在不同时代、不同时期、不同人之间导致统治阶级垮台的实际原因的时候，我观察到这样那样的时间、人物，偶然的或是表面的原因。不过，请相信我，让他们失去自己手中权力的真实原因是他们已经不配拥有这样的权力。

先生们，想一想旧时的君主制：它比现在的君主制强大，其强大就在于它的起源；它能够更好地依靠古老的风俗、习惯和信仰；它比现在的君主制强大，然而却早已化为尘埃。为什么这么强大的君主政体能够土崩瓦解呢？难道你们认为是由于某个特殊的灾难吗？难道你们认为是因为某个人的个人行为，由于财政赤字，由于网球厅宣誓，由于拉法耶特或是米拉博吗？不，先生们，是因为另外一个原因：那就是当时的统治阶级已经变得对国家事务漠不关心，自私自利，陋习百出，毫无能力可言，根本不配来统治整个国家。

网球厅宣誓是一份由577名法国三级会议第三等级代表和少数第一等级代表于1789年6月20日签署的誓言。图为雅克·路易·大卫的画作《网球厅宣誓》

这个才是真正的原因。

好了，先生们，如果在任何时候拥有这种爱国主义的偏见都是正确的，难道我们就不应该拥有这样的权力吗？难道你们通过一些经不起推敲而又无可争辩的直觉感受不到在欧洲大陆这片土地上要再一次经历动荡吗？难道你们感觉不到……

我该怎么说呢？就好像革命准备在空中以狂风暴雨之势头席卷而来。没有人知道这股革命的狂风将从何处而来，到底什么时候开始。没有人能够控制住它。不过，请你们相信我。当你们在面对社会道德败坏却依然能够面不改色地保持镇静时，那是因为我的表达还不够强硬。

我是站在客观的角度来谈论这些问题的，并不带有任何的感情色彩；我所作的演说并不含有任何的党派思想；我会在言语上攻击某些人，并不代表我对他们怀恨在心。但我有义务将自己坚定不移的信念传达给我的同胞。那么，我坚定不移的信念就是：社会道德在不断败坏，世风日下，而且这种道德的败坏则是短暂的，非常短暂，它将带来一场新的革命。

难道国王的生命被更加强大的东西所保护着？难道统治阶级比其他阶级更加不容易被摧毁？你们是否在今天能够非常确定明天将要发生的事情？你们能够知道在未来一年，甚至一个月或者一天法国将会发生什么吗？你们并不知道。但你们必须要知道的是，这场暴风骤雨式的革命正在向我们逼近，正在向我们走来。你们能够允许它突然来临吗？

先生们，我恳求你们不要这样做。我不是要求你们，而是恳求你们。我情愿跪在你们面前，我相信这危险的现实性和严峻性。我的感觉非常强烈，我很坚信我对这件事情的警示并非只是空洞的言辞。是的，这危险是巨大的。就在它还没到来之前我们应该制止它，用有效的方法去纠正它，而不仅仅只是攻击它表面的症状，而是要从根本上对其进行变革。

我们之前已经谈到过立法的变化。我个人非常倾向于这样的想法：我认为这种变化是有用的，而且是非常有必要的。

因此，我认为我们需要选举制度的改革，也迫切地需要议会的改革。但先生们，我还没有愚蠢到不知道没有任何法律能够改变一个国家命运这一事实的地步。

不，并不是由于法律体制本身的问题引起这些重大事件的发生，先生们，是政府的内部思想精神导致这些事件的发生。如果你们愿意的话，就请保留原先的法律体制吧。然而，我认为你们这样做是极其错误的。

就我个人而言，我不会因此而提出反对意见。但看在上帝的分儿上，请改变政府的思想吧，因为这种思想会将你们都引入无底的深渊。

我这些令人沮丧的预言受到了多数派具有讽刺意味的赞扬。反对派人士则大声鼓掌，但更多的是出于看热闹的心理，而并非真正相信我这一预言。现在的事实就是，没有人相信我预言中说到的我们正处于危险之中，因为我们离这场灾难是如此之近。

在议会旷日持久的闹剧中，所有政客的痼习早已根深蒂固，他们在表达自己意见时过分矫饰，过分夸大自己的思想，这使得他们已经不会去察觉自己真实的一面。

在过去的这几年中，多数派每天总是不断地抨击反对派，认为反对派使整个社会陷入危险的境地；而反对派则不断地重复说，是多数派的部长们葬送了君主政体。双方总是在不断地作出这些论断，没有任何一方肯相信这些

法国二月革命爆发前夕，巴黎街头布满路障

论断。恰恰在这个时候，当事情的发展将要证明他们这些论断合理的时候，他们以互不信任告终。甚至我私下很要好的朋友也认为我在表达自己思想方面有突出的才能，我所阐述的事实被一些华丽的辞藻所掩盖了。

我记得当我从讲坛上走下来的时候，狄福尔把我拉到一边。他带着几分议会式的直觉，这种直觉似乎洞察到了我所具有的天赋，他告诉我：“你已经成功了，但如果你不远远超出整个会议的思想，并且没有试图恐吓我们的话，你应该比现在更加成功。”

现在我面对自己，试图通过搜寻自己的记忆来发现，我是否像他们看到的那么惊恐。答案是否定的，我很轻松地发现事情比我想象中的更加迅速、更加全面地证明了我的预知（它可能会碰巧发生在其他政治先知身上，他们的预知也可能比我的更具权威）。

不，我并不是期待我们注定会经历一场这样的革命。谁又会预见它的发生呢？我会，我相信，我比其他人更加清楚地洞察到了导致这次革命发生的一般原因，但我没有看到对它的发生起推波助澜作用的事件。同时，那些留给我们远离这场灾难的时间正在一天一天快速地飞逝。

第二章 宴会运动

我不想卷入宴会运动中。我有各种重要和琐碎的理由不参加这些宴会。我所说的琐碎的理由倒不如说是一些蹩脚的理由。虽然这些宴会可以提升荣誉，也会对个人的私事有意想不到的好处，但这场运动的领导者的特点和所用的策略让我感到无比的愤怒和恶心。然而，我承认我所持有的个人偏见在政治事务中是错误的向导。

在那时，梯也尔先生和巴罗先生之间结成了一个紧密的联盟，反对派的两个部门之间也有了真正的融合，这两个分支在我们议会中分别叫作左中派和左派。左派中几乎所有具有顽固倔强精神的人相继被梯也尔先生广泛宣传的有关议会席位的承诺软化、征服，从而对其顺从。

我相信即使是巴罗先生也不会允许自己第一时间就被战胜，但令人惊奇的是，他最终被争吵所战胜。无论如何，在反对派两个伟大领袖之间有一种完全亲密的关系，无论造成这种关系的原因是什么。

巴罗先生喜欢将自己的天真、朴素、弱点和美德结合起来，尽自己最大的可能来确保自己同盟者的胜利，甚至牺牲自己也在所不辞。梯也尔先生使

梯也尔（1797 年 4 月 15 日—1877 年 9 月 3 日），法国政治家、历史学家。路易·菲利普时期的首相，在第二帝国灭亡后，再度掌权，因镇压巴黎公社而知名

自己投入到宴会运动的事情中，我甚至认为，梯也尔先生也在怂恿巴罗先生参与其中，他只想在这场危险的骚动中得利，而不去承担应有的责任。

因此，他和朋友们一起待在巴黎，保持沉默，静观其变。当巴罗先生花费三个月时间走遍整个国家，在每一个去过的城镇发表长篇大论的演说、召开集会之时，在我看来，这些故意制造出很大动静的狙击手们是想将这场游戏控制在猎枪的可射范围之内。

就我个人而言，我并没有兴趣参加这场运动。但阻止我去参加的主要原因——我通常是这样向那些想把我拉入这场运动的人解释的："18年来，你们第一次要试着去吸引民众的注意力，要去寻求中产阶级以外的支持者。如果你们不能够获取民众的支持（我想这是最为可能的一种结果），你们将会在政府统治者和中产阶级眼中变得愈发可憎。这样一来，你们希望推翻的政府统治将会更加牢固；而如果正好相反，你们成功地赢得了民众的支持，你们也并不比我更能预见这场动乱将会把你们带到何处。"

随着宴会运动的持续不断延长，后一种假设变得最有可能实现，这和我当初预想的完全相悖。一种不安和焦虑让这场运动的罪魁祸首感到十分沉重，他们的内心有一种不确定的焦虑感。

博蒙特（博蒙特当时是他们中间的佼佼者）告诉我说宴会运动引起的这些风潮超过了这场运动发起者的预期。他们想努力去缓和这场运动带来的影响而不是加剧它的进一步发展。在议院召开集会之后，他们期望在巴黎不再举行任何宴会运动，而且任何地方也不再举行这样的活动。

事实上，他们只是试图寻找出从已经进入的错误的道路上走出来的方法。尽管他们有这样的想法，宴会最终还是结束了；他们勉强去参加这些活动，被迫卷入其中，他们的虚荣心最终向事实妥协。

政府通过激将法迫使反对派采取这一危险的方法，政府认为这样可以给反对派带来毁灭性的打击。反对派表现出虚张声势的态度，以免被其他人

博蒙特先生

看出他们有想要撤退的想法，所以双方相互激励，相互推搡着走向共同的深渊。然而，他们都没有意识到他们即将走进深渊。

还记得在二月革命的前两天，在土耳其大使举办的大型舞会上，我遇见了杜维尔热·德·哈尔尼。在他那里我感受到了友情和尊敬。尽管他身上具有党派精神中几乎所有的缺点，但至少他在其中加入了一点儿公正无私和真诚。在人们唯一真正的激情是追逐自我的时代中，这两种品质是两种难得的优点。

土耳其当时全称是奥斯曼土耳其帝国，极盛时期疆域横跨亚、非、欧三大洲。图为奥斯曼土耳其帝国的国旗

我在我们关系允许的亲密程度下对他说：“朋友，拿出你的勇气来。你在玩一场危险的游戏。”

他没有一丝的畏惧，严肃地回答道：“相信我，一切都会变好的。此外，我们总要承担一些风险。如果不曾经历与此类似的事情，就不会有一个自由的政府。”

该回答非常好地描绘了这个坚决的、稍微有点儿狭隘的人物的特征。虽然狭隘，但他却很有思想。不过，以他的智慧，能够非常清楚并且全面地预测到即将到来的一切，但他预测不到局势会发生改变。他虽然博学、无私、热情，但报复心强。他们这些博学并且带有宗派色彩的人通过模仿其他人和对历史的回忆来从事政府工作，往往把思想局限在单一的想法中，他们充满热情，以至于蒙蔽了自己。

政府并没有像反对派的领导们那样表现出不安。在上面提到的那次谈话的前几天，我和内政部长杜沙特尔也有过一次谈话。我与这位内政部长的关系非常好，尽管在过去的八年里我猛烈地（我承认在关于对外政策方面，我过于猛烈）抨击过内阁，当时他是内阁领袖之一。我不确定我的这一缺点会不会让他对我产生任何看法。因为我觉得在他内心深处，他对那些抨击他的外交部同事——基佐先生的人怀有一种相当深的偏爱。

几年前我和杜沙特尔先生在一场斗争中共同支持一项惩戒制度，这场斗争将我们拉在了一起，使我们的关系更加亲密无间。这个人和我前面提到的哈尔尼不一样：他身体健壮、为人正直，而哈尔尼则身体瘦弱、有时也有些尖酸刻薄；他的著名的怀疑论、优柔寡断的冷漠与哈尔尼热情的信念、极度兴奋的活力形成了强烈的反差；他魁梧的身躯下拥有灵活、敏捷、细腻的头脑；他对政治事务的了解程度令人钦佩，然而他却表现出高高在上的姿态；他非常了解人类邪恶的激情，特别是他所在的政党的邪恶的激情，他总是能够将这一缺点转变成优点。在他的演说中，他对他人从来没有敌意、毫无偏见、充满热情，他容易接近、乐于助人，只要不与他的利益冲突，他总愿施恩于人；对他的同胞他是蔑视与亲情兼而有之。总之，他是一个既不受人尊敬又不令人讨厌的人。

我想说的是，在这场灾难发生的前几天，我把杜沙特尔先生拉到会议室的角落，我告诉他政府和反对派似乎一致要把事情推向一个极端，或许最后会伤害到每个人；我问他是否有可靠的方法能够摆脱这一令人遗憾的境地，或者找出一种体面的妥协方法能够使每一方都有退路。我又补充道，如果能够给我们提供方法，我们会非常高兴的。我们将竭尽全力说服反对派中我们的同僚去接受。他认真地听了我发表的言论，他向我保证他理解了我的意思，尽管我知道他那会儿并没有听进去。

他说："事情已经发展到这种程度，我也找不到什么权宜之计。政府站在正义的一边，而且不会妥协。如果反对派执意要坚持下去，结果将会是在街上进行一场战争，但这场战争很早就已经被我预料到了，而且如果政府中存在着邪恶的激情的话，政府会渴望这场战争，而不是畏惧这场战争，最终政府会取得胜利。"

随后，他又用彬彬有礼的态度向我讲述了已经采取的所有军事预防措施、资源的储备程度、军队的人数以及军火的质量等问题。

最后，我离开了，我很满意政府没有采取任何举动来推动这场战争的爆发，但远远谈不上畏惧，政府部门确信他们会取得最终的胜利，他们认为在这场危险的灾难中最后一个办法就是团结那些分散的支持者，并最终使敌手无能为力。我承认我之前也像杜沙特尔先生一样有过他那样的想法，他那真实坚定的样子非常具有感染力。

在那个时刻，巴黎唯一不安的人就是那些激进分子的头目，还有那些在此刻想要了解将会发生什么并与那些激进分子的头目接触频繁的人和革命党人。

我有理由相信，这些人中的大多数都是抱着畏惧的心理来看待这场随时有可能发生的战争，不管是因为他们想保持过去传统的激情，还是因为他们在对他们所处的境况诅咒过很多次之后开始习惯事情的状态；或者是因为他们怀疑是否能够成功；或者是因为他们在与盟友相互学习、了解之后，在胜利的最后时刻他们害怕了，他们希望从他们的帮助者那儿得到点儿什么。

在战争爆发前的关键时刻，德·拉马丁夫人在拜访德·托克维尔夫人时表现出异常的焦虑不安。德·托克维尔夫人明显地感觉到她思想上激烈的斗争，她因为那些不祥的想法而感到几乎精神错乱，对此，德·托克维尔夫人感到惊恐万分，当晚她就把这件事情告诉了我。

革命的发生是人们唯一能够预见的，而且令人们感到害怕的事件。人们早就期待着导致这场战争发生的事件。他们确信，他们最终会通过他们自己的方式取得这场战争的胜利。这是这场革命最特别的特征之一。

在这里请允许我讲述一下相关的历史，这样我才能更好地将我个人的回忆和历史联系在一起。

人们会记得在1848年议会会议的开幕式上，国王路易·菲利普在他的加冕演说中将宴会运动的发起人描述为被盲目和充满敌意的激情所煽动的人。

这一演说让王室成员和超过百位的议会成员发生了直接的冲突。这种侮辱为宴会发起人雄心勃勃的激情平添了几分愤怒，他们中的大部分已经被弄得心神不宁，最终导致他们丧失了理智。

人们期待发生一场激烈的辩论，但它并没有立刻发生。在演说之前的讨论中，大家都是平心静气的，多数派和反对派在开始的时候都非常克制自己，双方都察觉到自己失去了理智，他们都害怕在这种情况下会作出不合时宜的举动。

然而，这场猛烈的暴风雨最终还是来临了，并且越来越气势汹汹。双方的辩论异常激烈。对那些从远处就能察觉出革命气息的人来说，他们已经嗅到内战的火药味了。

在这场激烈的辩论中，反对派中温和力量的代言人声称在宴会中集会的权利是他们最不可否认且最有必要的权利；如果有人对此有所疑问，就相当于将自由践踏在脚下，这是违反宪章规定的。然而他们却没有意识到，也没有料到这样一来他们呼吁的并不是进行辩论，而是拿起武器。

在这位代言人看来，通常情况下在辩论中机智敏捷的杜沙特尔先生在这种情况下也极度想伪装成老练圆滑的样子。他完全否认反对派集会的权利，但他并没有清楚地说出政府已经下定决心来制止宴会运动。

相反，他似乎想邀请反对派再一次尝试集会，以至于最后闹到了法庭上。他的同事，也就是司法部长埃贝尔先生看起来似乎更加笨拙，但这就是他一贯的作风。我一直认为司法官员无法成为政治家，我从来没有遇到过比埃贝尔先生更不适合当政治家的人了。虽然他当了官，但他仍然是当公共检察官时的做派，检察官的特质已深入他的骨髓。无论是他的外表还是内心，所有的特质都与一位检察官符合。你肯定能想象到的是一张消瘦干瘪的脸庞，萎缩的鬓角，尖尖的额头、鼻子和下巴，冷漠、清澈、明亮的眼睛，薄薄的嘴唇。埃贝尔先生的嘴上时常叼着一根长长的羽毛笔。从远处望去，这根羽毛笔就像猫嘴上竖立的胡须。你应该对这个人的相貌有了一定的了解，我从来没有看到任何人比他更像一只食肉动物。

然而，埃贝尔先生既不愚蠢也并非心地不良；但他天生急躁，不肯屈服；他总是急功近利，不知道什么时候掉头什么时候停止；他总是在毫无征兆的情况下诉诸暴力，因为他完全缺乏辨别是非的能力。

由此可以看出，对基佐先生来说，调解并不是很重要。正是在这样的情况下，基佐先生将具备以上特征的演说家变成公民权利的保护者。埃贝尔先生的言语粗暴无理，令人生气，以至于激怒了巴罗先生。人们几乎不知道他在做什么，他近乎发狂地叫喊，连查理十世的部长波利尼亚克和佩罗奈，也从来没有敢这么说过话。

我记得当我看到巴罗先生将愤怒转为回忆，第一次听到关于1830年革命的可怕回忆，并将此事作为例子，毫无意识地不断重复着的时候，我不由自主地在座位上打了个寒战。

这场激烈斗争简直是政府和反对派之间的一场战争。斗争的结果是双方

查理十世（1757 年 10 月 9 日—1836 年 11 月 6 日），
法国波旁王朝复辟后的第二个国王

达成了约定——到法庭上见面。反对派都心照不宣地同意各方在最后的宴会上碰面；政府并没有干涉这场会议，但应起诉宴会活动的组织者，而且法庭也将当庭宣判。

如果我没有记错的话，这场辩论结束于2月12日。也就是从那个时候开始，革命爆发了。数月以来，宪法反对派一直受到激进派的排挤，自那时开始，他们被在国民议会中占有席位的政党人员所领导和控制（他们中的大多数人都变得非常冷淡，或者可以说是议会的氛围逐渐冷淡下来），也被那些更加年轻、更加大胆、更加不稳定的常在煽动性的报刊上发表文章的人所领导和控制。这些变化在两个重要的事实上显得异常明显——对宴会的规划和对部长的责难，这两个事实对整个事件的发展有很大的影响。

2月20日，反对派的各大报纸报道的都是即将到来的宴会运动，这是真正的公告，它号召全体公民参与到这场盛大的政治示威游行活动中来，号召学校和国民警卫队的全体人员参加此活动。这看起来像三天之后生效的由临时政府发布的一份宣言。内阁政府因为心照不宣地批准这场宴会运动而受到大多数支持者的责难。这些支持者认为重蹈覆辙是正常的，他们要求官方宣布禁止这场宴会运动，并且通过诉诸武力阻止运动的发生。

这份政府宣言为战争的爆发提供了战场。虽然这场运动很不可靠，但我相信这个宣言把宴会运动转变成了一场暴动，议会人员没有参与，而且毫不了解这个宣言的起草和公布的过程，但他们认为自己仍然是整个活动的领导者。实际上，宣言是记者和激进分子连夜赶出来的。最后，王朝反对派的领导者和民众一样是在早上看报纸的时候知道这一宣言的。

看看在这个事件中人们是多么靠不住！奥迪隆·巴罗先生和其他人一样反对这份宣言，但为了避免遭到那些直到那时还一直与他并肩作战的人的攻击，所以他不敢公开拒绝。

政府由于这份宣言的发表而感到惊恐，所以下令禁止宴会的举办。这时，巴罗先生发现自己已经与内战面对面了，他退缩了。他不再参与这场危险的示威游行活动。与此同时，他向温和派人士作出让步，向极端主义者承诺对政府内的部长们进行弹劾，这就为那些因为反宪法而准备拿起武器的人提供了借口。

因此，一方面，激进党的重要领导人认为这场革命还尚未成熟，他们并不渴望革命的到来，认为他们有责任区别于王朝反对派的盟友们，有责任作一场非常革命性的演讲，有责任去煽动这场暴乱。

另一方面，王朝反对派需要参加很多宴会，但他们不得不在这个糟糕的道路上，在面对政府的蔑视的情况下表现出退缩之意。最后，大多数保守党派人士认为作出让步是非常有必要的，而且也准备好作出让步，他们受到敌手暴力和保守党派领导激情的驱使，否认在私人宴会上集会的权利，他们拒绝国家的任何改革。

一个人只有身处政治的旋涡中足够长的时间，才能深刻理解人们互相排挤从而相互疏离的程度。这个世界总体上是向前发展的，但有时也会向相反的地方走去，就像风筝在风和绳子的束缚下飞翔一样。

第三章 2月22日的骚乱

2月22日那天，我没有察觉出可能引起严重担忧的事情。大街上人头攒动，但似乎都是观光者和一些吹毛求疵的人，并不是那些妨碍治安、煽动事件发生的人：士兵和市民们每次相遇的时候总是会互相开玩笑，我在人群中听到过很多有趣的笑话而不是无力的呼喊。我认为这些显现出来的表面现象是不可信的。那些巴黎街头的小伙子通常是暴乱的发起者，但他们总是无忧无虑，就像在度假的学生一样。

回到议院的时候，我表面上看起来无精打采，但内心深处却能感受到成千上万的激情被压抑着。这里是巴黎唯一一个从早上开始就听不到任何大声的讨论，却能吸引整个法国民众注意力的地方。一些议员不知疲倦地讨论着在南部波尔多开一家银行的议案；但事实上，除了在讲坛上讲的那个人和附和他的人之外，其他人对这件事情都不感兴趣。杜沙特尔先生告诉我一切都进展顺利。说话的时候他显得既自信又神经质，这让我倍感疑惑。我看到他比平时更加频繁且剧烈地扭动着自己的脖子和肩膀（这是他惯用的伎俩）；我还记得，这短暂的观察让我产生了许多思索。

波尔多是法国西南部的重要港口城市。图为波尔多市市徽

事实上，我了解到在我还没来得及去拜访的很多城镇都发生了一些很严重的骚乱，有相当数量的人在这些暴乱中不幸遇难或者负伤。人们在前几年甚至前几个月都还认为这些事情见怪不怪，但现在他们却不再习以为常，反而对此感到很激愤。

那天晚上我正好被邀请在一位议会及反对派同人——卡尔瓦多斯省代表帕米尔先生家里共进晚餐。穿过街道上重兵把守的军队来到这里不是一件容易的事情。我发现主人家处于一片混乱之中。当时，帕米尔夫人已经怀孕，她被当时发生在自家窗户下的小规模战争吓到了，早就上床躺下了。晚餐非常丰盛，人却没有几个；大约有超过20个人接到了邀请，但只有5个人赴宴；其他的人可能因为路上遇阻或者是对当天发生的事情有偏见而缺席了这场晚宴。

卡尔瓦多斯省是法国下诺曼底大区所辖的省份，濒临大西洋。图为该省省徽

摆在我们面前的是满满一桌子丰盛的晚餐，但我们每个人却忧虑重重。萨兰德鲁斯先生是其中的宾客之一，他是家族产业的继承者，他在纺织业中发了一笔大财。他是年轻的民主党派人士之一，他在财富方面比在名誉方面更加富有，他会时不时地提出自己反对的见解，或者可以说是吹毛求疵的批评，我想他是想凸显自己一定的地位。在最后一场辩论的过程中，萨兰德鲁斯先生已经准备好了一项修正案，这项修正案如果一经审核通过就会牵连到内阁。

那时候，这件事情吸引了公众的视线，一天晚上萨兰德鲁斯先生去参加杜伊勒里宫的招待会，他希望人群中不会有人认出他来。事实上，路易·菲利普国王一见到萨兰德鲁斯先生就非常诚恳地走到他面前，郑重地把他叫到一边，迫不及待地开始和他交谈。国王对这位通过制造业发家致富的年轻人表现出极大的兴趣。萨兰德鲁斯先生一开始并没有感到惊讶，他早就知道国王在了解人的思想方面很有一套，他认为国王选择这个隐私的话题是为了更好地直奔主题谈论国家事宜。

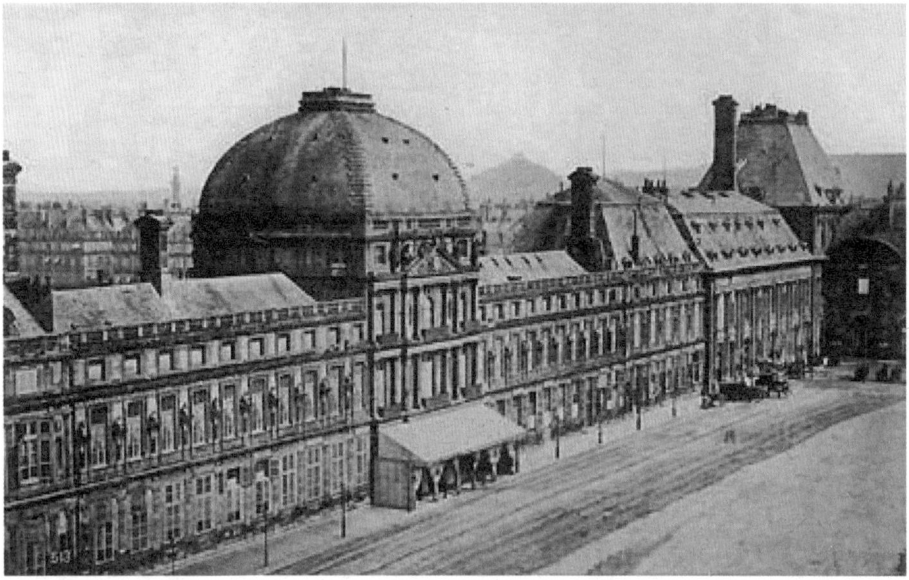

杜伊勒里宫是著名的法国王宫，被毁于1871年。图为杜伊勒里宫的东立面

然而，事实证明他的想法是错误的，15分钟之后，国王并没有改变谈论的话题，而是改变了谈话的对象，把我这位朋友留在他的地毯和羊毛织物中间，从而使其倍感困惑。

虽然萨兰德鲁斯先生还没有从国王的恶作剧的阴影中走出来，但他已经开始对这过分的报复感到极度的害怕。他告诉我们，埃米尔·吉拉尔丹先生已经在昨天告诉他："两天后七月王朝将不复存在。"这一言论对我们来说就好像是新闻工作者的夸张言论，而事实可能就是这样。这一言论成了预言。

第二天，也就是2月23日，我一醒来就听说巴黎的暴乱并没有平息，反而愈演愈烈。这天我很早就来到了议院，议会大厦一片寂静，外面有重兵把守，除了步兵还有披着盔甲的骑兵沿着王宫的围墙巡逻，人们的情绪非常激动，但也不知道是什么原因。

会议照常开始，但参与的人们却没有勇气上演和昨天一样的议会闹剧，所以只能暂时中止了这场会议。在这场会议中，收到了来自不同城镇的报告，大家在嫉妒、闲散、无聊的状态下等待事态的发展，一小时又一小时地数着时间。

在这个特定的时间里，外面传来了嘈杂的号声。人们很快知道，原来是骑兵们为了打发时间，在皇宫外自娱自乐。

这号声传出来的欢乐基调与人们忧郁的思绪形成了鲜明的对比，所有人的思绪都不知不觉地被打乱了，所以有人急忙下令中止了这令人不悦的声音，因为这号声让我们都陷入了痛苦的回忆中。

会议结束时，有人下决心大声说出了他们已经低声讨论了数小时的问题。一位巴黎的代表瓦万先生就有关这个城市的状况开始质疑内阁。

下午三点整的时候，基佐先生出现在了会议厅的门口。他步伐坚定，神采奕奕，静静地穿过座位中间的通道，慢慢地走上讲坛，他头尽力向后仰，以免被大家误以为他低着头，他用最简短的话语说国王见了莫来先生，要求组成新的政府部门。我从没有见过他说出如此引起大哗的言论。

反对派保住了他们在议会的席位，他们中的大多数因为胜利和复仇成功而发出呐喊的声音。只有反对派的领导们沉默地坐着，忙着自顾自地思索着如何去利用这一胜利的果实，尽量小心不去无理地冒犯多数派的人，因为他们很快就会利用这些人。

对于多数派的人来说，这出其不意的打击绝对是晴天霹雳，他们像无头苍蝇一样来来回回地飞，不确定最终会落到哪一边，然后又蜂拥而至围成了个半圆。一些人围着议会部长们，要求他们给出一个合理的解释或者给他们挽回最后的尊重，但在他们后面的大多数人则发出嘈杂的带有侮辱性的叫喊。他们说："离开政府，在这样的情况下抛下自己政界的朋友，是一件多么恶劣的行径啊！"然而其他人则高呼，议员们应该全体成群结队地到杜伊勒里宫去，迫使国王重新考虑这一具有毁灭性的决定。

这些人中的绝大多数意识到，不仅自己的政治见解受到了伤害，就连他们私人利益中最敏感的部分也受到了攻击。这些令人失望的事情并没有让大家感到惊讶。

政府的垮台连累他们中有的人丧失了全部财产，有的人赔上了女儿的嫁妆，有的人葬送了儿子的前程。通过这种方式，他们几乎全部被控制住了。他们中的大多数人需要通过手中的选票来改善他们的生活，而且可以说之前他们是以此为生的。

直到现在，他们仍以此为生，也希望能够继续以此为生；因为该政府已经掌权八年了，他们相信这个政府会永远存在下去；他们越来越喜欢政府的诚实，喜欢这宁静平和的感觉，他们在自己的领域里自得其乐。

从我的座位看去，我看到了拥挤的人群；我发现了各种惊奇、愤怒、恐惧、贪婪的表情夹杂出现在他们迷茫而困惑的脸庞上。在这种情况下，我情不自禁地把这些立法者比作一群正在抢食猎物的猎犬，眼睁睁地看着他们的猎物被猎户拿走。

然而，无论如何我承认一点，就反对派大多数成员而言，他们之所以闹出这样的丑剧，是因为他们缺乏临场经验。如果多数保守党派人士仅仅只是着眼于他们在议院的席位和酬劳而和政府抗衡的话，我必须说在我看来大多数反对派攻击政府则是为了得到他们想要的东西。

真相——这个可悲可叹的真相，就是执政和靠财政过活的渴望不仅仅是局限在小党派之间的弊病，而且也是整个国家长期存在的很大的弊病；这是我们社会的民主宪法和政府过度中央集权化的结果；这些弊病破坏了之前所有的政权，也将破坏即将生效的新政权。

最后，这场骚乱被平息了，事情的真相也弄明白了。原来，事情的起因是，国民警卫队第五兵团的叛乱图谋以及这支警卫队的几位高级军官与国王的直接交涉，两者共同导致了这场事变。一听到发生的事情后，国王路易·菲利普——这位我所见到过的最不容易改变自己想法，但时刻准备改变自己行为准则的人，立即下定了决心。在自鸣得意了八年之后，在没有任何仪式的情况下，他在两分钟之内解散了政府。

议院也毫不延迟地被国王解散了，每一位议员脑子里都是政府的变故，早已经忘了革命这回事儿。

我和迪福尔先生一起出来了，我很快就发现，迪福尔先生不仅仅心事重重而且很不自然。

我觉察到他已经发现自己作为反对派领导人的危险而又复杂的境地，他即将成为一名政府官员，在体验了朋友们的利用价值之后，开始思考这些朋友的虚荣做作会带给他的麻烦。迪福尔先生承认他有这样的想法。他为人正直，但多少具有点儿乡土气息，这一特点让他很难隐藏自己内心的想法。然而，他是最真诚的，也是到目前为止最受人尊重的。此时，他最有可能成为政府官员的人选。他想当然地认为权力掌握在他的手心，他的野心出卖了他的激情，由于长期的谨小慎微和压抑使他变得更加渴望权力。要是莫来先生在他的位置上也许会更加以自我为中心，更加忘恩负义，但他也可能会更加坦率，更加和蔼可亲。

不久，我离开了他那儿，前往德·博蒙特先生的住处。在那儿，每个人都非常开心，我发现自己能在这样的氛围中和其他人无所顾忌自由自在地交谈，我给出了我的理由。

我说道："巴黎的国民警卫队推翻了内阁政府。因此，只要新的内阁部长能够获得最多的选票就是皆大欢喜的事情。你们因为政府被推翻了而欢呼雀跃，但你们没有看到是政权推翻了自己的统治吗？"

这一忧郁的有关当前政治形势的观点并不合博蒙特先生的胃口；他由于内心的敌意和野心被激怒了，完全失去了控制。

他说：“你总是对所有的事情持有这种忧郁的观点，让我们先享受这一胜利的喜悦，之后再为这一结果而悲痛。”

在这次谈话的过程中，德·博蒙特夫人一直在旁边，她看起来在分享她丈夫的喜悦之情，我从来没有见过比博蒙特夫人更加彻底地对党派情绪有不可压制的力量的人。

在这个高贵的、富有吸引力的女人心中从来没有怨恨和利己主义，她是我这一生中见过的最真实最善良的女人，她知道如何很好地保持美丽动人、讨人喜欢的美德。

除了拉·菲亚特家族具有的一切美好品质之外，博蒙特夫人还具有机智诙谐、富有教养、和蔼可亲、公正无私的美好品质。

然而，无论如何，我坚持我的理论并与他们据理力争。我认为整个事情的发生是令人遗憾的，或者更准确地说，我们不应该仅仅只看到这件事情本身，而是应该拓宽视野，看到那些注定能够改变整个政治生活的各个方面的大事件。

对我来说，理性地去思考是很容易的事情，因为我并不支持我的朋友迪福尔的幻想。

在我看来，政治机器惯有的冲击力太过激烈以至于政府的核心政权不能过渡到温和党派人的手中，而我是温和党派人员之一。我预见到政权也许会落入其他人手中，这些人讨厌我就像讨厌那些失去政权的人一样。

晚上，我和兰瑞奈斯先生共进晚餐，我将会在接下来的文章中频繁提到此人。和我们一起吃饭的人有很多，大家都持有不同的政治意见。大多数宾客都对白天的结果感到非常满意，剩下的一些人则表现出惊恐。所有的人都认为这场暴动会停止，之后又会在不同的地方以不同的形式爆发。

从城镇上传来的各种流言似乎证实了这一想法，对战争的呼喊声早已代替了胜利的欢呼声。波塔利斯也是我们的成员之一，他在几天后成为了巴黎的司法部长：他不是最高法院首任院长的儿子，而是他的外甥。

波塔利斯并不具有他舅舅的智慧，没有他舅舅的典范性的特征，也没有他舅舅稳重的姿态。他的思想粗俗、暴力、堕落，与我们这个时代所有错误的思想和极端的观点都很相符。

尽管他和那些被认为是1848年革命的发起者都有联系，但我敢肯定地说，他并没有和我们一样期待这场革命的发生。我可以确信，在这非常重要的时刻，他的多数朋友会有相同的想法。尝试去发现是什么样的密谋导致此类革命事件的发生简直是浪费时间。

通过民众情绪的高涨来完成革命，通常情况下是大家事先期待很久的而不是预谋的。那些夸夸其谈说他们策划了革命的人只是想利用革命。当人们的思想不由自主地形成了普遍的病态，一些出人意料的情况突然导致了极其严重的后果。至于那些所谓的这场革命的发起者和领导者，他们既没有发起什么也没有领导什么；他们唯一的功劳就跟大部分探险家发现了未知的新大陆一样：有风的推进，才勇于向前。

我早早就离开了，回家以后就直接上床睡觉。尽管我住的地方离外交部很近，但我并没有听见对我们的命运影响深远的交战。我很快就睡着了，并没有意识到我看到了七月王朝的末日。

七月王朝于 1848 年革命后垮台，被法兰西第二共和国取代。图为七月王朝的国旗

第四章　大臣们的抵抗计划

第二天早上，也就是2月24日早上。我起床走出卧室的时候看到了家里的厨子，她刚才出去了，这个善良的女人处于极度惊恐中，语无伦次地说了一大堆话，但我除了听到政府屠杀穷人的事情之外，什么也没听明白。

我立即走到楼下，来到街上，第一时间就感受到了革命的气息。街上空空荡荡的；所有的店铺都关门了；既看不到任何的马车和行人，也听不到平时小贩的叫卖声；邻居们站在门口三五成群地交谈着，他们压低声音，空气里充满了恐惧的味道，每张脸似乎都因为恐惧和愤怒而扭曲着。

我遇到了一名国民警卫队的军官，他手中握着枪。从他急匆匆的步伐中，我似乎能感受到他内心的悲痛。我试图和他交谈，但我除了听到政府屠杀民众（他又补充说国民警卫队知道如何摆平这件事情）之外，什么都没有打探到。我听到的总是同样的话，这说明不了任何问题。这一点是很容易理解的。我太了解七月王朝政府的缺点，知道它根本无暴力可言。

在我看来，七月王朝政府是我见到过的最腐败的政府，而且也是最不残暴的政府。我反复重申这一点，为的是向大家展示对革命进程有帮助的这类报道。

我急忙赶到德·博蒙特先生的家中，他住在临街。在他那儿，我得知国王在那晚曾召见过他。之后我在德·雷慕沙先生那儿也得到了相同的回答。

我在街上见到了德·科尔塞勒先生，他向我讲述了所发生的事情，但他说得十分令人迷惑；因为对处于革命状态的一座城市来说，它就像处在战场上一样，每个人都很容易把所看到的当成是当天发生的真相。

他告诉我在卡布西纳大道上发生的交火，还告诉我这场叛乱的迅速发展是这场交火的原因或是借口，这场暴乱简直是无用的暴力；还有莫来先生拒绝在这种情况下从政。最后他告诉我，国王召见各位先生的事情。

梯也尔先生、巴罗先生，还有他们的朋友们，都在控诉内阁的形成，事实都是众所周知的，容不得我细细思考。我向德·科尔塞勒先生询问政府部长们提议如何平息民众。

他说："德·雷慕沙先生对我来说是权威，最终采取的措施就是撤出所有的军队，让国民警卫队湮没整个巴黎。"这是他的原话。

我经常观察到，在政治生活里，人们通常因为记忆力太好而遭受毁灭。现在负责阻止1848年革命的人就是发动1830年革命的那些人。他们记得，当时国民警卫队的干涉并没有阻止革命的发展，在这种情况下，查理十世解散了国民警卫队。现如今，国民警卫队再次出现，很可能让他们处于尴尬局面，成为阻止革命进程的重大障碍。他们与波旁王朝分支政府的行为背道而驰，却殊途同归。可以确信的一点是，即便人还是那些人，但历史的进程却会完全不同，就像那些老照片被强行换上了新相框，从来不会有好的效果。

在闲聊了一会儿关于事件的危险态势后，德·科尔塞勒先生和我找到了兰瑞奈斯先生，我们三个一起去找迪福尔先生。

迪福尔先生住在歌剧院大街。我们走在林荫大道上，街上呈现出奇怪的

图为欧仁·德拉克罗瓦的油画名作《自由引领人民》，反映了1830年革命期间的历史场景

场景。虽然快九点了，街上除了我们外还是没有一个人影，也听不到一点儿人发出的声音。不过，林荫大道两侧的一些小商亭看上去已经摇摇欲坠，甚至时不时地，它们其中一个可能就会轰隆一声倒下，而路边的大树仿佛自行倒下了一般。这种破坏行为是一些人分头单独进行的，一些人悄悄地干，一丝不苟而且手脚飞快，用这种办法准备路障材料，另一些人负责建造路障。在我眼中，没有什么比这更像一间作业中的工厂了。实际上对这些人中的大多数人来说，这就跟工厂差不多了，混乱的本色让他们饶有兴致，之前那么多的暴乱活动经验给了他们理论实践。我所看到的持续一整天的孤独和寂静强烈地震撼了我，可以这么说，透过孤独和寂静可以看到人类最丑恶的激情

早期的歌剧院大街

在涌动，但却是不见得高尚的激情。我宁愿在这个地方遇见的是一群愤怒的人，也不愿意面对此刻的孤独和寂静。我记得当时我将兰瑞奈斯的注意力吸引到那些摇晃的高大建筑物和即将倒下的树木上时，我说出了挂在我嘴边已经很久的一句话："相信我，这次不再是一场骚乱，而是一场革命。"

迪福尔先生给我们说了昨天晚上所发生的事情，这其中当然也包括他自己的事情。莫来先生首先找到他，让他帮助自己组建新的内阁政府。但越来越糟糕的局势很快让他们两人明白他们能够介入干涉的时代已经结束。午夜时分，莫来先生将发生的事情告诉了国王。国王让他把梯也尔先生请过来，梯也尔先生拒绝执掌政权，除非有巴罗先生做他的同事。除此之外的事情，迪福尔先生也并不比我们知道得多多少。在没有取得一致的行动纲领之前，我们除了一致决定议会开会时我们会到场之外，也没有作出任何决定，然后就这样分开了。

迪福尔先生没有与会，我并不知道其中的原因。他肯定不是因为内心的恐惧，因为在很多比这更危险的情境中迪福尔也会表现得异常冷静和坚定。我相信他是因为他的家人而变得惊恐和焦虑，他希望将家人带到巴黎以外的安全之地。他的个人美德和公共美德都非常完美，但两者并不是相提并论的，前者总是优先于后者的。我们会在接下来的很多场合中看到上面所描述的这种特征。说到这一点，我没有任何理由去指责他。所有的美德都是非常稀有的，我们没有权力因为他们的特点和阶层状况去激怒他们。

我们和迪福尔先生在一起的那段时间，当我们来的时候，那些暴乱者沿着马路建筑起很多路障。当我们准备回去经过那里的时候，他们已经在进行收尾工作了。这些路障是一些人精心建造的，他们做事情非常勤奋：他们不像那些犯罪分子在现场作案时害怕被抓而恐慌，而是像那些工艺精湛的工人，他们渴望迅速而完美地完成他们的工作。公众只是在静静地观望他们，并没有提出异议也没有提供帮助。我到现在还没有发现比1830年我在巴黎所见到过的更全民激愤的情景了，当时我把整个城市比作一个正在沸腾的大锅。那时民众并没有推翻政府，而是让政府自己垮台。

我们在大路上遇到了步兵团，他们正要撤退到玛德琳方向。没有人说一句话，他们的撤退更像是溃败。队伍已经溃不成军，士兵们毫无秩序地行进，低着头，内心充满恐惧，空气中也充满着沮丧的气氛。不论何时，只要有人掉队，哪怕只是一点点的距离，他会立刻被包围，然后被抓，接着被缴了武器，最后被赶走。所有的这些只需要很短的时间。

在路过杜勒阿弗尔广场时，我第一次见到了国民警卫队的军队，国民警卫队的士兵准备湮没巴黎。这些士兵们在行进的过程中面露惊讶之色，步伐也不稳定，他们被街上的孩子们包围了，孩子们叫喊着“改革万岁！”，士兵们以同样的呐喊声回应，但声音像是受到抑制一样。这些士兵的军营就在我们街区，他们之中大多数人都认识我，尽管我并不认识他们。他们把我围住，迫切地向我打听消息。我告诉他们，我们已经得到了所有我们想要的，政府部门已经换掉了，大家所抱怨的所有暴行都将被改革，现在唯一的危险是我们担心人们走得太远，只有他们可以阻止这种危险发生。很快，我就发现他们对这个话题并不感兴趣。

“先生，也许你说的是对的，”他们说道，“政府因为自己的过错而使自己陷入困境之中，希望政府能够顺利走出困境。”

我的陈述似乎并没有对他们起到太大的作用，这个问题的关键不在于政府而在于他们自己。

“如果巴黎陷入无政府状态，”我说，“整个王国将陷入一片混乱，你们认为只有国王才会遭殃吗？”

这是于事无补的，我所得到的唯一的回答只是令人震惊的谬论：这是政府的过错，就让政府去承担危险吧，我们不想因为那些把国家事务管理得很糟糕的人而葬送了自己的性命。中产阶级为此酝酿了整整18年。公众舆论的倾向终究左右了这个阶级，把它推向那些曾经对它极尽阿谀奉承之能事甚至腐化了它的对立面。

面对这种情景，一种长期以来经常浮现在我脑海中的感想油然而生——在法国，一个政府仅仅依靠唯一一个阶级的褊狭利益和自私的激情，终会酿成大错。这种政策只能在那些与我们的国民相比而言私欲更强但虚荣心较弱的国民中取得成功。在我们这个国家，如此建立起来的政府一旦失去民心，即使它是为了某个阶级而失去民心的，这个阶级的成员也乐意和所有人一道中伤它而不愿接受它向他们保证的特权。法国旧贵族的统治比我们现在中产阶级的统治要更加进步，他们具有更好的团队精神，他们已经为我们作出了很好的榜样；他们认为民众最终推翻自己的特权是一种荣誉，他们大声斥责那些存在的暴行。这就是为什么我认为政府想要管理整个国家的最安全稳妥的办法就是接受和忍耐，要在考虑到大众利益的基础上管理国家。我必须承认，不管怎样，即使政府遵循这种做法去管理国家，也并不能确保这个政府能够长时间地存在。

我打算立刻前往议院，尽管还没有到开会的时间：我想那时候大概是11点钟。我发现路易十五广场上依然没有什么人，只有些骑兵团驻扎在那儿。我看到这些秩序井然的部队撤离了所有的街道，只是为了聚集在杜伊勒里宫的周围，进行自我防卫。在方尖碑脚下的人群中有一位参谋，当我走近时才认出他就是贝多将军。最近他很不幸地被从非洲召回以颠覆七月王朝。一年前，我和贝多将军在君士坦丁堡待过几天。也就是从那时候开始，我们之间的关系变得亲密，并且一直延续到了现在。贝多将军一看到我就赶紧从马上下来，走到我跟前，他紧紧抓住了我的手，从他握手的方式我可以看出他内心极度不安。之后，他的言谈很好地证明了他内心的不安。对此我并不感到惊讶，因为我观察到那些更容易失去理智并且容易在革命的时候暴露自己弱点的人就是军人。他们习惯了在他们面前的是一支有组织的军队，他们的手下是服从力强的士兵，当他们面对民众大举包围并发出骚乱的呐喊声，而他们自己的士兵却犹豫不决、装聋作哑时，他们很容易陷入一片混乱之中。毫无疑问，贝多将军现在就十分困惑：没有人知道他的慌乱会带来什么后果；没有人知道这一小部分人怎么侵入了议院，而且他们就在守卫议院的骑兵队手枪的射程之内；随后也没有人知道议会是怎样被宣布解散的，临时政府又是如何选举产生的。贝多将军在这个意义重大的日子里所扮演的角色对他本人来说是非常不幸的，他的这个角色对整个革命起着重要作用，以至于我想暂停一会儿来分析一下他这个人和他做这些事情的动机。不管是在革命发生前还是发生后，我们之间的关系都足够亲密，这就为我所说的提供了充足的依据。他确实收到了不开战的指令，但为什么他要服从这个非同寻常的而且在这样的环境下根本就不可能实行的命令呢？

贝多绝对不是胆小怕事的人，更确切地说，也并不是犹豫不决的人，因为当他下定决心、坚定目标的时候，他表现得十分冷静，而且充满勇气。他的思想是最富有条理性的，但他没有主见，没有冒险精神，而且从不打无准备之仗。他习惯在着手做一项工作之前，将各个方面都考虑到之后再作决定，他在做之前会想到最坏的打算，但这样他就失去了很多宝贵的时间。从其他方面来讲，他是一个正直、温和、思想解放的人，好像他并没有在非洲打过18年的仗。他为人谦卑、道德品行端正、有教养、有宗教信仰。他诚实善良，这在军队里是很少见的，或者坦率地讲，在任何地方都不会有像他这样的人。有一点是可以确定的，那就是贝多并不是生性缺乏勇气，而仅仅是在革命这件事情上表现得没有勇气，因为他的勇敢是无可估量的，更何况背叛并不是他的动机。尽管他并不附属于奥尔良家族，但他绝对不会像那些王公贵族的好朋友一样去背叛他们，更不会与那些人同流合污。他的不幸在于他卷入了这场他能力所不能及的革命中。他身上具有一种被需要的天赋，这种天赋在革命时期特别重要——根据具体情况制定行动的策略，并且知道在适当时候作出反击。对二月革命的记忆破坏了贝多将军的生活。二月革命在他的内心深处留下了无法弥补的创伤，这个创伤带给他的痛苦使他永无休止地向人们叙述和解释这个时期所发生的事件。

他忙于向我诉说他内心的困惑，竭力向我证明反对派的职责就是集体走上街头，通过他们的言论来平息民众激动的情绪。一大群人走上了香榭丽舍大街，走过主干道来到了国王路易十五广场。贝多将军看到了这些人，拽着我就走，一直走到离骑兵约一百步之外，开始长篇大论地发表演说，他是我见过的最能发表演说的军人。

他滔滔不绝地诉说着自己的想法，我观察到听众越来越多，渐渐把我们包围了，透过第一排的旁观者我看到了那些暴乱者，他们在那儿四处走动，与此同时，我听到了人群深处传来的可怕的声音——“他就是比若。”我

香榭丽舍大街是巴黎的一条大道，被誉为巴黎最美丽的街道。
“香榭丽舍”原意是希腊神话中圣人及英雄灵魂居住的冥界

在将军耳边低声地说道：“对于人民大众的行事方式我比你有经验，听我的话，立刻上马离开这里，因为如果你还留在这里的话，不到五分钟你会被杀或者被送进监狱。”

他听从了我的建议，而且做得很好。没过几分钟，那些暴乱者杀了香榭丽舍大街警卫室的人。我费了很大的劲儿才从人群中穿过，人群中有个人，个子不高但长得很结实，看起来像下层劳动人民，他问我要去哪儿。

我告诉他，我要去议院，我是反对派的一员，我永远支持改革。我问他是否知道基佐的内阁政府已经被解散了。“是的，先生，我知道。”他的口气中略带嘲讽，同时他指着杜伊勒里宫说，“我们期望的远远不止这些。”

第五章 奥尔良公爵夫人

我走进议院，会议还没有开始。代表们在会议大厅里漫无目的地来回走动，看起来心烦意乱，这些人以制造传播流言蜚语为生，但这次却得不到任何消息。与其说这是一场集会倒不如说是一群人在聚众滋事，因为并没有人领导这次会议。

两个派别的领导都缺席了这次会议：前任部长们逃走了，现任的领导还没有出现。与会人员大声呼喊要求召开议会，与其说他们的行为是被内心模糊的欲望驱使着，倒不如说是被明确的意图推动着。议院议长对此予以拒绝：他习惯于听命于他人，但现在没有人来指导他，所以他没办法作决定。人们让我去找他，说服他主持会议，我确实也这么做了。我发现这个出色的男人——他也确实出色，尽管他经常会使用一些善意的诡计，说一些虔诚的谎言，作出一些微不足道的恶行，他的所有的这些可赎的小罪下隐藏着一颗怯懦的心和摇摆不定的灵魂，但所有的一切都掩盖不了他诚实善良的本性——就像我之前说过的，我发现他在自己的房间里来回走动，遭受着激动情绪的折磨。索泽先生拥有良好的但并不引人注意的特点，拥有教区执事的高贵气质，身材肥胖，胳膊短小。有时，当他感到不安和困惑的时候——几乎经常这样做——疯狂地挥舞着自己的双臂，就像一个游泳的人突然溺水求救一样。在我们交谈的过程中他行为古怪：他在房间里走来走去，不一会儿又停下来，将一只脚压在笨拙的身子下面坐下来，就像他在情绪异常兴奋的时刻的举动一样，再次站起来又坐下去，到最后他也未作任何决定。在如今这样的情形下让这样一个善良的人来主持议会工作，对奥尔良家族来说，这是非常不幸的事情，这种情况下需要一个具有冒险精神的流氓混蛋来主持议会工作。

索泽先生向我说明了他不召开议会的理由，但他告诉我的理由中没有一个让我相信他这么做是正确的。看到他如此无助，而且没有办法作出任何决定，经过深思熟虑后我认为，如果让他继续管理议会的话，只会让大家的思想更加混乱。因此我离开了议院，我认为去找议院的保卫者比现在召开会议更加重要。我出来后打算去内政部寻求帮助。

当我穿过波旁宫殿广场的时候，看到人们正在高声欢呼，我很快就认出了夹在混乱人群中的两个人——巴罗先生和博蒙特先生。这两个人都戴着帽子，帽子挡住了他们的眼睛；他们的衣服上满是灰尘，脸颊凹陷，眼神看起来非常疲惫：从未见过像这两位一样的胜利者，他们看起来像是要马上被绞死一样。我跑向博蒙特先生，问他到底发生了什么事情。他低声告诉我，国王在他们面前退位了，现在已经逃走了。很显然，拉莫里奇是在准备去向暴乱者宣布国王退位的消息时被杀害的（事实上，他的一位助手回来告诉我们，他在很远的地方看见拉莫里奇从马上摔了下来）。所有的事情都出错了，最后博蒙特先生和巴罗先生前往内政部，为了去占领它并试图建立起一个权力和反抗的中心。

“议院呢？”我问道，“你们有没有采取任何措施来保卫议院？”

听到这些，博蒙特先生心情十分糟糕，好像我跟他讨论的是我自己的房子。“谁会考虑议院？”他直率地回答道，“以现在的情况来看，它有什么用处，它又会损害到谁？”

我想他这样说是错的，而且事实证明他确实是错的。在这个时候，议院处于无能为力的状态，多数派遭人鄙视，少数派则受到来自公众舆论的压力。但博蒙特先生忘记了，正是在革命时期，哪怕是微不足道的权力机构，甚至是一些外在的事物，只要能唤起人们的法律意识，其意义就是重大的。因为当人们处于普遍的无政府状态或是骚乱之中时，人们就会需要一个充满幻影的权威和传统来挽救被摧毁机构的残余或者是彻底地推翻政府。如果代表们有能力宣布摄政统治，或许他们最后能够取得胜利，尽管这些代表并不受民众的欢迎；从另一方面来讲，毫无疑问，临时政府的建立要归功于某种偶然性，这偶然性使得国民代表能够长期拥有在这高墙之内的权力。

我跟随我的朋友来到了内政部。我们和街上拥挤的人群一同进去，与其说是走进去，倒不如说是蜂拥而入，喧闹的人群与我们一同进入了杜沙特尔先生刚刚离开的房间内。巴罗先生试图脱身，准备驱散人群，但他没有成功。

就像我前面所观察到的一样，房间里面的这些人持有两种完全不同的观点，他们中一些人是共和党人，其他人则是立宪派。这两派人士开始和我们展开了激烈的讨论，然后他们之间也开始讨论该采取哪种措施。大家都挤在非常狭窄的空间内，闷热、激烈讨论的氛围、漫天飞扬的尘土、混乱和喧嚣很快变得让人难以忍受。巴罗先生总是能够在最关键的时刻说出一些冗长的、华而不实的措辞，在这种滑稽可笑的情形下他也能够保持高贵且神秘的姿态，他总是能够滔滔不绝地发表言论。他的声音有时会盖过骚乱的声音，但绝不会平息骚乱。我不想处在这种令人失望和作呕的场景之中，于是我离开了这个充满暴力和言语重伤的是非之地，回到了议院。

我走到了议院的门口，还没来得及猜想里面到底发生了什么，就看到人们在奔跑，嘴里呼喊着奥尔良公爵夫人、德·帕里斯伯爵、德·内穆尔公爵刚刚到了这里。一听到这个消息，我飞快地登上宫殿的楼梯，冲进了议会厅。

我看到了上面我提到的三个王室的成员正面对着议会厅在讲台上发表演说。奥尔良公爵夫人端坐在那里，身穿丧服，面色冷静而苍白；我可以看出她极度兴奋，她极度兴奋的情绪是勇敢天性的体现，是英雄气概而不是害怕。

德·帕里斯伯爵暴露了他这个年纪具有的粗心大意和王室贵族的早熟的冷漠。站在他们旁边的是德·内穆尔公爵，他穿着紧身的制服，缺乏激情、呆板僵硬、笔直地站在那里。在我的心中，一直认为在那天他是唯一一个顶着危险的人；我看到他一直置身于危险之中，同时我也看到了他一如既往地坚定和勇敢。

紧挨着这些不快乐的王公贵族的是和他们一起来的国民警卫队成员，还有一些议会代表和少数的普通民众。大厅里空空荡荡的，大门紧闭，一些媒体记者在里面，他们进入了已经解除武装但仍然十分喧闹的人群中。与其说我是被议会中所发生的事情所吸引，倒不如说我是被时不时传来的呼喊声所吸引。

在我的印象中，最后一次出现这样的场景已经是50年以前了。自从大会开始召开，整个议会厅变得安静下来，这种寂静的氛围已经成为议会习俗的一部分。然而，在我如是说的同时，虽然待在议院会感到自身行动受到限制，但与会人数丝毫未见减少。尽管各派有代表缺席本次会议，但代表的人数仍相当可观。我听到了来自各方面的人在打听梯也尔先生和巴罗先生的消息，我并不知道梯也尔先生的现状，但我非常了解巴罗先生正在做什么。我赶紧派我的一个朋友去告诉他这里所发生的事情，让他赶紧跑过来，我可以告诉这些人，他从来不知道什么是害怕。

内穆尔公爵是当时法国国王的次子。1848 年其父退位后，他曾联合流亡的保皇党人以图恢复君主政权

在对这次非同寻常的会议进行片刻的观察之后，我急忙回到了我的座位上，我的座位是在会议厅左中方向上面的长椅上。我一直有一个观点，就是在这种关键的时刻，作为会议的成员之一不但应该出席会议，而且应该出现在自己经常坐的位置上。

这场令人困惑、充满骚乱的会议开始了：我听见拉克罗斯先生——自此之后，这个人成了我的同事——在骚乱中大声呼喊：“迪潘先生想要讲话！”

“不，不！”迪潘先生回答道，“我并没有提出这样的要求。”

“没关系，”来自四面八方的声音说道，“说吧，说吧！”

就这样迪潘先生被推上了讲台，他言简意赅地提议我们应该恢复1842年的法律，并且宣布奥尔良公爵夫人开始摄政。这一言辞引起了人们的阵阵掌声，走廊上传来了尖叫声，大厅里人们在窃窃私语地议论着内心的不满。刚开始还比较空旷的走廊，慢慢地以令人惊恐的方式变得拥挤了。人们还没有陆续不断地涌入议院，而是一个接一个秩序井然地进入大厅，总是有新面孔出现，议院大厅内人潮涌动。这些新来的面孔大多数属于下层阶级，他们中的大多数身上是有武器装备的。

我从远处看到了不断涌入的人群，我感觉到这里随时都会发生危险。我在议会厅内开始搜寻有能力制止这股“洪流”的最合适的人选。我只看到了拉马丁先生，一方面他所处的重要的位置和不可或缺的能力能够作出这个尝试。我记得在1842年他是唯一一个提议奥尔良公爵夫人摄政的人。另一方面，他最近所作的一些演说，特别是他写的一些文章使得他赢得了很多民众的青睐。此外，他的才能指引着大众的利益取向。在半小时之前，我并没有发现他在议院的某个办公室内在记者和代表们中间歌颂共和国。这时，我看到他站在长椅上。我在拥挤的人群中朝他走去，很快我走到了他身边。

“我们就要失败了，”我低声在他耳边急匆匆地告诉他，“在这决定性

拉马丁（1790 年 10 月 21 日—1869 年 2 月 28 日），
法国著名浪漫主义诗人、作家和政治家

的时刻人们盼望听到你的声音，请走向讲台发表演说吧。”

当我记录下这几行字的时候，我似乎再一次看到了他，我对他的印象非常深刻。我看到他高大、挺拔、修长的身躯，他的眼睛转向整个半圆形的大厅，目光停住了，眼神空洞，陷入了沉思，他并没有注意到我从他旁边经过。当他听到我让他发言后，他也并没有将头转向我，只是用手指向了王公贵族们坐的位置，与其说他是对我的话语作出反应倒不如说他是对自己的思考作出回应。他说道：“只要那个女人和那个孩子依然还在那里，我就什么也不说。”

我不再说什么了，因为我早已经听够了。我在回我的座位途中，经过议席右中位置，那儿靠近兰瑞奈斯先生和比尔奥特先生的座位，我问他们：“你们不觉得我们应该做些什么吗？”他们神情略带哀伤地摇摇头，我就继续走我的路。与此同时，这个半圆形的议会厅挤满了人，这些王公贵族们随时都有被压死或是窒息的危险。

议长试图清理议会厅，不过他所做的一切看起来都是徒劳的。他的尝试失败之后，他请求奥尔良公爵夫人立刻离开这里，但这位有胆量的亲王——奥尔良公爵夫人拒绝了他的请求。

她的朋友们好不容易才把她从人群中拉了出来，帮助她爬上了议会厅左中方向的椅子，她和她的儿子还有德·内穆尔公爵一起坐在那儿。

当玛丽和克雷米厄在代表们的一片沉默声中和人民群众的欢呼声中刚刚提议建立临时政府时，巴罗先生终于出现了。他上气不接下气，但并没有因此而感到惊恐。然后他走上了讲台。

“我们的责任就摆在我们面前，”他说道，“七月王朝的皇权就在一个孩子和一个女人头上。”

议院的成员们重新鼓起勇气，情不自禁地爆发出阵阵欢呼声，这一次轮到民众们沉默了。奥尔良公爵夫人从她的座位上站起来，看样子像是要说点儿什么，接着犹豫了一下，听着那些胆小的建议，然后又坐下了：她最后的一点儿希望就这样破灭了。

巴罗先生结束了他的演讲，结果并没有获得开场白时那样好的效果，但无论如何，议院的成员们又重新凝聚到了一起，民众们却动摇了。

与此同时，聚集在半圆形会议厅里的人群被来自外面的人流驱散了，被慢慢推到了中间早已被闲置了很久的长凳上。那些为数不多的人仍旧占据着议会中的大多数席位，至于其他的人，有的已经悄悄离开了议会厅，还有的则慢慢地向外撤退，就像受到不断上涨的潮水的惊吓一样，沿着岩石在一步一步地向后退。

所有的这些暴乱都是由两个部队的人制造出来的，他们中的大多数人是有军备武装的。他们在大厅的两侧前进，每一队都有国民警卫队的军官跟着，而且在队伍的前面都有大旗。

那两个举着旗的军官中的一个，是个爱吹牛的人。后来，我听说他是一个只领一半薪水的陆军上校，名叫迪穆兰。他略带戏剧性地走上讲台，挥舞着手中的大旗，跳来跳去，动作极其夸张，大声地说着一些关于革命的胡言乱语。

议长宣布会议中止，他像往常一样戴上了帽子。但因为他有让自己在这种悲剧性的场合里看起来荒唐可笑的本领，情急之下他把秘书的帽子抓过来，挡住了自己的眼睛和耳朵。

正如人们所认为的那样，像这样的会议是不会轻易暂停的，议长的这一举动只会让这次会议陷入混乱之中。

自那时起，议会厅内有的只是持续的骚乱，偶尔会被短暂的寂静所打破。人们以小组为单位到讲台上去发言：克雷米厄、雷德鲁·罗兰和拉马丁几乎同时跑到了讲台上。雷德鲁·罗兰将克雷米厄赶下了台，两只手紧紧地抓住讲台。

然而，拉马丁既没有离开也没有和他们去竞争，而是静静地站在一旁等待他的同伴结束演讲之后再上台。雷德鲁·罗兰开始毫无条理地发表自己的观点，他的朋友听得不耐烦了，抓住每个机会去打断他。

“结束吧！快结束吧！”拜耶尔大声呼喊，他比雷德鲁·罗兰更富有经验，他对王朝充满敌意，而雷德鲁·罗兰则是共和政体的忠实拥护者。雷德鲁·罗兰以提议建立临时政府作为演说的结尾，然后就走下了讲台。

拉马丁先生跨步向前走上讲台，整个议会厅都安静了下来，演说一开始，拉马丁就极力赞颂了奥尔良公爵夫人的勇气，民众也一如既往地对这华丽的辞藻充满激情，报以热烈的掌声。

议院代表们又一次放宽心了。“等等，”我对我旁边的人说，“这仅仅只是一个开端。”事实上，不久以后，拉马丁先生马上转移了话题，然后直接谈及雷德鲁·罗兰之前所说的话题。

就像我之前提到过的，直到现在整个议会厅内除了给媒体预留的位置之外，其余的还是空无一人，大门紧闭。但正当拉马丁在讲台上发表演说的时候，议会厅的一扇门发出了剧烈的声响，门在巨大的冲击之下像炮弹爆炸一样四分五裂了。

随即议会厅内闯入了一群全副武装的暴民，乱哄哄地占据了整个议会厅的席位。一个来自下层社会的平民，脚踩着座位的边缘，将手中的枪指向议长和演讲者，其他人也将他们手中的枪瞄准议会厅内的人。

奥尔良公爵夫人和儿子在一些忠诚的朋友的陪伴下赶紧冲出议院走到走廊。议长咕哝着说了寥寥数语，大意是暂时休会，然后走下讲台，更确切地说，他是从他座位所在的讲台上滑了下去。他从我的眼前经过时，好像一个不明的物体飘过。恐怖会创造出这样的速度，甚至可以说他突然像流影一般从我身边飞速而过，这确实令我难以置信。

剩下的所有保守派人士分散开来，下层社会的平民们平躺在长椅上，呼喊道：“让我们取代那些贪污腐败的官员吧！”

在我刚才所描述的整个骚乱的场景中，我一直在座位上坐着，虽然全神贯注，但并不十分激动。现在，我扪心自问，为什么面对必然对法国和自己的命运产生重大影响的事件却没有在情感上表现得非常激动，我发现正是这一重大事件所表现的形式降低了事件本身对我所造成的影响。

在二月革命期间，我曾经亲身经历过两三次这样骚乱的场景（如果有机会我将依次描述它们），但这些场景毫无庄严可言，因为它们根本不足以反映真实情况。

我们法国人，特别是巴黎人，总喜欢将对文学和戏剧的回忆与最严肃的示威运动搅和在一起，这通常会让人们认为他们所表现的情感是不真实的，但他们确实也做了一些拙劣的装饰。

这次的模仿痕迹是非常明显的，以至于事件可怕的独特性仍然隐藏在事实下面。这是一个任何的想象力都会被乌七八糟的事情玷污的时代，拉马丁也通过言语玷污了他的吉伦特派。

二月革命中发动第一次革命的那些人活在每个人的心中，他们所做的事情以及所说过的话深深地印在人们的脑海中。那天我所看见的一切都在我的回忆录中有明显的体现。就整个过程而言，我认为人们在忙于上演革命而不是将革命继续下去。

尽管面前有很多出鞘的宝剑、刺刀和步枪，我也不愿意相信自己处于死亡的危险之中，我甚至不相信任何人会处于危险之中。我相信所有人都没有危险。

残忍的敌意到后来才慢慢显现出来，那仇恨当时还来不及萌芽。二月革命所具有的独特精神还没有显现出来。与此同时，人们尝试用前辈们的激情来鼓舞自己，模仿他们当年在台上的姿势和态度，不过看起却是徒劳的，因为前辈们的激情是无法被复制的，愤怒也无法激起这种激情。

那些冷酷无情的人模仿前辈们的举动制造出了一些暴力事件，可他们并不理解暴力传统的内涵。尽管我非常清楚地看到这些暴力事件所带来的灾难，但我始终无法认真对待那些上演暴力事件的演员，所有的这一切看起来像是由一些临时演员出演的一场糟糕的悲剧。

我承认那天让我感触最深的是看到那个女人和那个孩子的时候，他们必须去忍受和承担所有的错误，然而所有的错误并不是他们导致的。我总是充满同情地注视着那个被卷入我们这场国内骚乱之中的外国公主；当她落荒而逃的时候，她在议会期间那和蔼可亲而又略带忧郁、同时充满坚定的眼神，在很长一段时间内多次在我的脑海中生动地浮现。一想到她在逃走的时候会遇到危险，我就非常同情她的处境。以我对这栋大楼的了解，我很快从座位上起身跑向了我认为她和她儿子会暂时安全的方向。很快，我从人群中穿过，走过议会大厅，穿过衣帽间，来到隐蔽的楼梯处，那个楼梯可以通往议院楼上德·勃艮地街道的出口。我在奔跑的时候遇到一位信差，他在追寻皇室成员的踪迹，确实，我听到在我面前有几个人急匆匆地跑向楼梯顶端的脚步声。于是，我继续按照我的路线到达了一处楼梯平台，在我前面的脚步声突然消失了。在我面前的是一扇紧闭的大门，我上前去敲门，但没有人来开。如果王公贵族们能够像上帝一样了解我内心所想，接受我当时的想法，那么我非常确定他们肯定会为我那天的想法而感到高兴。但他们是永远不会知道的，因为没有人看见我，我也没有将我的想法告诉他们中的任何人。

我又回到了议会厅，坐到了自己的座位上。几乎所有的议院成员都已经离开了议会厅，厅内的座位都被平民们占据着。拉马丁依旧站在讲台上的条幅中间，继续向拥挤的人群发表演说。或者更确切地说，他是在和平民们一起交谈，因为我看到演说者和听众几乎一样多。

混乱的场面达到高潮。在人群稍微安静的时候，拉马丁先生开始宣读名单，这个名单里有很多我不认识的刚刚被任命的人，这些人在刚刚提议成立的临时政府中占有一席之地，没有人知道这个临时政府到底是怎么成立的。这个名单中的大多数人得到了民众的支持，少数一些人则遭到大家的抱怨，还有一些人被大家嘲笑。因为人们所处的一些场合，如同莎士比亚戏剧中的场景一样，滑稽常常和悲剧擦肩而过，荒唐往往有时会减弱革命的热情。当尼耶帕热斯的名字被读到时，我听到了人群中的呼喊声："您弄错了，拉马丁先生，应该入选的那个人已经死去了，他才是最适合的人选。"尼耶帕热斯曾经有一个有名的兄弟，他们两个人除了名字相似之外没有什么其他相似的地方。

我觉得德·拉马丁先生已经开始对他所处的境地感到尴尬不已。因为对一场暴乱来说，它就像小说的创作一样，最困难的部分是结尾。因此，当有人大声呼喊"去市政府"时，拉马丁立即附和道："是的，去市政府。"

他们立刻带了一半人前往市政府，剩下的人和雷德鲁·罗兰留在那里，我想雷德鲁·罗兰是为了保留自己主角的地位，他感觉应该轮到他体验一次这样的模拟选举，选举结束之后，他要立刻前往市政府。在议会厅，同样的选举活动再次上演。在这儿我忍不住要重复一件轶事，这件事是马拉斯特先生几个月之后告诉我的。这也许会稍微打乱我叙述的主线，但会给大家呈现拉马丁和克雷米厄这两个人的光辉形象，这两个人在当时都扮演着非常重要的角色，但有明显的差异，他们不仅在观念上有差异，而且在教育和思维方式层面上也有差异。

马拉斯特说："一份临时政府的候选人名单很快被制定出来。"应该把名单公布给大家，于是我把名单交给了拉马丁先生，让他在讲台前面大声宣读这份名单。拉马丁在看过名单之后回答道："我不能公布，我的名字在上面。"之后我又将名单递给了克雷米厄，他在看了名单之后对我说："你分明是在取笑我：你让我去公布一份没有我名字的名单！"

当我看见雷德鲁·罗兰离开议院的时候，议院里只有少量暴乱分子的残余势力。我发现这儿没有什么更多的事情需要做了，于是我就离开了。我并不希望自己被夹杂在暴乱的人群中朝市政府方向前进，于是我走了与他们相反的方向。我走下陡峭的楼梯，那楼梯陡得就像地窖的楼梯一样，楼梯一直通到议院的花园。在那儿，我看到了一支全副武装的国民警卫队朝我走来，他们跑上了相同的楼梯，手中还拿着刺刀。

队伍的前面有两个打扮朴素的平民，看起来好像是给他们引路的，用他们最大的声音撕心裂肺地喊道："奥尔良公爵夫人万岁！摄政万岁！"我认出他们其中一个是乌迪诺将军，另一个是安卓利亚尼。安卓利亚尼曾在斯皮尔伯格监狱服过刑，也曾模仿塞尔维·奥佩利科写过回忆录。

我没有看见其他我认识的人，再也没有更好的事情能够证明，在革命动乱时期，公众想要了解事情的真相是多么的困难。我知道比诺元帅先生写过一封信，他在这封信中讲述了他成功地聚集了第十军团的一些人，鼓励他们支持奥尔良公爵夫人，带领他们迅速地通过波旁宫殿和议院的大门，但议院已经空无一人了。这个故事除了元帅在场之外都是真实的，如果他当时在的话我肯定会看见他的。我重申，除了乌迪诺将军和安卓利亚尼先生之外真的没有其他重要人物在场。安卓利亚尼看到我站在那里，上来死死地抓住我的胳膊，大声地叫嚷道："先生，您一定要加入我们的队伍，帮助奥尔良公爵夫人摆脱困境，拯救君主王朝。"

"先生，"我回答道，"你的本意是好的，但你说得太迟了：奥尔良公爵夫人已经失踪了，议会也发生暴乱了。"

现在想想，那天晚上，王朝英勇的守卫者哪儿去了？在革命阶段的众多事件中，这个情况是值得被大家注意的。

安卓利亚尼先生曾经在雷德鲁·罗兰先生的办公室工作过，担任法兰西共和国内政部秘书长一职。

回过头来看看他所率领的那支纵队：我加入到了队伍当中，不过对于这次努力取得成功我不抱任何幻想。队伍中的人们只是机械地服从领导所下达的命令，一直走到了议院的门口。在那儿，队伍中的人知道了已经发生的事情，他们做了片刻的思考之后，向各个方向四处逃窜。要是在半个小时之前，这一小部分国民警卫队队员（就像接下来5月15日发生的事情一样）也许能够改变整个法国的命运。

这些人从我眼皮子底下消失了，留下我一个人在那里倍感忧伤。我走在回家的路上，最后看了一眼议院，如今早已人去楼空。在这九年之间，我听了太多关于议会的意味深长却又毫无用处的话语。比尔奥特先生早我几分钟从德·勃艮地街道的出口离开议院，他告诉我，他在街上碰见了巴罗先生。

他说："巴罗先生走得非常快，甚至都没有注意到自己忘记戴帽子了，他那经过精心梳理散落在太阳穴两边的白发，在肩膀上乱七八糟地散下来，他看起来有些抓狂。"

这位英雄般的人物（巴罗）一整天都在用自己所能想到的方法来尽力维护随时可能垮台的君主王朝，似乎他自己已经被压在这早已垮台的王朝下面了。我听说那天博蒙特先生和巴罗先生一直在一起，面对着二十多个街垒，巴罗先生逐一对其进行说服，在这期间他受到过凌辱，且一直处在被炮弹击中的危险之中，最后他用言语战胜了守街垒的那些人。事实上，他的言语对民众是非常有影响力的。他拥有能在关键时刻起作用的特征：洪亮的嗓音、雄辩的口才和一颗无所畏惧的心。

然而，巴罗先生最终还是在混乱之中离开了议院，梯也尔先生更加心烦意乱了，他在距离巴黎不远的地方徘徊，不敢回家。有人看到他在奥尔良公爵夫人到达议会之前在议会出现过，但马上就消失了，他还示意其他人赶紧撤退。第二天早上，我从帮助梯也尔逃走的塔拉波先生口中得知梯也尔逃走的细节。我和塔拉波先生一直保持着亲密的关系，但我认为，我和梯也尔的关系就如同生意上的关系。塔拉波先生是精神上充满活力和有毅力的人，非常适合处理这种紧急事件。接下来的这段话是他告诉我的，我没有遗漏或是添加任何的细节。

他说："梯也尔先生似乎在路过路易十五广场的时候遭到了群众的侮辱和恐吓。我看到，他走进议会的时候似乎极度激动、心烦意乱。他向我这边走来，把我叫到一旁，他告诉我，如果我不帮助他逃跑的话，他就会被那些暴民杀害的。我抓住他的胳膊，请求他跟我一起走，什么都不要害怕。梯也尔希望避开走路易十六桥，避免遇到拥挤的人群。于是，我们选择走荣军大桥，但到了那儿以后，才发现在河对岸聚集着一群人，看到这些，梯也尔先生拒绝过河。于是，我们又朝着耶拿桥的方向走去，我们顺利地通过了耶拿桥。当我们抵达大桥另一端的时候，梯也尔先生看到几个年轻小伙在大声地叫喊，我们随即立刻跑向奥特伊尔街，朝布洛涅森林走去。在那儿我们非常幸运地看到一位马车夫，他答应载我们沿着外面的林荫大道去旁边的克里希（克里希是法国巴黎市一工业区的名字），从那儿我们就可以到他家了。"塔拉波先生补充道："在整个路程当中，特别是在刚开始的时候，梯也尔先生看起来完全不在状态，他手舞足蹈地边哭泣边向我说着一些不着边际的话语。刚刚经历的这些让他看不到整个国家的未来以及他个人的安全保障，所有的一切让他思绪混乱、迷失了自我。"

第二部分

第二部分里包含了所有的事情，写于1850年11月和12月，1851年1月、2月和3月处于动荡中的索伦托。

第六章 我对 2 月 24 日发生的事件的理解

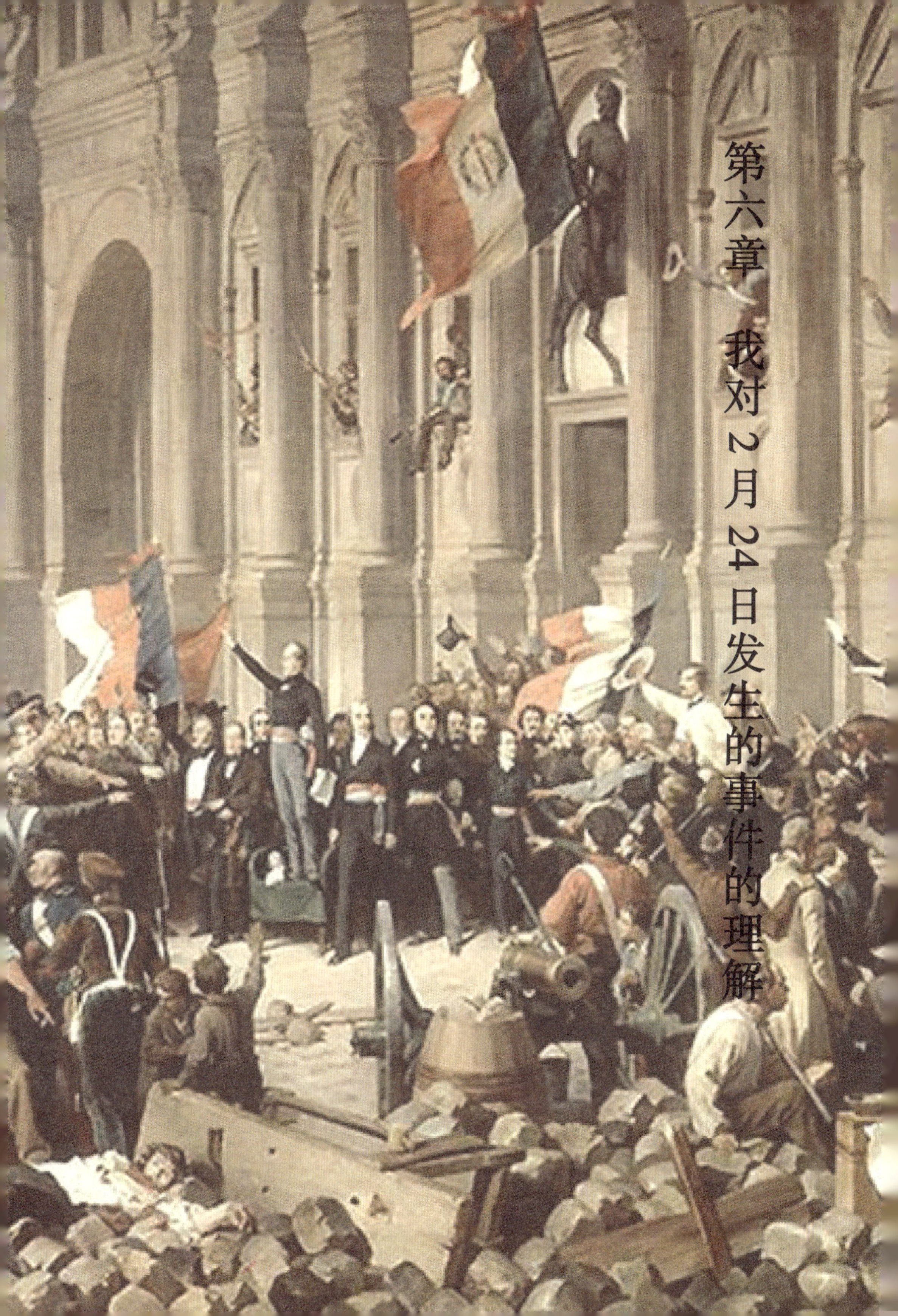

七月王朝就这样覆灭了，在面对胜利者的时候，它没有做任何抗争就倒下了，胜利者面对他们所取得的胜利感到惊奇，就像被征服的人在被击败时感到同样惊奇一样，所有的这一切都太快了。自从二月革命之后，我经常听到基佐先生，甚至连莫来先生和梯也尔先生都宣称七月王朝的覆灭仅仅只能归结于一场意外，只能看作是一场意外事故，一次大胆而侥幸的冲击，仅此而已。我经常忍不住用莫里哀在他的作品《恨世者》中回答奥龙特的问题时所说的话来回答他们："你们这样判断是有你们的道理的。"

因为这三个人在路易·菲利普国王的统治下执掌法国政务长达18年，对他们来说，承认是国王的糟糕的统治造成了这场灾难的发生，将他从王位上赶下来是非常困难的事情。

对于我来说，我和他们的观点不同，我很难说服自己和他们持有相同的看法。我并不认为那些偶然性的事件在二月革命中没有起到任何作用，相反，它们起了很大的作用，但并不是唯一的作用。

我偶然会遇到一些文人，他们从未参与公共事务却书写历史，还有一些

莫里哀是法国喜剧作家、演员、戏剧活动家，法国芭蕾舞喜剧创始人

政客，他们只热衷于制造事件而从不想去描述事件。我注意到那些文人更倾向于寻找一般的原因，然而政客们由于生活在互不连贯的日常事件之中，自然而然地自以为一切都应归咎于种种独特的事端，自以为他们不停地在手中玩弄的计谋与使世界动摇的事端是一回事。

就我而言，我讨厌这种绝对的专制体制，它将所有的历史事件的首要原因都归结为与依赖于命运的枷锁有关，也可以说它抑制了人在人类历史中的作用。

在我看来，那些文人假装宽宏大量，实际上却是小肚鸡肠。我认为（文人虚构的这些崇高的理论只是为了满足他们的虚荣心，便于他们更好地创作）许多重要的历史事件只能用偶然性来解释，但还有不少重要的历史事件则仍然无法解释。

另外，偶然性，更确切地说，我们称之为偶然性的错综复杂的次要因素在世界的舞台上扮演着重要的角色，尽管我非常确信这种偶然性并不会被预测。先前的事实、制度的本质、思维的方式和道德的境界都组成令我们惊恐万分的偶然性。

二月革命和其他所有同类的革命一样，都是从大量一般原因或者可以说是偶然事件发展而来的；将二月革命发生的原因归结为前者的必要性和后者的排他性是一种肤浅的论断。

在过去的30年间，工业革命使得巴黎成为法国主要的工业城市，吸引了很多工人来到这座城市，军事防御工程现在又增加了失业人口的数量，工人对民主的妒忌渐渐深入到他们的心中。经济和政治方面的理论开始取得人们的认可，这些理论试图证明人类所有的悲剧都是法律带来的而并非上帝的安排，通过改变社会的现状可以改变当前的贫困。统治阶级遭到了工人的蔑视，这种蔑视是如此普遍且意义深远，以至于让那些试图想维持已经被推翻的权力的抗争都瘫痪了。君主专制体制将所有的革命运动都归纳为对巴黎的征服和对国家机器的占有。最后，所有的事情、机制、思想以及事情所牵扯的人们和风俗习惯都是充满变数的。在短短的不到60年的时间内，这个动荡的社会经历了七次大的革命事件，而且还有很多小规模的、次要的革命。这些就是二月革命爆发的一般原因。如果没有这些原因，二月革命是不会发生的。

工业革命发源于18世纪的英格兰中部地区。图为阿道夫·冯·门采尔所画的工业革命初期的工厂油画

促使二月革命爆发的主要因素是王朝反对派的激情，他们在提出改革意

见的时候引发了一场暴乱。一开始旧政府对这场暴乱的镇压太过激烈，之后却放任不管了。旧政府的突然垮台破坏了政权的交替，新政府似乎有些措手不及，没有能力让新的内阁更好地执掌政权或者是重新巩固旧政权。这些内阁大臣错误百出、思维混乱，无力将他们曾经轻而易举推翻的政权重新建立起来。将军们犹豫不决，仅有的几位拥有个人能力且深得人心的亲王贵族却不在场，尤其是路易·菲利普国王年事已高，愚昧无知，他的缺点之前没有人能够预料到，二月革命发生之后证实了他的这一缺点，几乎令人难以置信。

有时候我扪心自问是什么让国王突然产生了史无前例的沮丧之情。路易·菲利普国王一生中经历了很多次革命，从不缺乏经验、勇气，在突发事件面前也不缺乏思想准备，但是那天他所具有的这些特点都完全消失了。

在我看来，他的软弱是由于他过度惊讶造成的，在还没搞清楚整个事情之前他已经惊慌失措了。所有的人都没有预知到二月革命的爆发，而国王比其他人反应更加迟钝。外界没有任何的警示让他对革命的发生有所准备，因为这么多年来，他一直处于高傲自大的状态中，最终导致众亲王也思想麻木，不会居安思危，多年来一直快乐地生活着，他们错把幸运当成是一种天赋，听不进去任何人的忠告，因为他们认为没有必要从别人那儿请教什么。

正如我之前所说过的，只是往日的历史业绩把它迷惑人的光芒投在了当今时代，让国王感到失望，也让他的官员们感到失望。如此产生但却互不相似的失误，一个接一个，简直可以绘成一幅奇特的图画。比如，我们知道查理一世在他父亲的温和统治时期看到反对派的思想精神危及君主统治，他就实行暴力的专制统治。再如我国的路易十六知道查理一世上断头台的原因，所以他对一切采取容忍的态度。又如查理十世明白，正是因为路易十六的懦弱法国才爆发了革命。最后，就是路易·菲利普国王，他比任何人都睿智，

查理一世是英国历史上因被送上断头台而知名的国王

路易十六是法国波旁王朝的国王，于 1774—1792 年在位。
路易十六有一颗仁心和治国善念，但性格优柔寡断

他认为如果想要保住王位，他所要做的就是看他是否违背法律的精神，只要他的行为在宪法的章程内，人民就不会推翻他。他歪曲宪法的精神，但从不改变任何字眼，让国家的一些恶习互相牵制，将革命的激情温和地湮没在对物质享受的追求之中。这就是他毕生的理念。这个理念不仅逐渐变成他的第一理念，而且成为他的唯一理念。他把自己束缚其中，当他突然发现这一想法是错误的时候，他就像是在地震中被突然惊醒的人，感觉到他的房子在黑暗中颤抖，脚下的地面就像要开裂一样，他在这无法预料的灾难中心烦意乱。

现在，我能够很平静地讨论关于导致2月24日那场革命的原因，但那天下午，我的脑海中浮现了很多其他的事情，我是在考虑这些事情本身，更多的是在思考接下来会发生什么，而不是产生这些事情的原因。

我慢慢地走回家中，三言两语地向托克维尔夫人说了我所看到的一切，然后坐在角落里思考着。我觉得自己从来没有那么难过过。这是18年来我亲眼看到和经历的第二次革命！

1830年7月30日的破晓时分，我看到查理十世的马车队伍前进在远离凡尔赛市中心的一条大街上，马车的锁眼盖早已坏掉了，队伍以步行的速度前进着，成一路纵队，就像葬礼一样。看到这个场景，我禁不住潸然泪下。这一次我是另外一种感觉，但更加敏锐。

这两次革命都非常折磨我。不过，第二次革命带给我的印象是非常苦涩的！对于查理十世，直到最后我还保持着对他的敬爱，这种对国王的敬爱是从祖上传下来的。这位国王因为违反各项权利而垮台，我希望我们国家的自由不会因为国王的倒台而毁灭，反而更加富有生机。而现在这种自由看起来似乎已经消失了。王公贵族们对我来说什么都不是，我倒是感到我自己的事业已经失却。

我年轻时最美好的时光处于一个伟大而繁荣的社会中，这个社会中的人们有极大的自由。我有了关于和谐安定的、受法制约束的自由的想法：这种自由受到宗教信仰、风俗习惯和法律的制约。对自由的向往深深触动了我，自由成了我生命中的激情所在。如果失去这份自由，我会永远难过，我必须放弃我所有的希望。

我对人了解得太多了，以至于我没办法用毫无意义的言辞来使我自己感到满意。我知道，即使一场伟大的革命能够让一个国家建立起自由，但其后在这个国家发生的其他革命，也未必能够让这种自由长久保持。

我不清楚现在的这场革命会带来什么后果，但我非常确信绝对不会产生任何令我满意的结果。我可以预测到不论我们给子孙后代留下什么，我们的生活在许可与压迫之中拖延着我们的生命。

我开始重新回顾最近60年的历史，当我想到在这漫长的革命的每一阶段结束的时候所形成的幻想，我只有苦笑。这些幻想所包含的理论，历史学家所拥有的梦想，还有所有那些荒诞不经的体制，都借助于国家体制向人们努力阐释着一个现状：当下模糊不清，而未来却遥不可及。

旧制度之后是君主立宪制，君主立宪制之后是共和制，共和制之后是帝国主义，帝国主义之后是王朝复辟时期，接下来就是七月王朝统治时期。每一次王朝更替之后，都会有人说法国革命已经完成了所有的革命任务，革命结束了。大家也都相信了。

唉！在路易十八复辟时期我抱有这样的想法，在复辟王朝垮台之时我又一次相信这样的说法。现在法国革命又发生了，这一次还是同样的革命。革命在继续，但胜利的号角离我们越来越远，消失在黑暗之中。我们能否像其他预言家保证的那样，或许像前辈们欺骗我们的那样，取得一场比我们的前辈们所预测和期盼的更彻底、意义更加深远的社会转型，这些我们都还不能预见。

我们难道只能处于这种断断续续的无政府状态中，处于长期的无可救

路易十八，法国国王，是被送上断头台的法国国王路易十六的弟弟。其侄子路易十七在狱中被保王党奉为国王。1795 年，路易十七死于狱中，路易十八被奉为继承人

药的抱怨之中吗？对于我来说，我不确定，我不知道这场革命什么时候会结束。我厌倦每次看到海市蜃楼所带给人们的幻影，我经常问自己我们一直追寻的陆地是否真实存在，是否注定我们永远会在海上漂泊。

这一天剩下的时间我是和安培一起度过的，他是我们学会的同事，也是我的好朋友之一。他来看看我在这场骚乱中到底遭受了什么，叫我和他一起共进晚餐。一开始我还希望他能够分享我的烦恼来减轻我内心的痛苦，但我很快就发现，他和我的想法并不相同，他对这场正在进行的革命持有不同的观点。

安培是个充满智慧的人，更难得的是，他充满爱心，文质彬彬，是个值得信赖的人。正是因为他的好脾气所以大家都很喜欢他，他和人交谈的时候诙谐幽默，为人风趣，同时又多才多艺，受到大家的喜爱，他所发表的言论令人愉悦，但太过肤浅，不能给人们留下什么印象。

很不幸，他总是倾向于把沙龙的精神带入文学之中，把文学的精神带入政治之中。我所谓的政治方面的文学精神在于，追求新颖超过追求它的真实性；喜欢浮华不实超过它的实用性，在于展示演员们良好的演技和华丽的雄辩之辞，完全不考虑这场演出的结果；最后，通过印象而不是理性来判断。毫无疑问，这种怪癖存在于除了知识分子之外的任何人身上。说实话，整个国家的人民更倾向于以文人的眼光来考虑政治。安培非常蔑视已经垮台的政府，政府最后的举动激怒了他。此外，他在很多暴乱中见证了暴乱分子的勇气、公正无私和宽宏大量。大众的热情吞噬了他。

看得出来他不但不赞同我的观点，反而和我唱反调。看到这些，我将从早上积聚在心中的愤怒之情和悲痛之情一股脑儿地撒在了安培身上，我的语言充满暴力。自那之后，每当回忆起当时的场景我都感到惭愧，只有真挚诚恳的友谊才能让我被原谅。我记得我当时对他说过："你对发生的革命一点儿也不了解，你就像个诗人或者是在巴黎的伦敦人一样去评判这次革命。

你把它称之为自由的胜利，但那时正是自由被打败的时候。我告诉你，那些被你盲目崇拜的人民很好地证明了他们不适合也不值得自由生活。请你告诉我，你从中学到了什么经验？从中得到了什么新的美德？又从中摒弃了什么旧的恶习？不，我告诉你，他们就像先前他们的前辈面对困难一样，一如既往地没有耐心，做事不加考虑，蔑视法律法规，容易被他人怂恿，而且胆小懦弱。时间并不会改变这一切，像之前面对琐事时一样，在重大事情面前他们显得很轻浮。”

在大吵大闹之后，我们两个只能寄希望于未来，未来是公正的裁判。唉！它来得太迟了。

第七章 新革命的社会主义特征

那天晚上就这样安然无恙地过去了，尽管直到第二天早上街道上仍旧回响着呼喊声和枪声，不过这是胜利的声音，并非**战争的声响**。天一亮，我就走上街去观察城里的状况，去看看我的两个侄子是否安好。他们在小神学院里上学，这间小神学院位于卢森堡公园后面的女人街上，我得穿过大半个城镇才能到达那里。

我发现这条街道很安静，甚至有些荒凉，就像往常周末早上的巴黎一样，每周这个时候富人还在熟睡，穷人也在休息。沿着墙边走的时候有时可以碰到前一天的胜利者，但他们身上没有政治激情，有的只是一身的酒气。他们中的大多数只是自顾自地往家走，丝毫没有留意到身边的路人。少数的店铺还开着，店主看起来惊慌失措，但更多的是感到惊讶。店主就像是只看了一场演出的结尾的观众一样，他们并不明白到底这一切是什么意思。

街道上剩下的大多数就是士兵了。他们有的单独行走，有的以小组为单位，他们都没有武器装备，准备穿过城市回家。他们所经历的挫败给他们留下了鲜明且持久的羞辱和恐惧，从那时起他们就已清楚地意识到这种感受了，只是当时还未流露。这些小伙子获得自由的喜悦之情深深地影响着他们，他们无忧无虑，步伐轻快地走着。

小神学院并没有遭受到袭击或者是损坏。但我的侄子们并不在那里。他们前一天晚上已经被送到外祖母那里去了。于是，我就沿着巴克街回来了。顺便去看看拉莫里奇那儿是什么情况，他就住在这条街上。他的仆人认出我之后告诉我拉莫里奇先生在家，答应带我去见他。

图为巴克街。巴克街得名于 1550 年设立的一个摆渡，位置在今伏尔泰滨河路

我看到了这个不同寻常的人，我在接下来的文章里会不止一次提到他。我见到他的时候，他正舒展着身体躺在床上，一动不动，这完全不符合他的性格。他的头颅被打破了，胳膊被刺刀刺伤了，全身青一块紫一块的，这些使他没有一点儿力气。除此之外，其他的都和之前没什么不一样，依旧才思

敏捷，不屈不挠。

他向我讲述了前一天发生的所有事情，以及他如何奇迹般地从重重危险中逃离出来。我强烈建议他好好卧床休息直到身体完全康复，甚至更长时间，以免让即将到来的混乱威胁到他的安全和他的名誉。毫无疑问，在他做了那些有必要且有用的事情之后，对这样一个痴迷于行动的人来说，这些建议是好的。因为他总是时刻准备着承受危险和伤害，而不是什么也不做。但所有违反他天性的建议不再有效。

整个下午我都在巴黎的街道上溜达。有两件事情给我留下了深刻的印象：第一件事情是，这场刚刚发生的革命，其独特的、唯一的受欢迎的特点，并不是其主要的特点。第二件事情是，这场革命给了那些通过双手辛勤劳作的劳苦大众高于其他一切的无限力量。他们没有心怀恶意，事实上，也缺乏强烈的激情，处于下层社会的人民大众马上成了巴黎的主宰者。

尽管工人阶级在第一次革命中经常扮演着主要角色，但不管从事实上还是从法律层面上，他们从来都不是唯一的领导阶级或者国家的主人，我怀疑国会里连一个平民都没有。

事实上，国会是由资产阶级和文人墨客组成的。山岳派和吉伦特派的战争都是由中产阶级领导的，前者的胜利并没有将权力转入到人民手中。七月革命受到了人民的影响，不过是中产阶级煽动和领导了这场革命，保住了革命胜利的果实。二月革命则完全相反，整个革命都不在资产阶级范围之内，并且是反抗资产阶级的。

在这场大的社会动荡之中，组成法国社会主体的两大派别完全分裂了，身处社会底层的人民大众则独掌大权。在我国的历史中，这种事情是独一无二的。在其他国家，相类似的革命曾经发生过。因为我们所处的这个时代，或许看起来很新颖，非常出其不意，但实际上处于人类古老的社会底层，我们所谓的新颖通常只是那些被我们遗忘的事实。特别是佛罗伦萨，在中世纪末期的时候，曾上演过和我们相类似的小规模的革命。平民阶级取代了之前的贵族阶级，之后的某一天平民阶级被驱逐下台，一个旗手赤脚走在人民队伍的前头，领导着共和国。但发生在佛罗伦萨的这场人民革命是由一些短暂的特别的原因导致的。

佛罗伦萨是意大利的历史文化名城。图为 1498 年的佛罗伦萨

然而，我国的这场革命是由一些永久的普遍的原因造成的。这场革命从法国开始，逐渐扩散到欧洲各国。这次不仅仅是一个党派胜利的问题。人们憧憬着创建一门社会科学、一门哲学，我或许可以说是建立一个可以供全人类学习和遵循的共同宗教。这是在一幅旧图片上加上的新部分。

整整一天，我在巴黎没有见到一个旧政府当局的官员。国民警卫队也消失了。人民自己全副武装，守卫着公共建筑，来回巡视，下达命令，惩戒他人。当看到这样一个充满富人的人口稠密的城镇里，甚至可以说是一个强大的国家里，所有的权力都掌握在什么都没有的人手里是一件特别恐怖的事情：正是由于这种中央集权制，导致谁统治巴黎谁就统治法国。因此，其他的阶级都受到了很大的惊吓。

我怀疑其他时期的革命是否能够带给他们如此大的惊吓，能够与此相提并论的只有罗马帝国时期的文明城市突然处于哥特人和汪达尔人的统治之下。因为之前从没见过类似的事情，所以很多人都期待会有一场史无前例的暴力革命。

就我而言，我从来没担心过会发生暴力事件。我所看到的这些让我预测到在不久的将来会有一场暴乱——一些异常的危机。但我绝不相信富人会被抢劫。我太了解巴黎人民了，他们在革命的初期通常是宽宏大量的，他们在取得胜利之后非常开心，会花费很长时间来鼓吹自己的胜利，制定一些法律，扮演大人物的角色。

在那段时间，我们会经常看到这样的场景：一些政府机构建立起来，警察重新回到警局，法官回到了法庭。最后，当我们的大人物想辞职走下政坛去那些大家都非常熟悉的而且粗俗的地方时，他们再也不能如愿以偿了，这时候他们只能做诚实正直的人。而且，这些年来我们经历了太多的暴乱行动，所以形成了一种美德和特别的法律准则，特别是在混乱时期，这种美德尤其明显。

根据这些特别的法律准则，谋杀是可以容忍的，一些严重的破坏行为是被允许的，但抢劫行为是绝对禁止的。尽管如此，无论如何也阻止不了大量的抢劫事件的发生，很简单的一个原因就是社会处于与以往任何时候都不同的动乱时期。在我看来，这个社会总是有很多地痞流氓，他们蔑视社会主体的道德，无视社会的名誉。

使我更加安心的是，胜利者面对成功时的反应，他们在取得成功时感到非常惊讶，就像他们的对手面对失败时同样地惊讶，他们没时间点燃和增强他们的激情，因为政府在毫无防备的情况下被击垮了，甚至是被他们自己打败了。在此后很长一段时间里，那些内心深处对政府的垮台感到非常遗憾的人攻击着新政府，至少猛烈地斥责着新政府。

在过去的一年里，王朝反对派和共和主义反对派一直保持着一种不合理的亲密关系，尽管他们是出于不同的目的，但也总是会有相同的利益存在。他们双方之间一直存在的误会推动了革命的发展，而现在却削弱着革命的作用。

由于君主政体已经被推翻，所以战场看起来空空荡荡的。人们再也不能清楚地看到那些剩下的让他们曾经追赶和击倒的敌人。人们之前所仇视的对象早已经不存在了。神职人员从来就没有和新王朝握手言和，因而它毫不费力地看到了自己的没落。无论最终的结果是什么，旧贵族阶级对此都非常高兴：神职人员曾经遭受了中产阶级的排挤，而旧贵族则要面对中产阶级的傲慢。他们都嫉妒、蔑视和惧怕中产阶级的政府。

这是60年来的第一次，神职人员、旧贵族阶级和平民有了共同的情感——那真的是报复心理而不是喜爱之情。但在政治舞台上，这绝对是一件重大的事情，然而，仇恨则是政治世界里友谊的基础。

事实上，中产阶级才是唯一的失败者。尽管如此，他们也毫不畏惧。他们的统治虽然专制排外却不压迫，虽然腐败无能却不使用暴力。他们被人们蔑视却不会遭到怨恨。

此外，中产阶级从来不会在国家里形成一个紧密的团体。所有的事情他们总会插上一脚，在有些地方他们还会融入其中。同一性和界限的缺失使中产阶级组成的政府不牢固和不确定，但当他们不再掌权，人们想打败他们的时候，他们总是变得难以理解，甚至消失不见。

所有的这些都源自民众的疲倦，他们的疲倦就像他们的无所不能一样给我留下了深刻的印象。这种疲倦更容易辨别，因为这种疲倦和语言所产生的浮夸的能量还有它所勾起的可怕的回忆形成强烈的反差。人们说着那个时代不温不火的激情，和1793年那个言辞浮夸的时代一样，人们总是能够引用那些臭名昭著的流氓无赖的名字和事例，因为这些人既没有活力也没有诚意。

我之前认为社会主义理论是二月革命的哲学理论。正是社会主义理论随后激起了人们真正的热情，引起了阶级之间的相互猜忌，最终以挑起阶级之间的战争而告终。如果在刚开始的时候不让民众感到如此恐惧且这么混乱的话，在紧接着发生的革命中，民众的思想就不会显示出异常的愤怒，不会陷入前所未有的混乱之中。

从2月25日开始，创新者在他们的脑海中想出了成百上千种稀奇古怪的理论体制，这些理论体制在大众的思想中传播开来并引起了混乱。除了皇室和议院之外，其他的一切都依旧如故。然而，革命带给民众的冲击似乎可以让社会本身化为尘埃，似乎大家都相互竞争地在国家这栋建筑物上开创一种新的模式。几乎每个人都提出了自己的方案：有的人会在报纸上刊登出来，有的人则会张贴布告，很快整个墙面就会被覆盖，还有的人会在露天的场合发表自己的观点。这些方案有的旨在消除财富分配不均，有的则斥责教育制度不平等，另外一些则致力于废除所有旧制度的不平等——男女之间的不平等。人们还提出了消除贫穷的具体办法和人类存在的第一天就有的一直折磨着人类的劳动之苦的治疗方法。

每个方案所依据的理论的性质不同，常常相反，甚至有时候会互相怀有敌意。但所有的这些理论目标不在政府，而是设法向下影响社会本身，这社会是政府的基础，这些理论普遍以社会主义为名号。

社会主义还将一如既往地保持二月革命的基本特性以及关于它的最可怕的回忆。共和制度将永远只作为手段而不是目的出现。

关于探索赋予二月革命社会主义特征的原因并没有在这本回忆录中提到。我比较满意的说法是，法国大革命的这一新特征，并没有像以前那样令人惊讶。很长时间以来，我们并没有发现人们的地位、重要性、教育状况在不断地提高，没有发现人们的欲望、权力在不断地扩大。人们的富裕程度也不断提高，但并不迅速，却也已经接近以往人多地少的旧社会中难以逾越的发展速度。那些原来地位卑微、现在拥有权力的穷人阶级怎么会不想借助已经掌握的权力去脱离贫困和改变地位呢？特别是当我们关注的世界变得灰暗，其中的灾难变得更加明显、更加令民众难以忍受时。民众为这个目标努力了60年。人们第一次试图通过改变政府机构来帮助自己改变这一切，但在每次努力之后他们都会发现他们的现状并没有得到改善，或者可以说改善的速度极其缓慢，与他们内心急切的欲望极其不符。人们迟早会发现让他们处于今天这样的现状的原因不在于政府机构，而是构成社会本身的不可更改的法律。自然地，民众会问他们是否可以像他们之前改变其他所有的东西一样改变法律。特别是谈及所有权问题，所有权可以说是我们社会秩序的根基——其他所有的特权都隐藏在它之下，或者可以说即使隐藏着的所有的特权已经被摧毁了，而所有权仍旧是人类实行平等的最大障碍，而且看起来似乎是不平等的唯一障碍，这是没有必要的。我并不是说要废除所有制，但至少在那些没有享有过所有权的民众心中出现了想要废除它的想法。

民众心中与生俱来的不安，脑海中不可避免的骚动，欲望、需求和天性在某种意义上形成了画布，那些政治创新者在上面创作了很多荒诞的、稀奇古怪的形象。他们的作品看起来是荒唐滑稽的，但他们创作的材料是最重要的，值得哲学家和政治家深思。

社会主义会像1848年的社会主义者被埋葬一样被埋葬在蔑视之中吗？我提出了这个问题，却找不到任何答案。我毫不怀疑，从长远看来那些涉及我们所生活的社会的宪法章程必将会被修改：事实上，宪法中的大部分已经被修改了。但这些法律是否会被废除或被其他的法律所替代？这些在我看来是行不通的。我没有更多的话要说，因为我研究以前的社会状况越多，就会看到更多关于我们这个社会的细节。对于不仅在法律方面，而且在法律原则方面所要面对的巨大变化，以及不管人们如何评说，世俗所有权方面仍采用和保存的不同形式，我思考得越多，就越相信我们所认为必须存在的制度体系仅仅只是人们习惯了它的存在而已，而且在社会组织方面，我们所赖以生存的社会比人们想象的要广泛得多。

第八章　关于旧议会成员的犹豫不决

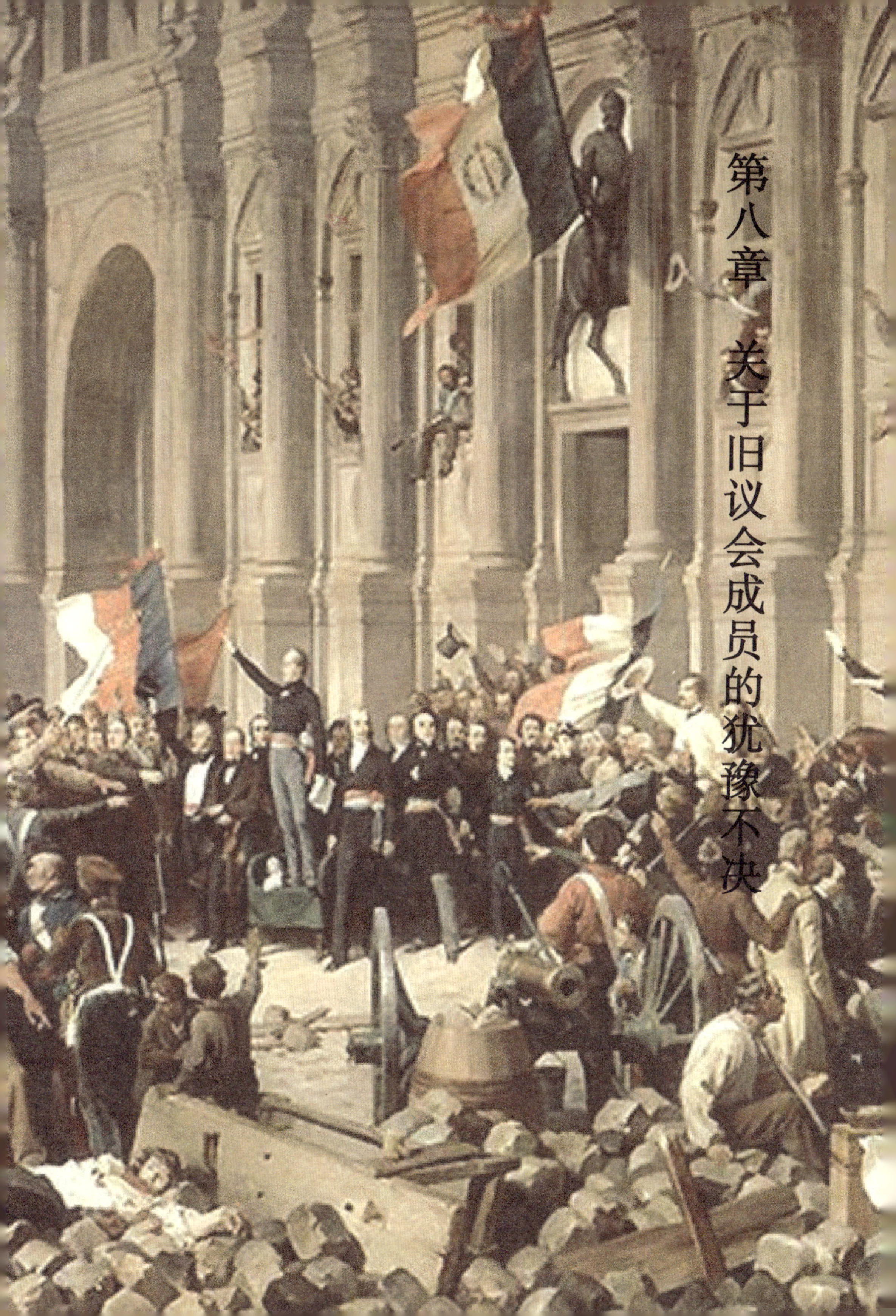

在紧随2月24日之后的那些日子里，我并没有刻意去找也没有碰见那些自从革命发生后就和我产生分歧的任何政客。我认为那样做完全没有必要，或者说句实话，我没有兴趣那么做。当我回忆起那个卑鄙无耻的议会，我就会本能地厌恶它。在议会里工作的十年时间里，我亲眼目睹了革命如雨后春笋般兴起。

此外，在那个时候我看到了各种毫无价值的政治谈判和政治联合。也许那些暴民最初进行这场革命的原因是微弱的，但现在这场革命的势头早已不可遏制。我感觉到我们所有人都身处于这场浩大的民主洪流之中，这场民主洪流就像防止洪水决堤的大坝一样，试图来抵抗每一个个人或者是政党，到头来只是淹没了这些民主的创造者。这一段时间以来，我除了研究这一现象的普遍特征以外什么也没做。因此，我所有的时间都用来在街上和胜利者待在一起，我看起来像个渴望财富的人一样。事实上，我对新的掌权者毫无尊敬之情，更谈不上支持。我没有和他们说起这些。我只是在听他们说什么，观察他们在做什么。

然而，几天之后，我开始和那些失败者重建关系。我又一次看到了议会的前代表、之前的同事、文人、商人、金融家还有地主，在当时的情况下，这些人被看作无所事事的人。

我发现革命的形势从上面看是很特别的，就像在革命一开始我从下面看一样地特别。就像我在其他地方看到的一样，我看到的更多的是恐惧，很少有真正的激情。我只是莫名其妙地顺从着，特别是没有任何希望，也不想重回那个刚刚离开的政府。

尽管二月革命是迄今为止历时最短最不血腥的革命，但在人们的心目中他们拥有无限权力的程度比之前的先辈们都要强烈。在某种程度上，我认为是因为人们心中都缺乏政治信仰和政治热情，在经历了太多的失望和无用的激动之后，他们只保留了对舒适的喜爱——这是一种极其固执、排外但又非常令人愉快的情感，只要他们能够得到满足，民众能够轻而易举地适应任何形式的政府。

所以我看到了一种民众普遍的努力，它试图充分利用革命全新的状态，并且说服政权的新主人。大地主总是对中产阶级怀有敌意，而且永远支持人民；资产阶级总是怀着骄傲的心情回想起自己的父辈们曾经是工人阶级，当他们由于他们的先辈们身份低微而无法追溯到他们的祖先是靠自己双手工作的工人的时候，他们至少可以发现他们粗俗的祖先们是自己命运的创造者。要是放到不久前，他们一定会把他们煞费苦心夸耀的这些隐藏起来：这就是人类真实存在的虚荣心，丝毫没有改变人类的本性，这种虚荣心在各种不同的方面呈现出来，人的虚荣心虽分正反两面，但那总归是同一枚徽章。

因为当时民众的心里除了恐惧之外再也没有其他真实的情感，所以民众不但没有与之前曾投身革命的亲人断绝关系，反而试图去亲近他们。现在这种时候，人们都寻思着如何利用家族中的败类。如果人们有幸有个表兄弟、亲兄弟或儿子因放荡而倾家荡产，那么他肯定有希望成功；如果他又以某种谬论出名的话，他可能会取得任何他期望的成功。政府中大多数代表都是这类人。

关于路易·菲利普国王，除了他是否属于墨洛温王朝之外再没有任何

墨洛温王朝是中世纪欧洲的著名王国。图为墨洛温王朝的疆域图

疑问了。我对于突然笼罩在他名字周围的寂静无声印象十分深刻。可以这么说，无论是普通民众还是上层阶级，我一次也没有从他们口中听到他的名字。我之前见到过的朝臣们并不会提到他，而且我认为他们心里并没有他。革命已经完全将他们的思想转移到其他方面，他们已经忘了这位君王了。人们告诉我这是所有垮台的君王普遍的命运。但值得注意的是，甚至他的敌人

也早已遗忘了他。人们害怕他，或者说恨他，这是对他命运最大的，或者说是最少见的侮辱，但还没有到造谣诽谤他的地步。

我并不是想记录1848年革命的历史，而只是想将我在革命中的行动、思想和印象记录下来。因此，我忽略掉紧随2月24日革命之后的那周所发生的事情，直接记录大选即将开始之前的那段日子。

是时候搞清楚人们仅仅是想观察这场革命的进程还是想参与到这场革命中来。我发现之前的政党领袖内部已经有了分歧，而且根据他们前后不一的言语和犹豫不决的意见来判断，他们都是各持己见，互不让步。这些政治家在宪法规定的自由中受到约束和限制的运动里处理公共事务，这场巨大的革命毫无征兆地来临了，就像那些习惯于在河里航行的舵手突然发现他们需要在海洋里航行。他们在淡水航行中所掌握的知识并没有在这场大的灾难中帮助到他们，反而给他们带来了更大的危险，他们通常会比乘客更加困惑和不知所措。

梯也尔先生曾经多次表示他准备参选，而且有信心当选，但又不止一次说还是袖手旁观为好。我不知道他的踌躇是源于他对由选举带来的危险的畏惧还是害怕自己不能够当选。

雷慕沙先生总是能够清楚地看出人们的想法，却对人们应该做什么不是很清楚，他提出了很多待在家里不参选的理由，也提出了很多走出家门参选的理由。

杜维尔热有些心烦意乱了。革命打破了权力平衡的体系。长期以来，他坚持认为政局的稳定依靠这种体系。现在，他感觉自己的心好像是悬在半空中一样。

至于布罗伊公爵，自2月24日之后他就将自己隐藏起来了，他在等待社会末日的到来，在他的观点中他所希望的事情近在咫尺。

摩尔先生是之前议会领导中资历最深的一位，也许就是出于这个原因，他坚定地认为应该参与到公共事务中去，并且试图领导这场革命。或许长久以来他积累的经验告诉他，在这种危急关头作为旁观者是非常危险的；或者能够重新获得某种权力给了他希望，这使得他看不到正在经历的危险；或许是他在不同的体制下思想总是和政府相反，他的思想变得更加坚定、更加灵活、更加冷漠，对于效忠于哪个君主他毫不在乎。至于我，也许可以想象得到，我非常认真地考虑着我该有的决心。

布罗伊是法国政治家、外交家、法兰西学院院士

在这儿，我非常想探究一下使我下定决心的原因，在找出这些原因之后毫不避讳地记录下来：但说自己的好话是何等困难的事情！

我之前观察了很多写回忆录的人，他们向我们展现的只是他们糟糕的行为和弱点，这时候他们会把这些当作是英勇的事迹和善良的本性，这种情况是经常会发生的。

就像红衣主教莱兹为了在公众面前塑造一个优秀的反叛者的形象，承认了他暗杀黎士留的计划，也告诉了我们他虚伪的善心和宽容，唯恐他被认为是个聪明的人。在这种情况下，这并不是出于对真理的热爱，而是一种无意识的背叛，一种心灵的扭曲。

即使有人希望自己能够变得真诚，但真正能够做到这一点是很难的。

红衣主教是天主教枢机主教的俗称。图为红衣主教的枢机礼服

这种错误首先归因于公众，公众喜欢看到他人被谴责，而不能容忍他人自我表扬。人们喜欢将自己的缺点描述成亲切的坦率，而将自己的优点描述成为不合时宜的虚荣：如果照这样下去的话，真诚将会变成一件吃力不讨好的事情，这样做无疑是百害而无一利。

然而，困难首先在于人们自己：他们不能够很好地看清自己，比较容易在指导人们行为的各种观点、利益、想法、爱好中迷失自己。这些相互交错的小路鲜为人知，即使连那些经常走的人也不知道，它们阻止人们清楚地辨别之前作出重要决定时所走的大道。

虽然如此，但我试图努力在这迷宫里找寻自己。因为这样才是正确的，我以前是这么做的，并且会和其他人一样一如既往地坚持下去。

所以，当我认真审视自己内心的时候，我惊奇地发现自己如释重负，内心还有种与这场革命引起的悲伤和恐惧交织在一起的喜悦。这场可怕的革命带给我的痛苦是来自国家，而不是因为我自己，相反，我感到自己与这场灾难之前相比似乎更加的自由。

在刚刚被摧毁的议会世界里，我总是感到压抑。我发觉不管是我自己还是其他人，内心都充满了失望。先说说我自己，我很快就发现自己并不具备那些我所想扮演的杰出的角色拥有的才能：我的优点和缺点都成了我的障碍。

我不具备那些令人敬仰的优点，但我太过正直，以至于不会向当时能够快速取得成功的琐碎的事情屈尊。而且我发现这种正直是无可救药的，因为这种正直和我的性格、原则是融为一体的，没有它我没办法依靠自己。

很不幸的是，每当我不得不为一些不正当的理由辩解或者是为一些不义之举施以援助的时候，就会突然发现我的才能与激情荡然无存，我坚信没有什么能比我的正直更能安慰我的，虽然这种正直并没有让我取得巨大的成功，并且我一直坚信我永远不会成为这样一个笨拙且无所作为的普通人。

最后，我发现自己完全没有集聚和领导一大批人前进的艺术。我完全不具备敏捷的能力，除了私下和人谈话的时候我才能侃侃而谈之外，面对人群的时候我尴尬至极、哑口无言。在这种特定的时刻我不会说什么或是做什么来取悦别人，但这远远不够：在这场议会斗争中很少见到这种情况。

对于一个党派领导者来说，他要有能力与他的追随者甚至敌人很好地融合在一起，能够充分展示自己的才能，四处走动，时不时地关注运动，偶尔也关注艺术，以便能够满足各个不同阶级的标准，永无止境地为了同样的事情，通过不同的方式争辩、讨论，面对同样的事情总是能够充满激情。所有的这些能力我都完全不具备。我发现讨论那些我丝毫不感兴趣的事情是令人苦恼的，但讨论那些让我非常感兴趣的事情却又令我非常痛苦。

真理对我来说是一件非常罕见和珍贵的事情，一旦我找到它，我不喜欢将它置身于谈判的危险之中。真理就像火焰一样，我担心在来回挥动的时候会将火光熄灭。关于和人们交往的问题，我更是没有任何经验，因为我认识的人很少。

除非有人因为才能和观点上的超凡脱俗的东西给我留下了深刻的印象，否则，可以说，我对他视而不见。我总是理所当然地认为，那些平庸之人和优秀的人一样，都有一个鼻子、一张嘴巴和一双眼睛，但在我的记忆中我并没有对他们的特征留下深刻印象。

我一直在打听我每天看到的那些陌生人的名字，但同时又忘记了他们的名字，可我并不鄙视他们，虽然我们之间的联系很少，但我会把他们当作常客。我尊敬他们，因为这个世界是由他们组成的，不过他们非常讨厌我。

令我厌恶至极的是那段时间议会事务的平庸和单调，就像假装引起和指导它们的那些人的浅薄的激情和任性一样。

有时我会想，在不同社会中，习惯可能不同，但领导议会事务的政治家们的美德却总是相同的。不过，有一点是非常肯定的，在我所处的时代里，所有的党派领导都无一例外地缺乏执政才能，有些是因为他们缺乏个性特征，大部分则是因为缺乏某种美德。因此，让我附和他们比较困难，我想独善其身也困难，按照自己的意愿行事难，顺从他们的规则也难，最后几乎永远生活在一种忧郁的孤立状态中。

在我从政的九年间，最令我感到折磨和沮丧的，时至今日仍旧是我脑海中最可怕的记忆，就是持续的不确定，而且我不得不在这种不确定中制定出一个最周密的计划。我更倾向于认为我性格中的不确定来源于想法的不明朗而不是源自内心的软弱。

一旦我清楚地看到指引我前进的道路，我一定会毫不犹豫、无所畏惧地前行，哪怕这条道路是多么的坎坷和困难。

在所有的微不足道的王朝党派中，他们的目标几乎没有区别，而且他们付诸实践的那些拙劣的手段十分相似，选择哪条大道最终会带来荣誉或者是有实用性？真实在何处？而虚伪又在何处？哪一边是流氓无赖？哪一边是正直诚实的人？在那个时候，我从来不会辨别，我认为即使是今天我也做不到这一点。

面对这样的疑惑，大多数议会党人不会痛苦不堪、也不会烦躁不安，大多数人甚至从来没有过，或者目前仍无这些疑惑。人们经常指责他们做事毫无信念，但我的经验告诉我这种信念并不像人们想的那样常见。

他们虽只拥有政治上难能可贵的、有时是必不可少的能力。通过这种能力，他们依靠自己的激情和对现实利益的追求，创造出一种短暂存在的信心。但他们把相当不公平的事情当作公平的事情来做。不幸的是，我的智力从来无法在这些独特且虚假的学问上开窍，我也无法轻易相信自己的优点能迎合公众的利益。

这是个议会的世界。在这个世界里，我遭受了所有上面所描述的不幸，而革命所摧毁的正是这个议会世界。这场革命把之前旧的党派联合在一起，并一同摧毁，废黜了党派的领导，破坏了他们之前的传统和纪律。在这场革命中产生了一个真实的、秩序混乱的并且令人困惑的社会。

在这个社会里，能力变得越来越不比勇气和公正无私重要；在这个社会里，个性特征比演讲才能和领导才能更重要；但最重要的是在这个社会中并没有给人们留下犹豫不决的空间。在这边，会拯救一个国家，而在另一边则会毁灭一个国家。人们再也不会搞错到底应该走哪条路。我们走在宽阔的康庄大道上，拥有人民的支持和鼓励。

事实上，这条路看起来是十分危险的，可我的思想中向来不害怕这场革命所带来的危险，却对革命感到困惑。

此外，我感到自己正处于人生的最佳状态，生活中也没有任何负担。最为重要的是，在家中我有忠诚的妻子的支持，这种支持在革命中是非常少见也是非常珍贵的。它使我能够在不同的场合和所有的失败中轻松保持一种坚定且富有洞察力的思想和一种与生俱来高尚的灵魂。

因此，我下定决心大胆地走进政治舞台，我这么做并不是想保护某个特定的政府，而是想保护组成这个社会本身的法律，从而将我的财富、我个人内心的宁静置于安全之中。我首先要做的就是保证我选举的成功，因此我匆匆离开这里前往诺曼底，以便能够更好地赢得民心。

第九章　我在拉芒什省的候选人资格

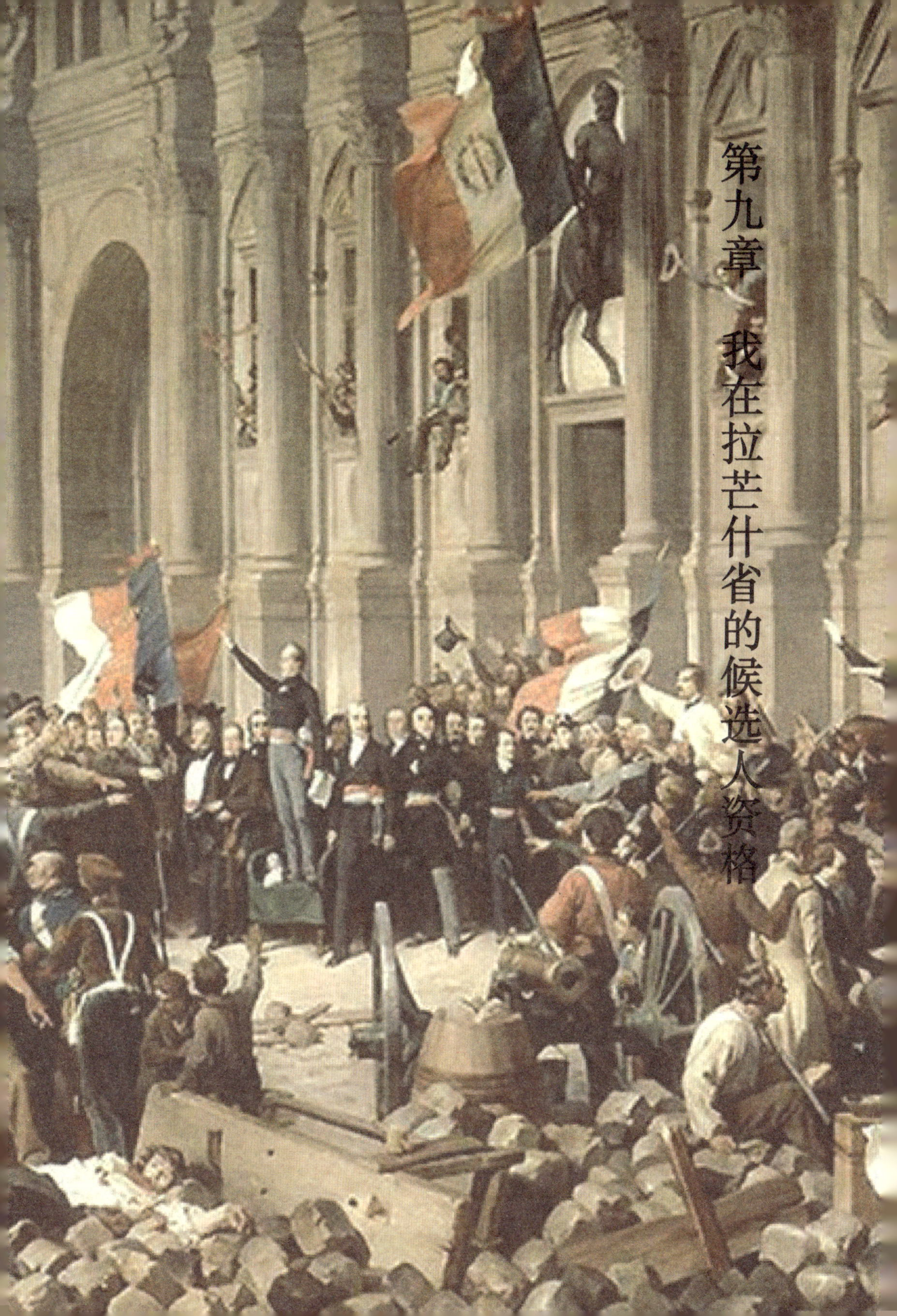

众所周知，拉芒什省大部分的居住人口是农民。那儿很少有大的城镇和大的制造业，除了瑟堡之外，其他地方没有大量的工人集聚。起初，人们并没有注意到这场革命。上层阶级很快在革命的打击中屈服，下层阶级几乎没有感觉到革命。一般而言，农民在洞察力方面比其他人迟缓，在政治方面则更加顽固；他们是最后起来反抗的人，也是最后安定下来的人。我的管家是半个农民，他在描述2月24日之后这个国家所发生的事情时写道："人们说路易·菲利普国王被赶下台这事是极好的，这是他罪有应得……"

这对他们来说是整出戏的寓意所在。但当他们后来听说了巴黎的混乱统治，新税收制度的实施，令人恐惧的战争的状态；当他们看到商业停止发展，金钱似乎跌入了谷底，特别是当他们听说所有权的原则遭到攻击时，他们清楚地发现还有比路易·菲利普国王更重要的事情。

恐惧首先在上层社会中出现，接着渗透到人民群众之中，而一种普遍的恐怖弥漫着整个国家。这就是我3月中旬回来之后所看到的情况。

这场面立即使我感到震惊，同时又让我着迷。实际上，一种蛊惑人心的煽动弥漫在整个城镇中，但在乡下所有的地主不论其出身、经历、教育背景、财产状况，大家都聚在一起形成了一个阶级：之前所有的政治敌意、社会地位和财富的竞争已经消失不见了。地主和农民、贵族和平民之间再也不存在嫉妒、猜疑和互相不服气的情形；相反，他们之间产生了相互的信任、彼此的友好和尊重。财产在所有拥有它的人们之间在某种程度上变成了友爱的象征。最富裕者为兄，较不富裕者为弟，所有人都相互视为兄弟，为了共同的利益一致捍卫共同的财产。

法国大革命极大地增加了土地所有者的数量，整个国家的人民都像是大家庭中的一员。我从来没有见到过这样的场景，在法国人的记忆中也没有过这样的场景。经验告诉我们这种团结并非表面上看起来的那样亲密，之前各种党派和不同阶级之间与其说是相互联合倒不如说是越来越亲密无间，恐惧对他们所产生的影响就像是一种机械压力对一些坚硬物体产生的作用一样，只要这种压力继续存在，这些东西就被迫依附在一起，而一旦压力消失，它们就会相互分离。

事实上，在最初的时候，我并没有看到关于所谓的政治观点的任何痕迹。人们觉得共和形式的政府突然之间变成了最好的政府形式，而且是唯一可想象得到的政府形式。对王朝的期望和遗憾已经深深地埋藏在人们的心目中，以至于这种期望和遗憾在人们心目中原有的位置也消失不见了。

共和国尊重个人和财产，因此它被人们所接受并被认为是合法的。在刚刚我所描述的场景中，对我感触最大的就是我见证了民众普遍的仇恨和恐惧，这些都是首先在巴黎发生的。

在法国，外地人对于巴黎和巴黎所拥有的中央集权的感受是和英国人对贵族阶级的感受相类似的，他们有时支持但相当不耐烦，而且经常抱有嫉妒之情，但实际上，他们是从心底里喜欢的，因为他们总是希望能够从这种特权中获益。

这一次，巴黎和那些用巴黎的名义发表演说的人们极大地滥用了自己的权力，他们似乎看起来对国家的其他地方完全不关心，很多人心中都希望摆脱束缚，为自己去奋斗，这些想法他们之前从来没有发觉到。实际上，我从来不认为我会对于这些含糊不清还处于萌芽状态的欲望，还有软弱无力和稍纵即逝的激情抱有希望或是感到恐惧，但这种新鲜的感觉之后转为对选举的热情。所有的人都在呼吁此次选举，并希望借此选出反对巴黎的那些煽动闹事的人。人们之所以打算把这种想法通过公共舆论呈现出来，是因为这种想法对他们来说是一种最安全的抵抗专制统治者的方式，而并非维护权利的宪政运动。

我将我的总部定在了一个叫瓦罗涅的小城镇，这里是我影响力的中心位置，当我确定了这个地区的情况，立刻就开始为争取我的候选人资格而努力。之后我观察到了以前在很多不同的情况下所观察到的情形：对成功太热切反而不容易取得成功。我非常希望自己能够赢得选举，但在这个困难、关键的时刻，我很希望自己不能获选，我非常平静地对待自己会落选的可能，怀揣着这种心情，我反而感到心神稳定，思维清晰明了，我对自己保持尊重，对罪恶持以蔑视的态度，如果我长期沉浸在对成功的渴望之中，我就不会有这样的想法。

候选人开始在全国范围内活动，他们一场活动接着一场活动，以此来表达他们对共和主义的反对。我拒绝在自己居住地以外的选举团体面前表达自己的感情。每一个小城镇都有自己的小团体，每个小团体都要求候选人用指定的方式阐述自己的思想和行动。我拒绝回答任何无理的讯问。这种拒绝似乎看起来傲慢无礼，却在面对新的统治政权时呈现出尊严与独立。相比较其他人的顺从，我所拥有的反叛精神更加受人尊敬。因此，我发表了一份演说词，并且将它张贴在整个政府内部。

大多数候选人恢复了1792年的老习惯。当他们起草文件时，将民众称为亲爱的公民，称他们之间有兄弟般的情谊。我绝不会接受这些有关革命的荒谬言论。我以“先生们”开始了自己的演说，在演讲结束之时，我非常骄傲地将我们候选人称为人们虔诚的公仆。

“我来这里并不是恳求你们投我的票，我仅仅是希望能够效忠于我的国家。当国家处在和平稳定的时候，我曾经要求过得到你们的支持；我的尊严不容许我在这个骚动的时代这样做，这个时代有可能充满危机。这是我要告诉你们的第一件事情。”

接下来，我谈到了我曾经向君主政体所许诺下的誓言，但共和政体在没有我任何帮助的情况下诞生了，我认为它应该得到我的大力支持，共和政体不仅需要我的接受更需要我的支持。接下来我又说道：“但关于什么是共和政体，这还真是个问题。有些人将共和政体理解为打着自由的幌子实际上是在实施专政，另一些人则认为共和政体应该改变的不仅仅是政治制度还应该改变这个社会本身。还有些人认为共和政体应该具有侵略性和宣传性。以这种方式来说，我并不是共和者。如果这是你们认为成为共和党人的方式，那么我对你们没有任何用处，因为我并不赞同你们的观点；但如果你所理解的共和政体和我自己认为的一样的话，你们可以依靠我，我会全心全意地为这场胜利而奋斗，这场胜利是属于我们的。”

那些在革命时期无所畏惧的人就像军队中的王子一样：他们通过一些相当平常的举动制造出了巨大的反响，因为他们所处的特殊地位使他们在人群中非常突出，将他们拉入公众的视线中。我的演讲非常成功，这点令我自己都非常震惊。在短短几天内我就成为拉芒什省最受欢迎的人，成为公众的焦点。我之前的那些政治对手、旧政府的代表们，还有保守党人，他们曾经都非常强烈地反对我，并且推翻了共和政体，但如今他们蜂拥而至并向我保证他们不但会投票给我，而且不管什么事都会追随我。

在此期间，第一届选举会议在瓦洛涅郡召开了。我和其他的候选人都出席了会议。一个简陋的小屋作为会议大厅，主席的讲台在这间屋子的最末端，它旁边是讲坛，这个讲坛是之前神职人员专门布道的讲台。会议主席曾经是瓦洛涅中学的教师，他讲话声音洪亮，话语极具权威性，但语气非常郑重："德·托克维尔公民，我现在把大家向你提出的、而且需要你必须作出回答的问题通知给你。"对此，我从容不迫地回答道："主席先生，您请说吧。"

一位议会演说家，在这儿我就不提他的名字了，他曾经这样对我说："看这里，我亲爱的朋友，在讲坛上表现出色的办法只有一个，那就是话语必须要有说服力，当你站在讲台上的时候，你会发现你是世界上最聪明的人。"

在面对这样一个大规模的政治集会时，对我而言这是说起来容易做起来难。但我承认这个准则是非常容易遵守的，而且我认为这是个非常棒的准则。不过，到现在为止，我都没有察觉到自己比其他任何人都聪明。很快，我就发现我只不过是唯一一个对选民们所提出的事实非常了解的人，甚至对选民们想说的政治言论都非常了解。对我来说，让自己表现得比对手更加笨拙和愚昧无知的确是件困难的事情。我的竞争对手向我提出了一大堆逻辑严密的问题使我不知所措，而这些问题恰恰给我留下了自由的余地。对我个人而言，我的回答看起来并不十分明智，而对我的竞争对手来说，我的回答是富有说服力的。尤为重要的是，他们认为能够压垮我的是宴会运动。就像我之前提到过的一样，我拒绝参与这些危险的示威活动。我那些政界朋友抱怨我在当时那样的情况下抛弃了他们。尽管这场革命证明了我的正确性，但他们中的很多人对我怀有敌意。

有人问我："你为什么在宴会运动召开之时离开反对党？"

我大胆地回答道："我可以轻而易举地用一个借口来搪塞你们，但我更愿意告诉你们真实的原因：我不想参加宴会运动是因为我不想看到革命的发生；我敢说如果那些出席宴会的人能够和我一样预测到将会发生的事情，他们几乎没有人会出席宴会。我们之间唯一的差别就在于我清楚地知道你们在做什么，而你们自己却当局者迷。”这番大胆的反革命言论是在一份共和信仰声明之后发表的；前者的真实性看来已被后者的真实性所证实。大家欢呼雀跃，并且报以热烈的掌声。我的对手遭到了众人的嘲笑，我因此取得了成功。

通过此次演说，我成功地获得了本地区农民的支持，同时我也赢得了瑟堡的工人的支持。瑟堡的两千多名工人在一次爱国晚宴时举行集会。他们诚挚恳切地邀请我，我应邀出席。

瑟堡是法国重要的军港和商港。图为17世纪的瑟堡

当我到那儿的时候，队伍正准备出发前往宴会厅，在队伍的最前头是我的同事哈温，他专门从圣罗赶过来主持会议。这是在2月24日之后我第一次见到他。

2月24日那天，我看到哈温拥抱了奥尔良公爵夫人。第二天早上，我听说哈温是拉芒什省共和党人的代表。对此，我并不感到意外，因为我知道他是内心充满困惑、充满野心的人。他们这些人当初以为自己成为反对派的时间不会太久，可没想到却身陷其中十年。

拉芒什省是法国西北部的一个省份。图为该省的标志性建筑——圣·米歇尔城堡

我身边还有多少这样的人我并不清楚，他们深受道德的谴责，感到绝望，因为他们把大部分的时间都浪费在谴责他人的过错上，却没有发现自己的过错，结果什么都没有看见，只是觉察到了政府的腐败。他们中的大多数人长期生活在节制之中，因此他们对地位、荣誉、金钱抱有很大的欲望，这又很容易想象得到，一旦他们有机会就会奋不顾身地抓住权力，他们看起来有些饥不择食，甚至来不及选择时机和权力的大小。

哈温就是这类人的典型。他曾经担任过临时政府的副主席，之后也担任过主席。我的另一位下议院的同事叫维埃拉德，他因为是路易·波拿巴国王的好朋友而出名。他有义务服务于共和党，因为他曾是君主政体下的七八名共和党人之一。此外，在做出一些煽动行为之前，他曾是一位穿梭在各种帝国沙龙之中的共和党人。在文学方面，他是个顽固的排斥异己者；在宗教信仰方面，他则是典型的伏尔泰派。他骄傲自满，但心地很善良；他是个诚实的人，而且非常聪明，但在政治方面却毫无能力。

哈温将维埃拉德视为他的工具，每当他想攻击他的敌人，或是想奖励他的一个朋友，他总是让维埃拉德去做这些，而维埃拉德也心甘情愿地受他的指使。通过这种方式，哈温将自己隐藏在维埃拉德的诚实和共和主义之下，他总是把维埃拉德当挡箭牌，就像矿工会把金属筐放在自己的前面一样。

哈温好像没有认出我，他并没有邀请我加入到队伍的行列中去。我很有自知之明地退回到拥挤的人群之中。

进入宴会厅之后，我坐在了一个普通的席位上。紧接着，人们开始发表演说。维埃拉德发表了一场精彩的演说，接着哈温也作了另一场演说，这场演说也得到了人们的赞扬。我也想上台发表演讲，但我的名字并没有在名单上，况且我也不知道该如何开始我的演讲。其中一位演说家（这些人自称为演说家）在演说中回忆起了布瑞克威尔上校，这给了我发表演说的机会。

我请求发表演说，大会对此予以批准。当我站在讲坛上的时候，或者更确切地说是站在比人群高20英尺的讲坛上的时候，我感觉自己很迷茫，但我很快就集中了精力，随即发表了一小段雄辩有力的演说，现在这段演说的内容我已经记不清了。我只知道这次演说中符合时宜的热情在本次大会所有混乱无序的即兴演说中都是非常明显的，有了这个优点，此次大会，甚至是所有形式的大会都会取得成功。因为演说不能够经常重复，演说是用来听的，

路易·波拿巴（1778 年 9 月 2 日—1846 年 7 月 25 日），荷兰国王，称路德维克一世，法国皇帝拿破仑一世的弟弟

而不是用来读的，所以能够打动观众的演说就是精彩的演说。

我的成功是显著且彻底的，我不得不承认这份成功对我来说实在是太好了，我之前的同事也曾经拥有过这种成功，但在他们看来这是上天对他们的恩赐，他们并没有珍惜，而是滥用。

如果我没有记错的话，从这个时间到选举开始之间，我曾以议会议员的身份去圣罗旅行。省议会召开了一次临时会议。那次会议和君主政体统治下的议会会议构成相同：大多数议会成员对路易·菲利普国王政府的官员们彬彬有礼，可以跻身于那些令这一亲王的政府在国内遭到唾弃的最为功勋卓著的人之列。

那次圣罗之行，我唯一能想起的事情就是见证了前保守党派人士的奴性。他们非但没有反对这十年来侮辱他们的哈温，反而对他卑躬屈膝。他们用言语称赞他，通过投票来支持他，对他投去赞许的目光，他们甚至在自己人中间都对哈温吹捧有加，唯恐言行失检。对于人的奴颜婢膝我早已司空见惯，但我从来没有见到过比这个画面更精彩的：我认为尽管它比较卑劣，但它值得被世人了解。

因此，我会在接下来的几个月将这幅画面公之于众，而且在几个月之后我还会说，当时局发生变化，如果这些曾经卑躬屈膝的人们又重新执掌政权，他们立刻会用前所未有的暴力和不公正去抨击哈温。之前他们所有的仇恨在恐惧的战栗中变得清晰可见，而且在一想到他们之前的丑恶嘴脸时这仇恨就愈加深刻。

此时，大选的日子慢慢临近，未来的日子却一天比一天灰暗。从巴黎传来的所有的消息都在告诉我们，巴黎这座城市正要落入武装起来的社会主义者的手里。人们怀疑，这些武装社会主义者是否能够让选民自由地投票，至少怀疑选民是否会被迫屈服于议会。所以，人们被迫让所有的国民警卫队军官发誓，如果议会和民众之间发生冲突，那么国民警卫队会朝议会进军。所有省份的人们都处于惊恐焦虑之中，但在面对危险的时候，所有省份也变得日渐强大起来。

在竞选之前的那几天，我途经我那可怜的亲爱的托克维尔堡。这是革命发生之后我第一次去那里：也许我会永远离开那里！我一到那儿，就感到一股强烈的前所未有的悲伤，这种悲伤太强烈以至于在我的记忆中留下了深刻的印象，而且这种悲伤在那时的很多事情中清晰可见。人们并没有预想到我会去那里，房间里空荡荡的，只有一条老狗来迎接我，打开的窗户、布满灰尘的家具、无火的壁炉、破旧的大钟，所有的景象都说明这间房子已经废弃，也预示着它的毁灭。好像这片被遗弃的角落将要消失在诺曼底小灌木林中的田地和树篱之间，我对这份孤独感到如此的痴迷陶醉，而如今这一切在我的心里只不过是荒芜的沙漠；但透过眼前这片荒芜的景象，我感觉自己好像从坟墓的深处感受到我人生中最甜蜜、最引人注目的时刻。我惊讶于人们的想象总是能够比现实更加丰富多彩、更加有吸引力。

我刚刚见证了君主政体的倒台。从那以后，我经历了很多血腥暴力的情景；虽然如此，我之前从来没有见过能够让我产生如此深沉、如此痛苦的情绪的场面，这一切都源于我看到了祖先们之前住过的地方，虽然以前我在那儿度过了一段安静祥和、开心快乐的日子，然而当时我却没有发现它存在的价值。此时此刻，我充分理解了革命所带来的苦难。

当地居民向来对我颇有好感，但这一次我更能感受到他们的友爱，当所有的墙上张贴了措辞粗暴的有关平等的言论时，我受到了前所未有的尊重。我们一同前往离我们的村镇一里格[①]远的圣彼得堡区去投票。在大选那天上午，所有的选民（这里指的是年龄超过20岁的男性成员）在教堂门口集合。所有的人按姓氏的第一个字母顺序排成两排。

---

① 里格，League，一种长度名，是陆地及海洋的古老的测量单位。1里格相当于4.8公里。——译者注

我按照我名字的顺序站在了我应该站的位置，因为我知道在民主时代，无论在哪个国家，一个人必须在接受人民提名的情况下才能代表人民，而不是自告奋勇地站在最前面。

在这个长长队伍的尾端，有一些老弱病残的人，他们有的坐在马车里，有的骑着马，都希望能够跟随我们的队伍。除了妇女和孩子，其他的人都跟随着我们的队伍。我们一共有166人。在队伍到达山顶的时候，我们停下来休息，在那儿我们能俯瞰整个托克维尔。

大家都希望我能说点儿什么。我爬上了一道壕沟的另一边，人们围着我，我简单地说了几句有感而发的话。我提醒那些比较受大家尊敬的人，接下来他们要做的事情的庄严性和重要性；我建议他们不要和除我们之外的其他人说话或者是受他人引诱，在我们到达圣彼得堡区的时候，我们就有可能受到欺骗，我们必须要团结一致地按照自己的位置前进，直到投票结束。

我说："任何人在完成被分配的职责之前，都不得进屋去寻找食物或者去晾干衣服（当时天还下着雨）。"他们大声喊道他们会按照我要求的那样去做。所有的选民在同一时间投票，我有理由相信他们几乎会将所有的选票投给同一个候选人。

在投票结束之后，我就和他们告别了，我随即准备出发前往巴黎。

第十章 国民议会第一次会议

我在瓦洛涅只停留了很短的时间，就向我的朋友们告别了。他们中的许多人都向我挥泪告别，因为当时人们都认为当选的代表们回到巴黎是一件极其危险的事情。一些朋友对我说："如果国民议会遭到攻击，我们将为你们提供保护。"

我感到非常懊悔，因为当时我并没有把他们的话当真。事实上，他们都来了，除了他们还有很多其他人也都来了，我之后将会提到他们。

我刚刚到巴黎，就听说我在120000个选民的投票中获得了110704张选票。我的大多数新同事是之前的王朝反对派成员：在革命之前仅仅只有两个人公开承认他们的共和原则，当时他们被称为"昨日的共和党人"。在法国的大多数地方情况都是相同的。

肯定还存在比1848年革命中的革命党人更邪恶的人，但我怀疑是否还有比他们更蠢的人：他们既不知道怎样利用普选权，也不知道没有普选权应该怎样做。一方面，如果他们能够在2月24日革命刚发生之时就召开议会选举，那时上层阶级的人们仍旧处在刚刚遭受的打击之中而感到迷茫不知所措，普通民众也只是感到惊讶而并非不满意，他们或许还能有一个如他们所愿的集会；另一方面，如果他们能够大胆地抓住机会进行专制独裁统治，他们或许还能够独裁一段时间。但他们对人民表现出极大的信任，然而那时他们的举动却最有可能让民众们反对他们；他们威胁人民的同时又将人民放在他们的掌控之中，他们通过草率的建议和简单粗暴的语言来警告人民，同时他们不切实际的行为又使人民反抗他们；他们总是发号施令，欺骗人们并使人们处于他们的控制之下。

在取得胜利之后，他们不但没有扩大自己的势力，反而在不断缩小自己的力量。总之一句话，他们似乎在努力解决这一他们不可能解决的问题：就是由多数派来管理整个国家，而这同时又违反多数派的意愿。

他们仿照先例，但并没有充分理解先例的内涵。他们想当然地认为召集民众参与到政治生活中就能够充分满足民众在政治上的要求；他们想要普及共和主义，认为只要满足公众的权力，完全不用考虑其利益就已经足够了。他们忘记了他们的祖先赋予每个农民选举权，与此同时，祖先们也废除了什一税、徭役义务和其他君主特权，将贵族的财产分给农民。

然而，他们并没有能够像祖先一样做到这些。通过建立普选权，他们认为可以召集人民来帮助他们完成革命，但他们仅仅是给了人民反抗他们的武器。虽然如此，我完全不相信这样做能够唤起革命党人的激情，即使在乡村也不会。

在法国，所有的农业工作者都有自己的土地，可他们中的大多数人或多或少地陷入负债危机之中。因此，会遭到攻击的不是农场主，而是债主；应该废除的不是土地的所有权，而是债权。1848年革命的煽动者们并没有这个计划。他们表现得比他们的祖先更加笨拙，但仍旧和他们的祖先一样不诚实，因为他们的行为和前辈们的行为一样粗暴和不公正。单凭政府的意愿和权力做出那些充满暴力且不公正的行为是远远不够的，他们同时还需要考虑当时人们的习惯、思想和激情。

统治政府的那个党派亲眼看着自己的候选人一个一个地被拒绝，整个党派表现出极大的苦恼和愤怒，他们抱怨选举者的粗暴无理，他们认为选举者是愚昧无知、忘恩负义的笨蛋，是他们善行的敌人。他们对国家丧失了理智，这一切就好像在莫里哀的作品《太太学堂》中阿尔诺尔夫对阿涅斯说的一句话："你这个恬不知耻的太太，你为什么不喜欢我了？"

当我回到巴黎的时候，我所看到的情景并不是荒谬的，而是充满凶兆的，是可怕的。我看到在首都巴黎，成千上万的工人失业下岗，备受饥饿的折磨，但在他们的思想中充斥着虚无缥缈的理论，在他们的心中充满幻想的希望。

我看到社会被分裂为两大阵营：那些一无所有的人因为共同的贪欲而结成联盟；而那些拥有某些资本的人则因为共同的恐惧走到了一起。两大阵营之间再也不存在任何的联系和相互认同，一场不可避免的斗争即将到来。

在鲁昂、利摩日和巴黎，资产阶级和民众（这两个在从前的斗争时代使用的名词再次恢复了，现在被用来表示两种遭遇不同的人）之间开始相互争

法王亨利二世时的鲁昂

斗。财产所有者的资产和收入没有一天不遭受到攻击和恐吓：他们被要求雇佣劳工却不得进行买卖交易；当他们没有任何其他经济来源时，他们还被要求减免租户的租金。他们已经最大限度地屈服于这场革命，而且试图将他们的弱点公之于众。我记得我在看报的时候看到的一则广告，令我印象深刻，它是虚荣、懦弱、愚蠢完美结合的典型。

这则广告里写道："编辑先生，我利用你们这样一个媒体平台通知我的房客，我与他们的关系是建立在博爱原则的基础上的，而这种博爱的原则能够指导所有的民主主义者，我将把房客所要求的下一季度租金的正式票据交给他们。"

与此同时，一种强烈的悲观绝望的情绪在资产阶级当中弥漫开来，他们受到了极大的恐吓和压迫，而这种绝望已不知不觉地转变成了勇气。我一直坚信，想让二月革命和平稳定地发展是不可能的，这场革命只会通过巴黎街头的战争而突然结束。这些话在2月24日的次日我就说过，现在我所看到的情况使我坚信这场战争不仅是不可避免的，而且是迫在眉睫的。我觉得人们正在纷纷寻找开战的最好的时机。

国民议会最终在5月4日召开了。直到最后一刻，人们还在怀疑这场会议是否能够召开。事实上，我相信那些热情的革命煽动者常常试图阻止国民议会的召开，但终究他们没胆量这样做，因为他们被他们自己宣扬的人民主权的信条压垮了。

我原本以为国民议会召开的场景会浮现在我的眼前，但事实却恰恰相反，我的脑海中只有一些混乱的记忆。人们常常错误地认为之前所发生的事情是因为它本身的重要性和伟大才能在其心中留下深刻的印象。事实上是由于事情的细枝末节才使得事情本身在人们的脑海中留下印记，并且永不磨灭。

我只记得当时我们高呼"共和国万岁！"，在国民议会召开期间我们喊了15次。类似于这样的情况在议会的历史中比比皆是，人们会经常看到一个党派为了能够使他们的对手陷入困境之中，会夸大他们的情绪，而后者为了避免掉入陷阱，会假装怀有一种他们本没有的情绪。双方通过共同的努力，使表相超出事实或与事实背道而驰。然而，我认为这种呼喊是非常真诚的，这只是对不同的甚至是相反的想法作出的反应而已。

那时所有的人都希望能够维持共和，但其中有些人是希望利用它来达到进攻的目的，另一些人则是出于保护的目的。所有的新闻都在谈论议会和公众的热情但事实上有的只是无止境的喧闹，毫无热情可言。所有人都太过沉浸在对即将到来的共和政体的幻想之中，以至于无法自拔。

临时政府颁布了一项法令，要求所有代表都按照规定身着统一的翻领白背心，就是罗伯斯庇尔经常在台上穿的那样的服装。起初我认为这个绝妙的

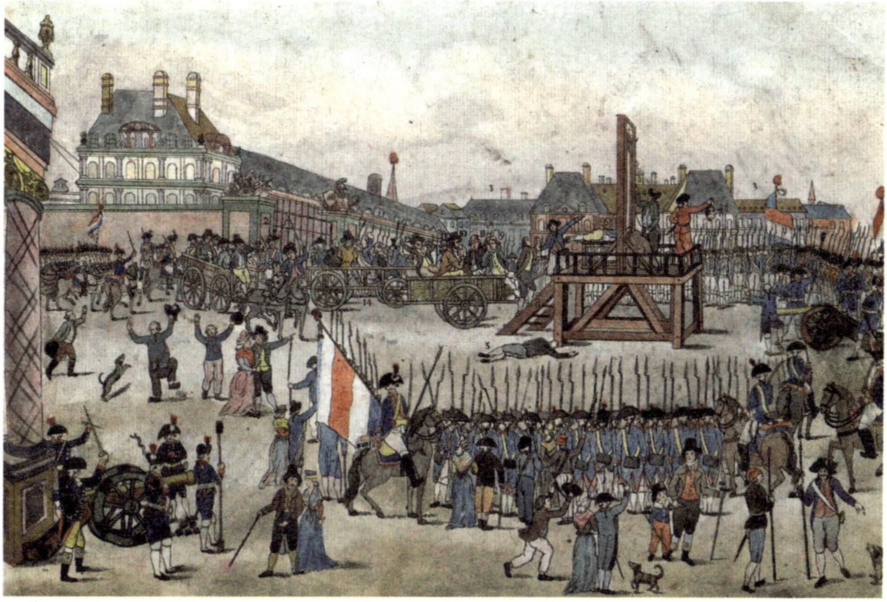

罗伯斯庇尔是法国大革命时期的政治家，是雅各宾派的实际首脑及独裁者。图为罗伯斯庇尔等人被处决

点子是路易·布兰克或者是雷德鲁·罗兰想出来的，之后我才得知这一切都源自于阿曼德·马拉斯特美妙的、富有文学气息的想象力。

几乎没有人遵守这一法令，就连当初制定它的人们也不遵守。只有科西迪尔一个人按照规定的要求着装。这引起了我对他的注意。因为之前他希望能够写一份关于1793年的回忆录，仅凭一面之缘我并不了解他，就像我不了解那些以山岳派自居的人一样。我看到一个巨大且笨重的身体上面顶着个圆锥形的脑袋，脑袋深陷在两个肩膀中间，眼神邪恶狡诈，但脸上却流露出慈爱的表情。简言之，他的身体就像是一堆难看的物体杂乱地堆积在一起，其中蕴藏着的一个极会钻营的头脑，这足以让他知道如何利用自己的粗俗和愚昧无知。

在接下来的两天，临时政府的所有成员都争先恐后地告诉我他们在2月24日之后的所作所为。每个人都在自吹自擂，甚至也吹捧自己的同事，尽管很难见到他们这样相互憎恨还这样做的人了。抛开分裂他们的政治憎恨和嫉妒，他们相互之间还存在着愤怒之情，就如同在一条船上的乘客，他们并不相互理解，却被迫在一次漫长的暴风雨之后还要待在同一条船上。

在国民议会第一次会议中，我又看到了所有之前和我共过事的人。除了在选举中惨遭淘汰的梯也尔先生之外，还有我认为没有参加选举的布罗伊公爵，以及逃走的基佐先生和杜沙特尔先生，几乎所有著名的演说家和大多数政界的知名人士都出席了此次会议。但他们在那儿觉得他们自己如同鱼儿离开了水，浑身不自在，倍感他们自己处于孤立无援的境地和危险之中。他们都感受到了恐惧，因为两大对立派别总是在政坛上针锋相对。他们至今仍旧没有恢复由才能和经验所带给他们的影响。其他的与会成员都是新手，没什么社会经历，就像刚刚从旧的社会和政治制度中摆脱出来一样。由于受中央集权制度的影响，政治生活总是局限在议会范畴之内，这些人既不是贵族，也不是议会代表，他们不知道在议会中该如何说话做事。他们完全不知道最普遍的日常习惯，总是在决定性的时刻漫不经心，他们总是急切地对无关紧要的事情表现出极大的关心。

会议的第二天，人们围在讲坛周围，全体安静，以便能够听清台上宣读的关于上次会议的内容，他们以为这无关紧要的小事是此次会议中很重要的一件大事。我坚信随便挑选900名英国或者美国的农民都能够很好地再现这一自认为伟大的政治团体。

那些声称自己拥有最激进和最具革命性观点的人继续效仿国民公会，他们占据着最高级别的议员席位，他们坐在那儿感到浑身不自在，但以山岳派自居。正如那些总是习惯沉湎于不切实际的想象中的人一样，他们总是大言不惭地夸夸其谈，他们具备那些臭名远扬的流氓恶棍的特质。

那些山岳派人士很快分成两个完全不同的集团：一个是由旧派的革命党人组成，一个是由社会主义革命党人组成，但两派所持的政见并没有明显的界限。通过一些微小的表现就能够使他们从一派转向另一派：山岳派人士的思想中几乎拥有所有的社会主义思想，而社会主义革命党人也完全赞同山岳派人士的革命行为。

然而，他们两派之间的差别足够让他们永远无法步调一致地前进，正是这点儿差别拯救了我们。社会主义革命党人是极其危险的，因为他们最具有二月革命的特征，同时也具有革命所激发出来的热情。但他们更多的是注重理论，却很少付诸实践，为了能够随心所欲地扰乱社会秩序，他们需要他们的对手在革命中所具有的实干精神和对革命的科学分析。

我在我的座位上，能够清楚地听到山岳派人的谈话，更不用说看到他们的行为。这给了我近距离观察他们的机会。我就像发现新大陆一样惊喜万分。他们安慰自己说，他们虽然不了解国外的形势，但最起码他们了解自己的国家。然而他们错了，因为即使在自己的国家，他们也有很多从未涉足的地区和从未见过的人。这一次我切身地感受到了这点。我似乎是第一次见这些山岳派人，他们的习惯和行为让我瞠目结舌。

确切地说，他们说的话和愚昧无知的人或者受教育的人说的都不一样，但这两种人言语中的缺点他们都有，充满粗话和雄心勃勃的词句。从山岳派的席位上不断传来喋喋不休的充满侮辱性的言辞和滑稽的言论，同时还时不时地夹杂着一些谬论和警言。这些人轮流发言，无所顾忌，有的语气滑稽可笑，有的语气浮夸无比。

显而易见，他们从不出入酒馆，也从不出现在一些娱乐场所，我想他们一定是在咖啡馆中陶冶他们的情操，他们通过媒体报纸而非文学作品丰富他们的思想。但无论如何，从革命爆发到现在，这些人还是第一次出席会议，在那以前，他们派别的议会代表只有那几个零星的不被人注意的人，他们更善于将自己隐藏在人群中，而不是成为公众的焦点。

国民议会第一次会议还有另外两个特征令我印象深刻，这两个特征与之前的会议完全不同：它拥有比之前任何会议更多的大地主和贵族，为了能够成为候选人或是选民，这些大地主和贵族必须拥有雄厚的势力，这个条件是必不可少的；与王朝复辟时期相比，它拥有大量有实力的宗教党派，我看到了三位主教，还有一些代理主教，以及一位多米尼加共和国的修道士，然而路易十八和查理十世却从未成功地确保一个神父获选。

所有租金的废除（这些租金曾经让一部分候选人不得不依附有钱人）和所有权所面临的风险（这种风险使得人们必须选择那些能够最大限度保护这一所有权的人作为他们的代表）是大量地主出席会议的主要原因。那些神职人员是由于相似的原因而获选，另外他们获选还有一个更值得仔细考虑的原因：我们国家的大多数人出乎意料地开始重新关心宗教问题。

1792年的那场革命极大地打击了上层阶级，也改变了他们无宗教信仰的思想。那场革命也许没有让他们了解到真理的存在，但至少让他们了解到了信仰的社会作用。但那场革命并没有给中产阶级带来任何影响，他们仍旧是上层阶级政治上的继承人和心怀嫉妒的对手。中产阶级开始怀疑宗教，而上层阶级似乎对宗教更加虔诚。

1848年革命在小范围内对商人所产生的影响和1792年革命对贵族产生的影响相同：同样的失败、同样的恐惧、同样改变了信仰。这好像是同样的一幅画面，只是后面的画面有些缩小，色彩没之前那么鲜亮，持久度也没有之前的长。

神职人员通过使自己脱离之前的旧的政党的方式加快了改变的进程，然后加入了古老的且具有真实意义的罗马天主教会，而天主教应该只属于教会。因此，他们轻而易举地公开承认自己的共和主张，同时让他们长期存在的利益在传统、风俗习惯和等级制度等方面有了保障。所有的这一切得到了所有人的接受和认可。

在经过深思熟虑后，议会决定让牧师出席会议，牧师因为具有良好的判断力，为人温和谦卑，所以理应受到如此待遇。他们中的一些人希望能够上台演说，但他们从来没有机会学习政治语言。他们已经把它遗忘太长时间了，他们所有的演说都在不知不觉中变成了毫无意义的传道布教。

至于其他人，全民投票将国家从上到下彻底动摇了，但没有找到任何有价值的人。我总是持有这样的观点：那就是不管在普选中采取什么办法，国家所拥有的大多数才华出众的人都能够毫无疑问地获得选举成功。

选举中所采取的措施仅仅对议会中包容的平庸之辈产生了极大的影响，这些人是构成任何政治团体的基础。他们属于完全不同的社会阶层，拥有不同的特征，根据选举所采用的体制而持有不同的意见。

没有什么能够像国民议会这样让我如此坚信这一想法。几乎所有之前参加议会的人都认识我，但其他许多人并不具有我之前所见过的那些人的任何特点。他们全身上下散发着新的精神，并展示着他们新的特征和新的行为习惯。

综合考虑所有因素，我认为此次会议是我见过的最成功的一次会议。在这次会议中，我看到了比议会代表们更加真诚、更加公正无私、更加诚实且更加勇敢的人们。

国民议会选举产生的制宪议会是抵抗内战的工具，这是它存在的主要价值。实际上，该议会的伟大系于战斗的必要性。不过，在胜利之后，当它感到胜利的沉重负担压在它的身上以致无法工作的时候，那它存在的价值就消失了。

我选了议席左边的位置坐下，在这里我能够清楚地听到演讲人的讲话，如果我想发言的话这里能够便于我走向讲台。很多我的老朋友都和我一起坐在那里：他们包括兰瑞奈斯、迪福尔、科尔塞勒、博蒙特，还有其他一些人。

尽管所有人都了解，但我还是想说一些关于议会厅的情况。为了使大家能够更好地理解我的叙述，这是非常必要的。尽管这个用木头和石膏修建而成的有纪念意义的议会厅，看起来要比以它为摇篮而成长起来的共和国更持久，但我并不认为它能够长久地存在；当它遭到毁灭的时候，许多在这里发生过的事情都变得难以理解。议会厅是一个巨大的长方形。靠墙的一边是主席台和讲台，九排座椅整齐地在另外三面依次排开。在议会厅的中间，面对着讲台的地方，有一片巨大的空间，就像是圆形剧场中间的舞台一样，但不同的是，这个舞台的中间是正方形的，而不是圆形的。这种设计就使得多数的听众只能看见演讲者的一侧，唯一能看到演讲者正脸的那些人却离得非常远：这种布局更容易让听众们分心，使场面陷入混乱。

那些坐在前排的人听不清演讲者的讲话，只是互相看着对方，忙着相互威胁对方，向对方诉说自己内心的不满；剩下的那些人也不认真聆听，因为尽管他们能够看到讲台上的发言人，但只见其人不闻其声，完全听不清台上的人在讲什么。

在议会厅的墙上有一些大窗户，直接朝外开着，这样能够多吸收室外的新鲜空气和阳光，墙壁上只有零星点缀的几面旗子。大厅里有用帆布和纸板制成的毫无寓意可言的装饰品，上面并没有写创作的时间，法国人喜欢用这些东西装饰他们的建筑，对行家来说这是乏味无聊的，对普通民众来说则是匪夷所思的。整个建筑物是高大宏伟的，但它给人的感觉却是阴冷、庄严，甚至有些压抑。这里的座位有900个，60年以来法国所有的议会从来没有这么多人参与。

一进入议会厅，我就感觉到这儿的氛围非常适合我。尽管我意识到了事情的严重性，但我还是有一种安适快乐的感觉，只不过这种感觉对我来说是陌生的。

自从我进入政坛之后，我还是第一次感到自己和多数派人士相处融洽，和他们一同朝着我的品位、理性和良心指引我的道路前进：这是一种全新的且令人愉悦的感觉。

我认为这些多数派人士会与社会主义革命党人和山岳派人士脱离关系，他们真诚地希望能够维持和经营共和国。

我和多数派人士在两个主要观点上的看法是一致的：我对君主政体没有任何信仰，对王亲贵族也没有任何感情或者遗憾；除了自由和人类的尊严，我没有什么需要维护的。借助共和原则能够给政府带来新力量，在此帮助下可以在保护社会的旧法律的同时反对革新者发扬光大法国人民的意愿，遏制巴黎工人的激情和欲望，通过民主行为战胜煽动性行为，这是我唯一的目标。我觉得我的目标从来没有显得这么崇高又这么清晰。我不知道在达到目标之前必须要走的艰险路是否会令目标更具吸引力，因为我对艰难险阻生来偏爱。那些艰难险阻是生活中大部分行动中的最佳调味品。

第十一章　我和拉马丁的关系

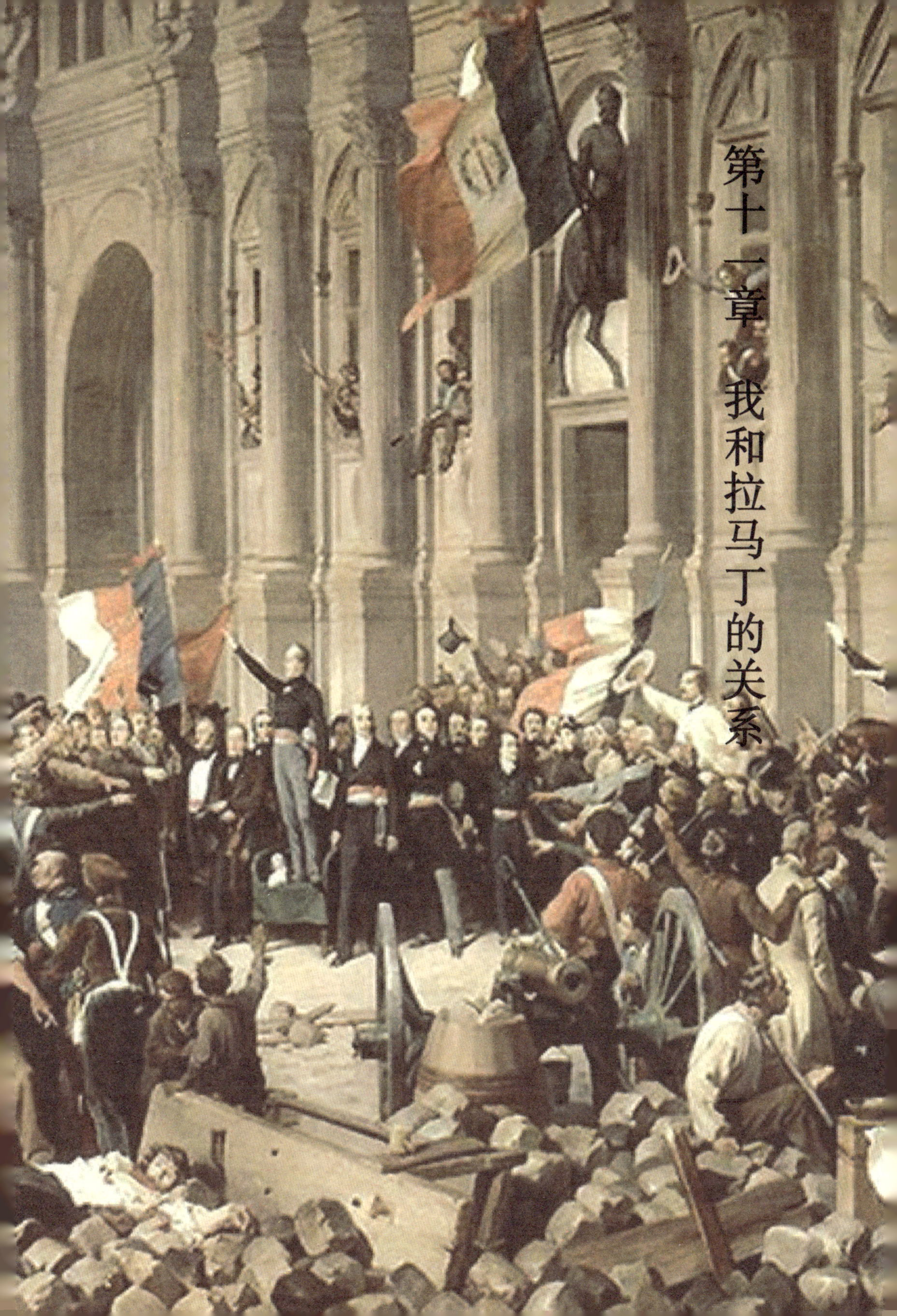

此时，正是拉马丁名声大噪的时候：对于那些受到革命伤害和惊吓的人，换句话来说，对于大多数民众来说，拉马丁以一个救世主的形象出现在世人面前。巴黎民众和11个省份的人将拉马丁选为国民议会的一员。我认为没有人能够像拉马丁先生一样享受到如此的热情，一个人只有看到因畏惧而产生的爱才会真正地明白人们的爱是有多么盲目。当时人们所给予他的狂热的喜爱没有什么能够与之相比，也许只有之后他很快收到的过分的不公正待遇能够与之相比。

那些抱有抵制革命的过激行为和同煽动者进行斗争的希望而来到巴黎的议员，之前一直将拉马丁视为唯一的领导，而如今他们毫不犹豫地将他视为带领他们去打击和推翻社会主义者和煽动者的领袖。

然而，他们很快发现自己被欺骗了，拉马丁并没有理解民众所期望他扮演的角色。必须肯定的一点是，拉马丁的处境是复杂和困难的。也许当时人们都忘了，但拉马丁自己并没有忘记，对于二月革命的成功，他比其他任何人都要付出得更多。

恐惧暂且抹去了民众的记忆。然而，一种安全感让人们很快想起了这段记忆。人们能够轻而易举地预测到，一旦一股潮流使事情达到现在的地步，那么一种与之相反的潮流就会应运而生，这股潮流会将国家推向另一个极端，远非拉马丁先生的能力所及。

山岳派人的成功直接导致了拉马丁先生的迅速垮台，但他们的全面溃败致使他毫无用武之地，而且一定会使他失去对政府的控制权。因此，对他来说，在胜利中面临的危险与损失和失败中面临的是一样多的。

事实上，我相信如果拉马丁先生从一开始就决心成为能够缓和并控制这个庞大政党的领导，如果他能够领导这个政党取得胜利的话，他很快就会沉浸在自己胜利的喜悦之中；他也不会及时停止武力，这使得大家遗弃了他，并且选出了新的领导。

不管他采取什么政策，我怀疑他都不会长久地执掌政权。我认为他唯一的机会就是在被光荣地击败的同时保住自己的国家。但拉马丁先生是最不可能通过这种方式牺牲自己的人。

我并不知道生活在这个自私、雄心勃勃的社会中，是否还有比他更加缺乏社会公共福利意识的人。我见过很多人为了自己的私利而搅乱整个国家的秩序：这是我们每天都会面临的邪恶，但他是唯一一个随时准备使整个社会陷入混乱而帮助自己转移注意力的人。

我从未见过比他更不真诚的人，也从未见过比他更加蔑视真理的人。我曾认为他蔑视真理，其实我错了：他根本从来就没有注意到真理。不论在演讲还是在写作的时候，他从不关心自己说的是真理还是谎言，他唯一关心的是在此刻他的话能够产生的影响。

自2月24日起，我就再也没见过拉马丁先生。在新议会召开的前一天我又重新见到了他，当时我正在挑选席位，并没有和他说话。他被自己的新朋友包围着，一看见我，他就假装在议院的另一头有事情要做，很快就离开了我。

之后，拉马丁让尚波（尚波既是他的朋友，也是他的佣人）带话给我，他说他避开我并不是出于恶意，而是他所处的位置要求他只能用这种方式对待以前的议会成员。而我位于将来共和国的领导之列，我们必须等到临时的困难克服之后，才能直接交谈。尚波还说他被要求来询问我关于政治现状的看法，我非常乐意谈论我的看法，但这些意见基本没什么用。

我和拉马丁先生之间通过尚波这个中间人建立了某种间接的关系。尚波经常代表拉马丁先生来看我，告诉我他们正在做的准备。有时我也会去他在圣雷诺大街一座房屋的顶楼上租的房子里看他。尽管他在外交部拥有一整套房屋，但他还是会在租住的地方去会见一些可能引起别人怀疑的客人。

我发现拉马丁先生经常被投靠者所包围。要知道，在法国，类似于政治乞讨者的投靠者存在于每个不同形式的政府之中，这种投靠者的数量甚至在反对钻营的革命中增加，因为所有的革命都会使相当一部分人垮台，这种投靠者从而获得了钻营的机会。对于我们来说，那些垮台的人总是希望依靠国家来重塑他们的梦想。在这些投靠者当中，不少人是被尚波以权谋私拉了进来。尚波之所以能这样做，是因为他沾了与拉马丁的友谊之光。

我记得，在他们中间有一个厨师，在他所处的行业中也没有什么知名度，据我所知，他坚持要为拉马丁服务。他认为当时拉马丁已经是共和国的总统了。

“但他现在还不是！”尚波大喊道。

那个厨师说道：“尽管就像你说的，他现在还不是总统，可他迟早有一天会是，他一定得考虑他的饮食问题。”

为了摆脱这个厨子倔强的野心，尚波答应，一旦拉马丁先生当上总统，他就跟拉马丁提他的名字。这个可怜的人这才心满意足地走了，沉湎在自己虚构的光荣之中，对自己即将面临的境况充满希望。

尽管尚波非常自负、饶舌、乏味，但在那段时间我还是频繁地和尚波来往着。在和他交往的过程中，我逐渐了解了拉马丁先生的思想和计划，这比直接和这位伟大的人交流更加好。

拉马丁的才智通过尚波的愚昧显现出来，就像阳光透过烟熏的玻璃，发光体虽失去了热射线，但会使人赏心悦目。他很容易推断出在这个世界上，所有的人都依靠同样的妄想活着，就像我前面提到的那个厨师一样，拉马丁已经在内心深处感受到最高权力带给他的甜头，然而在这个特殊的时刻，权力正悄悄从他手中失去。

于是，他选择了一条曲折的道路，这条路很快使他走向毁灭的深渊，他努力想控制山岳派而并不推翻它，他想减弱革命的火焰但并不熄灭它，为的是能给国家足够的安全感，这种安全感使人们赞美他，但这种感觉却不足以强烈到让人们无法忘记他。

他唯一惧怕的就是议会的领导权可能落入前议会领导人的手中，我相信这是他主要的激情所在。人们会看到关于宪法行政权力的激烈的讨论，不同的政党显现出迂腐的伪善，这种伪善将他们的利益隐藏在自己的思想中：这是再普通不过的场面了，但这一次却比往常都令人印象深刻，因为受当时局势所迫，各党派都将自己隐藏在理论的保护之中，这些理论对他们来说有的是毫不相关的，有的则与他们的思想完全相反。

旧保皇党坚持认为议会应该有权选择和统治议会各部长，此言论是极具煽动性的，而且那些煽动政治家宣称政治权力应该移交给常务委员会，由常务委员会管理政府和选择所有的政府官员。这个体系的思想和君主政体思想十分相近。所有这些空洞的长篇大论都传递着一个思想，那就是一派希望废除雷德鲁·罗兰的权力，另一派人则希望保留他的权力。

整个国家的人民在雷德鲁·罗兰身上看到了恐怖时期的血腥形象。民众看到了他身上的邪恶，就如同看到了拉马丁先生的良好品质一样。雷德鲁·

罗兰不过是个世俗且乐观的胖家伙，毫无原则可言，也没什么头脑，无论是精神还是内心都没什么勇气，甚至也没什么恶意：因为他认为这个世界是美好的，他从来不会遏制住敌人的咽喉，除非在回忆历史或者是在满足朋友利益的情况下他才会那么做。

这场辩论的结果仍旧悬而未决。为了我方利益，巴罗先生发表了一场十分精彩的演讲。在之前的议会生活中，我见证了太多不可预测的事情，也看到各党派之间以相同的方式上演着欺骗的闹剧，因为他们只是想到伟大的演讲会带给他们愉悦，但往往忽略了这也会给他们的对手带来危险的刺激。

直到那时，拉马丁先生还一直保持沉默，我认为自从二月革命之后他一直犹豫不决。他突然间下定决心，紧接着说道："你们应该明白，阻止议会按照巴罗先生的意见来作决定是非常有必要的。"这些都是尚波第二天告诉我的，拉马丁按照他一贯的作风发表了精彩绝伦的演讲。这是我第一次听到左派前领导的才智和成功。

多数派本来已经踏上了巴罗所开辟的道路，但在听了拉马丁的演说后又退了回来（因为这届议会比我所知道的任何一届议会都更容易受花言巧语的辩客们的欺骗。该届议会既期望从演讲者的话语中识别他的行为动机，又表现得格外缺乏经验）。因此，虽然拉马丁的主张得到了赞同，但不幸的是，对他不信任的种子也在这一天种下了。这种不信任迅速变得更加强烈，于是拉马丁从受众人爱戴的顶点滑落，滑落的速度比他当初走向众人爱戴的顶点的速度还快。

第二天，当大家看到拉马丁支持雷德鲁·罗兰，并且希望通过他朋友的支持能够让雷德鲁·罗兰成为执行委员会的一员的时候，大家都对此表示怀疑。在看到这些之后，整个议会和国民都表现出难以名状的不满、恐惧和愤怒。

对于我来说，我体会过最大程度的恐惧和愤怒。我清楚地观察到拉马丁

雷德鲁·罗兰

先生已经背离了能够使我们摆脱无政府状态的道路；我很难想象到，如果我们按照他所指引的那条偏僻小路，我们会走向什么深渊。实际上，我们怎么可能预测得到没有理智和美德的约束，丰富的想象到底能够走多远？拉马丁的理智比他的公正无私给我的印象更深刻，事实上，我相信他除了胆小懦弱的行为和粗俗无比的演说之外什么都能干得出来。

我承认，六月所发生的事件在某种程度上改变了我对他之前的行为所形成的看法。这些事件告诉我们：我们的敌人数量更多，组织更严谨，更重要的是他们比我们想象的更加有信念。

拉马丁在过去的两个月内眼中只有巴黎，剩下的什么也没有注意到，可以说他处于革命党派的核心位置，夸大了巴黎的权利和法国其他地方的不活跃。从此，他离真理越来越远。

在我这方面，我并不确定我会作出让步。我们应该走的路是清晰明了的，我绝不会容许任何错误让我们产生偏离这条路的可能。为了尽快摆脱民众对议会的干扰，我们应该赶快通过议会的道德力量获益，利用政府的力量，努力建立一个坚实的基础，这一点是显而易见的。任何的延迟都会削弱我们的力量而增强对手的力量。

事实上，从议会开始到六月这些事件的发生，时间稍纵即逝，巴黎的工人越来越英勇，开始鼓起勇气反抗，他们组织有序，武器弹药装备齐全，为抵抗做着最后的准备。我不得不相信拉马丁先生的背叛和对敌人的纵容默许救了我们，却毁了他自己。拉马丁的行为所产生的影响取悦了山岳派，这使得他们内部分崩离析。

旧山岳派人依旧保留在政府内，他们和社会主义革命派人分离，社会主义革命派人早已被驱逐出政府。如果在我们取得胜利之前，他们能够因为共同的利益而团结在一起，因为共同的绝望而受到激励，我们最终能够取得胜利真的是值得怀疑的。尽管我们所遭到的反对仅仅来自于无领导的革命党人，我还是觉得我们快被击败了，我扪心自问，如果他们有领导的话，如果这场起义得到了国民大会三分之一成员的支持的话，这场斗争又将会有怎样的结果。

拉马丁先生比我更加接近这些危险，而且看得更加清楚。今天我认为他因这致命的冲突所产生的恐惧对他行为的影响不亚于他的野心对他所产生的影响。那时我应该听取拉马丁夫人的建议，她已经警告过我们关于她丈夫和议会的安危，她的惊恐已经达到极致。

她每次见到我的时候都会提醒我："要当心，别把事情推向极端，你并不了解革命党派的力量。一旦我们开始和他们作对，我们就会遭受溃败。"

我经常责怪自己没有和拉马丁夫人保持良好的交往关系，因为我发现她拥有真正的美德，虽然她拥有几乎所有的缺点，但这并没有损害她身上所具有的美德，不过她没有以前那么讨人喜欢了：她野蛮专横、自傲自大、为人固执、处事武断、有时内心充满仇恨，到如此的地步，人们既不可能尊敬她，也不会喜欢她。

第十二章 1848年5月15日

革命党并不敢反对召开议会会议，但他们拒绝受议会的控制。相反，不难理解他们想将议会置于他们的控制之下，因为这样他们就可以通过强制的方法获得他们想要的东西，这些东西是他们的支持者不会给他们的。这伙人（因共同的利害关系或共同的目的而联合起来的人）通过恐吓和侮辱的方式来反对议会代表们。

虽然法国人在政治热情方面对辩论毫无兴趣，但革命党人依然热衷于辩论，他们在议会中花费大量的时间制定各种理论，这些理论为之后将要发生的暴力行为作好了铺垫。这些理论认为人民总是比代表们优秀，而且人民也不会完全将自己的意志交到代表们的手中：这是一个合理的原则，但人民却由此得出一个错误的结论，即“巴黎的工人代表全体法国人民”。

自从召开了第一次议会，一种模糊不清且波及范围广的愤怒情绪就一直在人们心中从未消失。每天街道和广场上都聚集着人群，他们漫无目的，就像一股汹涌的浪潮一样。在通往议会大厅的路上挤满了让人心生畏惧的游手好闲者。

一个蛊惑人心的党派会有很多领导，在他们的行动中偶然性占据很重要的地位，而正当的理由总是很少，不管是事前还是事后，他们想要的和过去曾经想要的几乎都是不可能的。虽然如此，我的观点是，并且我一直是这么认为的，那些煽动分子的头目并不是想要摧毁议会，他们只是希望利用这种方式来控制、利用议会。

根据这几天发生的事件我发现，5月15日革命党对议会的公然抵抗似乎旨在恐吓议会代表，而不是推翻议会；在动乱时期，这种模棱两可的事件是经常发生的，而且事件的倡导者非常小心谨慎，他们不会清楚明白地说出他们的计划和目标，以便他们将事件控制在和平示威的范围内，或者将事态强行发展成一场革命。

一周以来，人们一直在预料会有这样的企图发生，然而人们似乎已经习惯了生活在这种恐惧之中，不管是普通民众还是议会代表都无法辨别在危险逼近的种种迹象之后会发生什么事情。人们只知道事关波兰利益的一场大型人民运动发生了，对此人们都感到隐隐不安。毫无疑问，政府官员比我们更加消息灵通，内心更加感到惊恐不安，但他们并没有改变自己的决策思想。我与政府官员之间的联系并不足以让我深入了解他们内心的真实想法。

因此，5月15日那天，当我到达议会的时候，我并没有预测到将要发生的事情。议会正常召开，和之前的议会没有什么两样。然而十分奇怪的是，两万人已经包围了议会大厅，但没有任何声响证明他们在场。

沃洛夫斯基正站在讲坛上，嘴里含糊不清地说着一些有关波兰的老生常谈的事情，最后民众通过大声呼喊让议员们知道他们已经接近议会大厅，呼喊声透过因为天气热而打开的窗户从四面八方传进来，就像从空中落到了我们身上。

我没想到人们的声音汇聚在一起可以产生如此巨大的响动。当民众涌向议会大厅，我看到人群时，我并没有心生畏惧，反而是在他们出现之前发出第一次呼喊时更让我震撼。很多代表出于本能的好奇或者是恐惧，突然跳了起来；另一些人则大喊道："别动！坐到你的座位上！"于是大家都重新坐到了自己的座位上，什么话也不说。

沃洛夫斯基继续他的演讲，演讲持续了一阵子，但观众沉默不语，没有任何反应，这在他的演讲生涯中可能是第一次出现冷场。不过，当时人们似乎没有在认真听他的演讲，而将注意力都放在了外面，人群中的窃窃私语变得越来越清晰，越来越近。

突然，我们的负责人之一德高斯走上讲台，将沃洛夫斯基拉到一边对他说："库尔泰斯将军违背了所有负责人的意愿，他命令守卫议会大门的流动哨兵将刺刀放回刀鞘。"

说完这些话后，他就什么都没有说了。德高斯是个心地善良的人，他总是愁眉苦脸的，声音十分低沉。这个新闻、这个人和他的声音结合在一起创造出一种奇特的效果。所有的议会成员都为此非常愤怒，但很快就平静下来了，现在不管做什么都为时已晚，议会已经被强行攻破。

拉马丁在刚听到声音的时候就出去了，回来的时候脸上带着惊慌失措的神情。他穿过中心的通道，迈着大步重新回到座位上，就好像后面有敌人在无形地推着他前进一样。几乎同时，他的身后出现了一群人；他们站在议会厅门口，看到座位上如此多的议会代表不禁大吃一惊。

几乎在同一时刻，就像2月24日发生的一样，下议院的记者席被民众强行占领，他们占据了所有席位。第一批进来的人奋力向前，后面的人紧紧跟随，推着他们向前走，希望在议会中寻找到自己的一席之地，他们离地面不超过十英尺，他们身子紧贴着墙，从离地面四五英尺的高度纵身一跃进入议会厅。每一个身体在接触地面时发出连续且又沉闷的冲击声，一开始我还以为是从远处传来的大炮声。在这场骚乱中，他们其中的一些人通过此方式进入议会厅，还有一些人，主要是这个组织的头目，他们从大门进入。他们都带有恐怖时期的标志，挥舞着上面覆盖着红色帽子的旗帜。

民众很快就占领了议会厅中间的空地，整个房间变得十分拥挤，他们觉得过于拥挤，便从通道走向我们的席位，越来越多的人挤在这个狭小的空间里，一直骚动不安。在这场持续不断的暴乱中，屋内尘土飞扬，热得让人喘不过气来，这让我恨不得弃公德于不顾，想跑出去呼吸呼吸新鲜空气。但荣誉感迫使我不得不坐在座位上。

这些闯入者有些公开拿着武器，还有一些似乎也藏着武器，不过没有人有意要攻击我们。他们眼神中流露出的表情更多的是惊讶和怨恨，而不是敌意。在满足自己虚荣心的过程中，他们怀有一种庸俗的好奇心，这种好奇心似乎支配着其他的情绪。这是因为，在暴乱中，甚至是最血腥残暴的暴乱，总有一群作为旁观者的无赖，他们幻想自己在演戏。他们没有可以让大家都服从的共同领袖，他们只是一群普通人，而不是有组织有纪律的军队。

我看到这些人中有的喝醉了，但大部分人只是因为房间内令人窒息的闷热、拥挤的人群和普遍的不安，激起了他们内心狂热的兴奋，而不是因为真正的热情和人群的呼喊声。他们热得汗流浃背，尽管外面的气温和他们的衣着并不会使他们如此不舒服，但他们有些人几乎是袒胸露乳的。

从人群中传来一阵喧闹嘈杂的声音，这些声音中时不时地还夹杂些充满威胁性的言论。我看到那些人向我们挥舞着拳头，可同时又称我们是他们的代表。这种说法不断地被重复着。这些天以来，那些怀有极端民主主义态度的报纸，除了声称我们这些代表是人民的代表之外什么都没有报道，那些流氓恶棍非常乐意接受这一说法。

片刻之后，我有机会观察到他们对信息的接受和反应是非常清晰明朗的。我看到一个身穿宽松上衣的人站在我旁边，对他的朋友说：“看到底下那个秃鹰了吗？我真想扭断他的脖子。”

我顺着他的手势和目光看过去，可以轻而易举地看到他刚才提到的拉科代尔。拉科代尔穿着多米尼加的制服，坐在左边的第一排。刚才那个人的情绪给我的印象让我觉得他当时似乎并不礼貌，但他的这种比喻却是恰当的。拉科代尔神父那长长的、瘦骨嶙峋的脖子从连有头巾的修道服中伸出来，脑袋秃秃的，头上只有一小簇稀少的毛发，面庞十分消瘦，鹰钩鼻，目光炯炯有神，透露着一种坚决。他的样子和正在捕食的鹰有着惊人的相似。

在这场混乱当中，所有的议会代表十分消极，一声不吭地坐在自己的席位上，既不抵抗也不让步，沉默不语，意志坚决。极少数山岳派人和民众称兄道弟，但套近乎都是暗地里的。革命派人士拉斯帕伊占据了讲坛，准备宣读他们组织的请愿书。

一位叫阿德尔斯沃德的年轻代表突然站起来呼喊道："公民拉斯帕伊到底有什么权力在这里发表演说？"话音刚落，叫骂声四起，一些人开始冲向阿德尔斯沃德，却遭到了阻止。拉斯帕伊费了好大劲儿才让他的朋友们保持了片刻的安静，他开始宣读他们组织的请愿书。与其说是请愿，倒不如说是命令，这份请愿书命令我们立刻作出决定以支持波兰。

"不准耽搁，我们正在等待你们的答复！"声音从四面八方传来。

整个议会还是没有一点儿生机勃勃的迹象，民众处于混乱和焦躁不安之中，他们发出了可怕的噪音，这一举动让我们不必急着对上面的问题作出答复。

议会主席布歇兹，有些人认为他是流氓无赖，还有一些人将他视为圣人，而在那一天，毫无疑问，他是个彻头彻尾的大傻瓜，他用尽浑身的力气摇晃手中的铃铛，希望人群能够保持安静。但就当时的情况来看，人群的寂静无声似乎比大声的呼喊更加令人畏惧。

就在那时，我看到一个人出现在讲坛上，这个人自那之后我就再也没有见过了，每每回忆起来，我就感到无比的恐惧和恶心。他的脸颊毫无血色，显得十分憔悴，嘴唇发白，脸上流露出邪恶的且令人厌恶的表情，脸色苍白，身上像是发了霉；他穿着亚麻制品的衣服，一件深色的长礼服紧紧地裹在他瘦骨嶙峋、虚弱憔悴的身体上；他好像一直生活在下水沟里，刚刚才出来。人们告诉我，他就是布朗基。

布朗基简单地谈了一下波兰问题，之后他非常尖锐地指出了国内所存在的种种问题，他希望能够对他所称的鲁昂大屠杀进行复仇，他再一次唤起了在人们心目中早已消失的对于这场不幸的恐惧，而且控诉议会对民众所做的一切错事。在燃起听众的热情之后，他就回到了波兰，像拉斯帕伊之前一样，他要求立刻进行投票选举。

议会代表们仍旧鸦雀无声，民众在会场中走来走去，诉说着各种自相矛盾的想法，主席摇晃着手中的铃铛。雷德鲁·罗兰试图说服民众撤离出议会大厅，但这对他们根本毫无作用。雷德鲁·罗兰几乎遭到了民众的轰赶，不得不离开了讲台。

骚乱再一次燃起，声势更加浩大，可以说是自发地在增强，因为对于民众来说，为了能够实现他们的激情的目标，他们不能充分地掌控自己，甚至不能理解暂时自制的必要性。

一段很长的间隔之后，巴贝斯先生飞奔上讲坛，甚至可以说是纵身一跃跳上了讲坛。他是那种同时具有政治煽动家、狂人和侠客三者品质的人，这三种人的特质在他身上很好地融合在一起，没有办法说清楚哪一种品质在哪里开始或者结束，他只有在像我们这样一个病态的、麻烦不断的社会中才会取得成功。

我更加倾向于相信这个狂人主导着他自己，一旦他听到人民的声音就开始变得勃然大怒。他的灵魂一旦处于受欢迎的热情中就开始沸腾，像火上的热水一样。自从民众入侵议会厅之后，我的注意力就一直在他身上。到目前为止，我认为他是我们最强劲的对手，他是这些人当中最丧心病狂、麻木不仁、意志坚决的一个。

布朗基是法国的一位空想社会主义者和
革命家，巴黎公社的议会主席

我看见他站在了议会主席所在的讲坛上，很长时间站在那里一动不动，只是用愤怒的目光看着整个大厅。我观察到，并且向我身边的朋友指出：他面容扭曲，他面色铁青，他狂热的激情使得他不停地用手把玩着自己的胡须。他站在那里看起来犹豫不决，尽管他已经作出了倾向于一个极端的决定。这一次，巴贝斯下定决心，提议采取某种方式汇聚民众的激情，清楚地了解民众的目的，从而确保最后的胜利。

他气喘吁吁，用断断续续的声音说道："在人民情绪高涨之前，我要求议会应该投票选出远赴波兰的军队、向富人征收十亿法郎的税收、下令驻守巴黎的军队立刻撤兵，禁止使用武力。不然的话议会代表们就会被认为是卖国贼。"

我想如果巴贝斯的计划能够取得成功，议会完成投票的话，我们将会失败，因为要是议会接受提议，就会名声扫地，被认为是无能的；然而一旦议会拒绝的话，我们很可能面临灭顶之灾。但巴贝斯没能让人群保持片刻的安静以促使我们作出决定。他说完最后几个字之后，人群开始哗然，巨大的喧闹无法平息；各种不同的呐喊声仍在继续。巴贝斯使出浑身解数来维持秩序，尽管议会主席的铃铛帮助了他，但这一切只是徒劳。整个过程中，铃声从未消逝，就像丧钟的哀鸣一样。

这次特别的会议已经持续了两个小时，却仍在继续，我们竖起耳朵捕捉着议会厅外的一切声响，希望有人来援助我们。但巴黎似乎是一座死城。我们尽力听着，却没有得到任何消息。

这种消极抵抗激怒了民众，民众的愤怒之情就像是在平整的冰面上滑行一样，不知道该依托什么。他们挣扎着，但所有挣扎都是徒劳，对于他们的事业他们找不到任何的方法。

成百上千种不同的且自相矛盾的争执在空中回荡。一些人大喊道："我们走吧！"另一些人则说道："劳工组织！……劳动部门！……向富人征税！……我们要路易·博朗！”

最后他们在讲坛下面打了起来，通过这种方式来决定谁上台发言。五六个演讲者立刻占据了讲坛，几乎同时开始发表演说。这就像在所有暴乱中都会发生的一样：恐怖中混杂着荒诞。

大厅里热得令人窒息，以致那些最早进来的入侵者都离开了；那些在门外等着进来的人很快填补了空位。我看到一个穿着制服的消防员从过道走过，经过我的座位。“我们不能让他们投票！”民众对他大喊道。他回答说：“等等，我想说说我的想法。”随即，他神情坚定地戴上了自己的头盔，系紧皮带，从人群中穿过，将阻挡他前进的人都推到了一边，然后走上了讲坛。他想象自己在讲坛上能够像在屋顶上一样泰然自若，但真正站在讲坛上时他茫然不知所措，站在那里一句话也不说。民众朝他大喊道：“快说呀，消防员！”可他一句话也说不出来，最后被赶了下去。

就在那时，几个平民用胳膊将路易·博朗抬起来，洋洋得意地在议会厅内游行。他们抓住博朗的腿举过他们的头顶，我看到博朗在徒劳地挣扎，他扭动着自己的身体，但始终无法逃脱出他们的掌控。在此过程中，他一直用令人透不过气的且刺耳的声音在说着什么。他让我想起了尾巴被夹住的蛇。最后，他们把博朗先生放到了我下面的一个席位上。我听到他在呼喊：“我的朋友们，你们刚刚赢得了你们想要的权利……”不过，之后他说的话被淹没在喧闹之中。有人告诉我，民众用同样的方式将索布里埃抬到了比这儿更低的地方。

一个极富悲剧色彩的事故的发生几乎终止了这场疯狂的喧闹：议会厅后面的席位突然破裂，裂开的缝隙差不多超过一英尺，上面的人群使其不负重荷，大家差点摔下来，人们在惊恐中四处逃窜。

这一令人惊恐的事件暂时停止了这场暴乱。我第一次听到从远处传来了鼓声，在巴黎这鼓声的意思是召集人们入伍。民众也听到了这声音，他们高声呼喊，他们感到既愤怒又恐惧。

“为什么他们要悄悄召集军队？”巴贝斯大声疾呼道，他再一次走上讲坛，“谁在悄悄召集军队？这些下令的人是不合法的！”

人群中有人大声呼喊道：“我们遭到了背叛，拿起武器吧！去市政府吧！”

议会主席被赶下了讲坛，或者，如果我们相信他之后给出的说法，他是自愿被赶下讲坛的。一个叫胡贝尔的组织领导者爬上主席的座位，手中举起上面有红色帽子的旗帜。这个人看起来就好像刚刚因为激动和炎热而引起了癫痫病发作，昏迷了好久才刚刚苏醒过来似的。他衣着不整，表情像是受了惊吓一样。他大声高喊了两次，声音像是从空中传来一样，盖过了其他所有的声音。他说道：“我以人民的名义说话，人民遭到了代表们的背叛，我宣布议会解散！”

议会没有了主席，如今也解散了。巴贝斯和民众组织中那些大胆的政治家一起去了市政府。事情的结果和议会最初的设想相去甚远。我听到身边的人愤愤不平地相互抱怨着：“不，不，这不是我们想要的。”很多忠诚的共和党人都非常失望。

在这场暴乱中，特塔第一次和我交谈，他是个感情用事的革命党人。他还是个不切实际的人，因为在整个君主统治期间，他都在策划着支持共和的计划。此外，他还是一名优秀的医生，那时候，他是巴黎一家著名疯人院的领导，尽管他自己也有些轻微的精神失常。他热情洋溢地抓住我的双手，两眼长含着泪水。

特塔说道：“唉，先生，这是多么不幸啊，很难想象是疯子，真正的疯子引发了这一切！我曾经给他们每个人都提供过治疗。布朗基是个疯子，巴贝斯、索布里埃是疯子，胡贝尔更是个疯子。这些人都是疯子，先生，他们应该被关进疯人院，而不是待在这里。”

巴贝斯

如果特塔像了解上面他所提到的他的老朋友一样了解自己的话，那么他应该在疯人名单上加上自己的名字。在革命过程中，特别是民主革命过程中，我经常在想，那些疯子——我说的是真正的疯子，而不是出于不礼貌所谓的疯子，他们扮演了相当重要的政治角色。但至少有一件事情是可以肯定的，在这样的特殊时期，他们这样一个半疯癫的状态并非不合时宜，反而会领导他们走向成功。

议会已经解散了，但对议会代表们来说，他们总是认为议会没有被正式宣布解散。他们也并不认为自己被打败了。虽然议会中的大部分成员已经离开了议会，但他们都坚信议会会议一定会在其他地方重新召开；他们相互之间也是这样说的，而且我坚信他们对此有非常大的决心。

至于我，我决定留下来，一方面，在一定程度上是出于好奇，好奇心让我对这个一切不寻常的事情都有可能发生的地方充满好奇；另一方面则是因为我内心的想法，我认为一个议会的力量在一定程度上依赖于议会厅，这和我在2月24日的想法一模一样。

因此，在议会解散之后，我继续留在议会厅内见证了一些既荒诞混乱又毫无意义的事情。民众在各种混乱和呼喊声中建立了临时政府。这是对2月24日所发生的事件极为拙劣的模仿，就像2月24日发生的事件是对其他革命事件的效仿一样。一段时间之后，当我在混乱中思索的时候，我听到了议会厅外传来的不寻常的声音。我的耳朵非常灵敏，很快就辨认出那是鼓声，而且这声音越来越近，打着冲锋的鼓点。因为在那个国内局势混乱的时期，每个人都学会了辨别有关战争乐器的含义。我立刻冲向门口，那些新来的人正准备进入大厅。

确实是一面鼓，它的后面跟着40名法国卫兵。这些年轻人从人群中穿过，神情坚决，尽管他们起初并不是非常清楚他们要做什么。他们很快从人们的视线中消失，就好像被淹没了一样。一队整齐划一的国民警卫

特塔

队队员紧跟在他们的后面，这些人冲进议会大厅，口中高呼着“国民议会万岁！”

我把我议员身份的卡片放在帽子上，和他们一道进去。他们一进去就把讲坛上正在演说的五六个演说家赶下去，毫不留情，接着飞快地走向通往讲坛的小楼梯。看到如此现状，那些起义者起初是想抵抗，但最终恐惧控制了他们。他们爬上了空座位，很多人在座位通道跌倒了，他们冲向大厅外面，从每个窗户跳到院子里。几分钟后，只剩下国民警卫队的人还留在议会厅内，他们高呼着“国民议会万岁！”，这声音大得足够使议会厅的墙壁震颤。

当时，议会代表们都不在议会厅内。慢慢地，一直在附近的议会代表又重新聚到了一起。他们和国民警卫队成员握手，相互拥抱，最后又回到了各自的席位上。国民警卫队的人们高呼着“国民议会万岁！”，而议会代表们则高喊着“国民警卫队万岁！共和国万岁！”

议会代表们刚刚重新夺回议会厅之后，这场暴乱的罪魁祸首库尔泰斯将军就厚颜无耻地出现在公众面前。他的出现激怒了国民警卫队的人，他们把他抓起来拖到了讲坛上。我看到他从我的身边经过，在刀光剑影中他被吓得面色惨白，像个死人一样。我觉得他们会割断他的喉咙，于是竭尽全力地大喊道：“扯下他的肩章就行了，别杀了他！”他们听从了我的建议。

拉马丁又重新出现了。我一直不知道在我们遭到入侵的这三个小时他在干什么。在最初的一个小时我还见到了他：那时候他坐在我下面的一个席位上，用从口袋里掏出来的梳子梳理他被汗水粘在一起的头发。人群重新聚集在一起后，我就再也没有见过拉马丁了。很显然，他去了议会大厅里面的房间，他打算对民众发表一场高谈阔论的演说，但民众对此并不买账。

第二天，我听到了关于这件事情奇怪的细节，如果不是因为我决定只记录我的所见所闻，我一定会在这儿叙述这件事情的。有人说他随后被赶出了议会大厅，去了那个正在建设的、就在附近准备当作外交部使用的大楼。如果拉马丁能够在国民警卫队前面出现来帮助我们的话，情况一定会比现在好很多。我认为他的内心很脆弱，这种情况影响了那些永不满足且具有生气勃勃的想象力的勇敢的人（他也属于这类人）。

当他重新回到议会厅的时候，他又变得充满活力，善于言谈。他告诉我们他不该在议会，而该在街上，他要前往市政府，去阻止这场暴乱。这是我最后一次听到人们对他报以满腔热情的欢呼声，事实上，人们不仅仅是为了他而欢呼，更多的是因为胜利：这些欢呼声和掌声是那些仍旧感到愤怒的人激情的回应。在一个半小时之前敲击冲锋鼓点的鼓又开始敲击行军鼓。那些国民警卫队队员和法国卫兵一直待在人群里，有秩序地跟在拉马丁身后。议会代表仍旧有很多没有到场，但会议又开始了。此时是六点整。

我回家片刻去吃点儿东西，之后我又重新回到议会厅，议会已宣布要一直召开。很快我们得知新组建的临时政府的成员已经被逮捕。巴贝斯遭到了弹劾，库勒泰斯——这个早就应该遭到鞭打的老笨蛋也遭到了弹劾。

很多人希望路易·博朗也有如此的下场，然而，他勇敢地进行了自卫。他刚才突破艰难险阻从门口驻守的国民警卫队的手中逃离出来，他还穿着破烂不堪的衣服，上面满是灰尘，衣衫不整。这一次他没有派人去帮他拿凳子过来，他平时会站在凳子上，为了能够将头伸出讲坛的栏杆（因为他几乎是个侏儒）。他甚至忘记了他想要达到的目的，只是想着该说些什么。

尽管如此，或者更精确地说正因为如此，他暂时取得了成功。我一直认为他没有什么过人之处，除了那天；因为我并不认为天才就是可以讲出精彩绝伦但内容空洞的话语的人，那些话语就像是一个精美的餐盘，但里面却没什么实质内容。

此外，白天所发生的事情让我感到身心俱疲，以致对晚上的会议内容我只有一些模糊不清的记忆。因此，我不想再多说什么，我只想记录我自己的内心感受，这是因为整个事件发生的细节，《公报》里已经有详细的说明了。

第十三章 协和广场的盛会

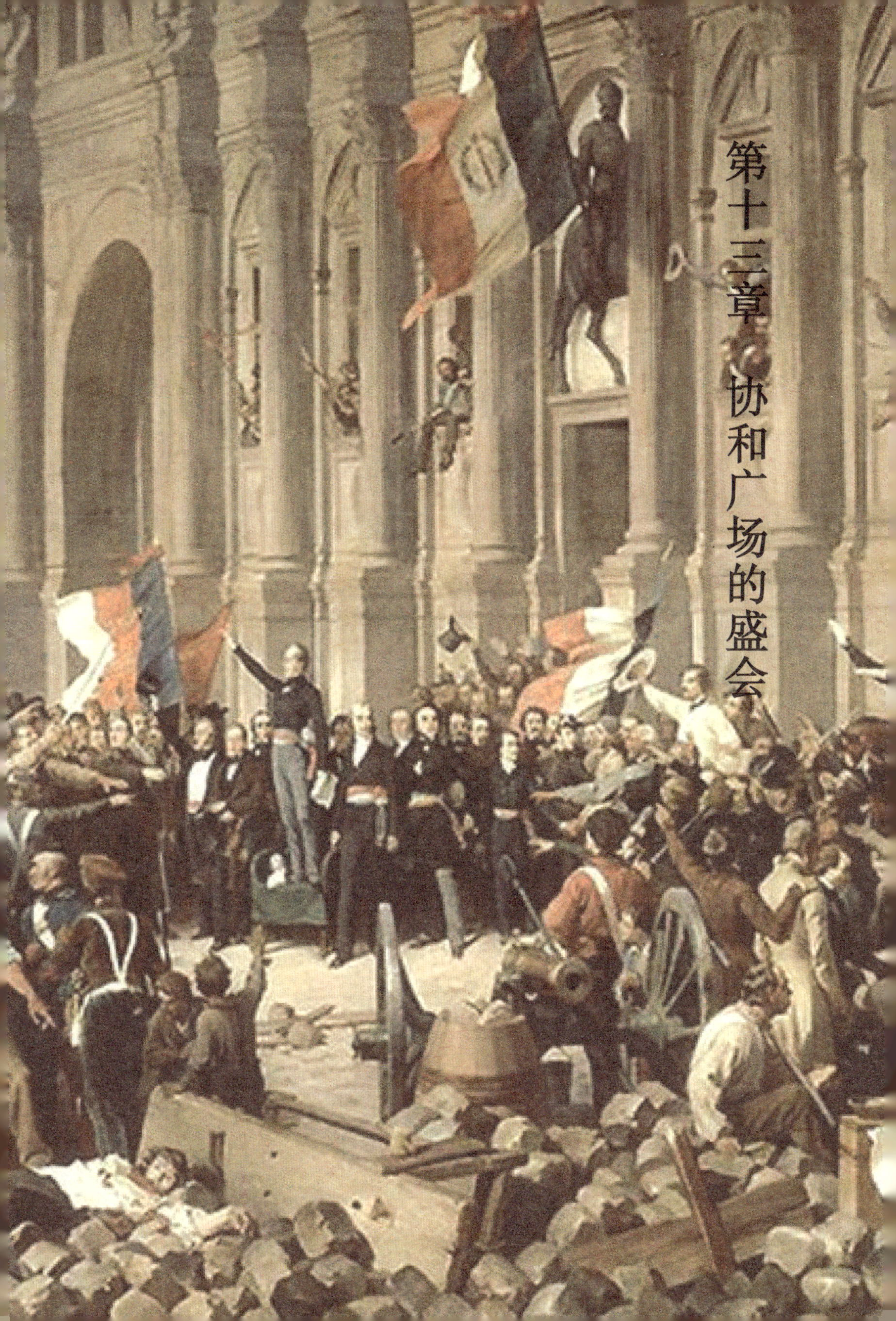

1848年的革命者不愿意也不能够效仿前辈们残忍的罪恶行径，他们通过模仿前辈们荒唐可笑的闹剧来慰藉自己。他们为人们举行了一系列具有深远寓意的盛宴，以此将人们置于自己的掌控之中。

尽管财政状况非常糟糕，临时政府还是决定花费一两百万用于即将在马尔斯广场举行的宴会。

按照事先公布的和后来如实执行的庆典计划，马尔斯广场将汇集代表不同人群、不同品德、不同政府机构和公共部门的名人名流。法国、德国和意大利的人们携起手来；倡导平等、自由和博爱的人们也携起手来；还有农业、工商业、陆军、海军，尤其是规模庞大的共和国。一辆由16匹马拉的大车将会出现在广场上。根据庆典计划，这辆马车的装饰风格简单朴素，具有乡村气息。车上将放置三棵树：一棵橡树、一棵月桂树和一棵橄榄树，它们分别象征力量、荣誉和富贵。车上还满载麦穗和鲜花，麦穗和鲜花中间放着一把犁。一群农夫和身穿白色衣服的年轻少女围在马车的四周，他们唱着爱国的赞美诗。此外，庆典计划中有两头角上附有金饰的牛出场，但最终没有看到这两头牛。

国民议会的代表们对于所有这些美好的事物一点儿兴趣都没有，他们甚至担心这么多人聚在一起必然会引起骚乱。因此，他们竭尽所能推迟这场盛会到来的日子。但所有的事情都已经准备就绪，想要阻止它的到来是不可能的，日子已经确定了，这场宴会将会在5月21日召开。

那天，我很早就来到了议会厅，所有人将会步行去马尔斯广场。我把手枪偷偷放在口袋里，我和我的同事讲，我发现很多人都和我一样身上偷偷带有武器：有的带着刀，有的带着匕首，几乎所有的人都带着武器用来自卫。埃德蒙·拉法耶特让我看了他那件罕见的武器。那是一个缝在皮带上的铅球，这个铅球能够轻而易举地系在手臂上，可以说是便携式武器。拉法耶特说自5月15日之后，这个小武器在国民议会中被广泛使用。我们就这样前往马尔斯广场出席宴会。

有谣言说国民议会代表们经过马尔斯广场，穿过人群，在军事学院外准备上台时，将会面临极大的危险。事实上，在行进过程中没有比发动一场出其不意的袭击更容易的事情了，因为所有人都是步行前进的，而且没有任何安全保护措施。对他们来说，他们的安全保护措施来自于对5月15日的回忆，这就足够了。

革命者在取得胜利的第二天就遭到辱骂的情况十分少见。此外，法国人从来不会同时做两件事情。他们经常会改变自己的目标，但不管做什么，他们都会全身心地投入其中，我认为他们并没有在一场节日盛宴或是典礼中发动暴乱的先例。

因此，在那天人们似乎沉浸在自己虚构的快乐之中，暂时忘却了痛苦且恐怖的回忆。整个场面富有生气，并没有引起骚乱。但整个活动过程可以说是混乱不堪的。事实上，确实很混乱，不过，还不至于引发骚乱。因为我们都是陌生人：当我们的秩序井井有条时，我们不能没有警察；一旦我们开始发动革命时，警察似乎又是多余的。

一看到这欢呼雀跃的场景，让那些性情温和且真诚的共和党人感到欣喜若狂，甚至使他们激动流泪。在卡诺的身上集中了正直的民主主义者的品德中必然具有的傻气，这时，他对我说："亲爱的朋友，请相信我，我们应该相信人民。"

我记得我当时十分唐突地回答道："为什么没在15日之前告诉我这些？"

执行委员会占据了一半沿着军事学院搭建起来的舞台，舞台的另一半则被国民议会占据着。首先经过我们面前的是被授予荣誉勋章的人们，这占据了相当长的时间，因为节目单上是这样安排的。之后就是那辆马车，接着是穿着白衣服的少女们。至少有三百多个具有男子气概的少女穿着洁白无瑕的衣服，很容易被当成是穿着女孩子衣服的男孩子。她们每个人手中都拿着一大束花，当经过我们面前的时候，她们大献殷勤，将花束抛向了我们。所有的谣言就是这些人散布的，我认为她们更习惯使用洗衣工手中的洗衣棒而不是向人群抛撒花束，那些花扔在我们身上，让我们感觉像是令人极其不舒服的暴风雨一样。

一个个子高挑的女子离开她的同伴，在拉马丁面前停下来，她背诵了一首歌颂拉马丁功绩的赞美诗。渐渐地，她越说越起劲儿，表情变得可怕，到最后扭曲得令人惊恐。我从没有见过如此兴奋的人，几乎像是癫痫病发作一样。当她结束背诵时，人们都坚持说，无论如何拉马丁先生应该亲吻她。她把脸颊凑到拉马丁的嘴边，脸上布满汗水，拉马丁非常冷漠地用嘴尖亲吻了她的脸颊。

这场盛宴唯一庄严的部分就是阅兵式。我从没在任何场合见过如此多的武装军人，我肯定很少有人见过如此阵势。除了那些在马尔斯广场不计其数的看客之外，其他人都全副武装。据《公报》估计，那天马尔斯广场有30万国民警卫队和正规军。我认为这个数字夸大了，但绝对不会少于20万。

这20万把刺刀的景象将永远留在我的脑海中。那些举着刺刀的士兵紧紧地相互挨着，以便能够在马尔斯广场的斜坡上站住。

我们所处的位置稍微比他们高一点儿，刚好和他们的目光齐平，从我们所处的位置看过去，那些刺刀形成了一个微波起伏的平面，在阳光下闪着光，使整个马尔斯广场变成了充满液态钢的大湖。

所有的人按顺序从我们身边经过，我们的部队里步枪的数量多于士兵的总数。只有那些城市里比较富裕的地区的军队穿了国民警卫队统一的制服。他们首先登场，充满热情地高呼着“国民议会万岁！”那些来自贫穷郊区的军队，认为自己是名副其实的军队，只是穿着普通的夹克和外套，但这并没有掩盖住他们英勇好战的一面。

当他们经过我们身边的时候，大多数人嘴里高呼着：“民主共和国万岁！”有的人唱着《马赛曲》（法国国歌），有的人唱着吉伦特派的歌曲。

紧接着，是一支由农民组成的军队，他们来自郊区，装备差，武器差，身穿和郊区工人一样的衣服，但通过他们的呐喊声和各种手势，他们表现出来的精神是和工人完全不同的。从机动保安部队的营队中发出了各种不同的惊叹声，使得我们对这些年轻小伙子，甚至可以说是孩子的意图感到怀疑和担忧，在那时我们的命运掌握在他们手中。

受检阅队伍末尾的兵团在默不做声地行进。

当我看到这一长长的游行队伍时，内心充满惆怅。我从未在任何时候见过如此多的武器装备掌握在人民的手中。人们都认为我既不会满意我朋友卡诺盲目的自信，也不会分享他愚蠢的快乐；恰恰如此，我认为军人手中的刺刀在阳光下闪闪发光，他们很可能拿起手中的刺刀自相残杀，我感觉自己好像是在检阅刚刚结束的内战中的交战双方。在那天，我无数次地听到人们高呼“拉马丁万岁！”，尽管当时他在公众间的受欢迎程度早已减退。

事实上，如果不是在每个角落看到很多迟来的人，人们可能认为游行已经结束，由于昨天对革命的热情这些人现在仍激奋不已，巴黎市外的人在那天开始接受巴黎的模式，然而这种模式巴黎人早已不再使用。

拉马丁赶在最后一缕阳光照在他身上之前就离开了：他在仪式结束之前就离开了。他看起来十分疲倦，忧心忡忡。很多议会成员也疲惫不堪，都和拉马丁一样提前离开了。阅兵式还在进行，席位早已空空荡荡。这场仪式很早就开始了，但一直到傍晚时分才结束。

时间过得很快，从5月21日阅兵一直到6月的这段时间内，人们内心都充满着焦虑。每天都有不同的警报拉响，部队的士兵和国民警卫队的人都会被召集起来；工匠和店里的老板都不愿待在家里，他们都聚集在公共场所，一直全副武装。所有人都希望能够避免不必要的冲突，但随着日子一天天过去，大家都觉得这种不必要的冲突将会不可避免。国民议会的成员渐渐地也都有了这种想法，他们觉得议会大厅四面的墙壁上都写着“内战”两个字。

他们小心翼翼，谨慎行事，充满耐心，都在尽最大的努力来阻止或者推迟危机的到来。那些内心中对革命充满敌意的人小心翼翼地控制着自己内心憎恶的情绪，昔日的议会演说家都保持着沉默，唯恐他们的行为会引起他人的不快，他们把讲台让给新来的人，不过那些新来的人很少站在讲台上，因为大的争论已经结束。

正如在所有议会中都会出现的情况一样，最让代表们感到焦虑不安的事情是最少被提及的事情，因为他们想证明自己每天都在思考这个问题。各种能够将人民大众从苦海中解救出来的措施被提议并且引发了讨论。代表们已经做好了审视不同的社会制度的准备，每个人都充满信心地努力去发现能够与旧社会法律体系相适应或者至少相匹配的社会制度。

在那段时间里，国家工厂一直在招人，超过十万人在那儿工作。人们觉得如果将这些人全留下来的话，整个工厂或许就会倒闭；但如果试图将他们解雇的话，又担心发生骚乱。一想到这里，我就会感到非常担心。这个对国家工厂十分重要的问题每天都会被讨论，但讨论只停留在问题的表面，没有人敢去进行实质性的解决。

显而易见的是，国民议会外的各个党派都在积极准备，尽管他们十分恐惧争端。国民警卫队中由富裕者组成的营队邀请其他军队和机动保安部队参加宴会，说服他们要为了共同的目标团结起来。

为了在这场战争中坚持更长的时间，郊区的工人在秘密地集聚武器弹药。至于步枪，临时政府保证会供应充足；每个工人至少有一把，有的人甚至有更多。

危险似乎离我们很远，但又好像近在咫尺。法国各个省份的人都对巴黎非常恼火。这是60年以来他们第一次公然抵抗巴黎。他们全副武装，相互加油鼓劲，准备前往巴黎帮助国民议会。他们发表了数以千计的演说，庆祝议会在5月15日所取得的胜利。

商业的崩溃、大范围的战争、对社会主义的恐惧，这些都让外省的人对共和国越来越仇恨。这种仇恨开始表现出来，特别是在秘密投票中表现得尤为明显。

候选人被重新召集起来，在21个不同省份重新进行选举。总体上来说，他们选举的是那些在某种程度上能够代表君主政体的候选人。莫来先生在波尔多当选，梯也尔先生在鲁昂当选。

就在那时，路易·拿破仑的名字第一次引起了人们的注意。这个王亲贵族在巴黎和其他几个省份同时当选。共和党人、君主政体的拥护者和政治煽动者都给他投了票。当时整个法国的人都如同惊弓之鸟，四处逃窜，毫无目标和方向。

当我听到路易·拿破仑当选的消息时，我没有想到在一年后我会成为议会的部长。

波尔多是法国西南部的港口城市。图为 1871 年的波尔多港，由爱德华·马奈绘

我承认，当我看到一些旧议会领导重新回来的时候，我充满恐惧并感到很遗憾。并不是我不公正地看待他们的才能和判断力，我担心的是他们的所作所为会让原本想和我们结成联盟的温和派共和党人向山岳派倒戈。

而且，我太了解旧议会的领导们了，一旦他们重返政坛，他们就希望能够统治国家。除非他们能够统治国家，否则他们就不会拯救国家。我认为，现在这种冒险不仅是不成熟的，而且是危险的。我们的职责和他们的职责都是从旁协助温和派共和党人管理共和国，而不该试图由我们自己间接地去治理共和国，尤其连这种意图都不该流露。

对于我来说，我非常坚信我们正处于一场可怕斗争的前夕；不过，我并没有对我们所面临的危险认识清楚，直到我和著名的乔治·桑夫人进行了一场谈话之后才恍然大悟。我是在一位英国朋友米尔恩斯的家中见到乔治·桑

路易·拿破仑，法兰西第二共和国第一任总统，拿破仑一世的侄子和继承人

夫人的。米尔恩斯是议会成员之一，那时候他住在巴黎。米尔恩斯是个聪明人，但他经常会说一些愚蠢的话，更为稀奇的是，他经常会做一些愚蠢的事情。一生中我见过很多这样的人，他们身上表现出完全不同的两个方面：一方面表现得很理智，另一方面表现得又很愚蠢。我经常会看到米尔恩斯对某件事情或某个人十分着迷。这一次他又对乔治·桑夫人的才气十分迷恋，尽管当时形势严重，他仍旧坚持邀请她参加文学午宴。我也参加了这场宴会。

这场社交午宴汇聚了很多人。除了乔治·桑夫人之外，我还见到了一位年轻的英国女士，她既端庄大方又和蔼可亲，她肯定觉得对她发出邀请，让她来参加这场宴会的人有些奇怪。另外，还有几个默默无闻的作家和梅里美。

米尔恩斯让我坐在乔治·桑夫人的旁边。我从来没有和她说过话，我怀疑在这之前我是否见过她（我很少参加她经常参加的文学冒险家的活动）。曾经，我的一位朋友问她如何评价我那本关于美国的书，她回答道：“先生，我只读那些由作者亲自送给我的书。”

我对乔治·桑夫人怀有极大的偏见，因为我讨厌当作家的女人，特别是她完全掩饰性别弱点，而不向我们展示她真实的一面以便引起我们的兴趣。尽管如此，她还是在试图取悦我。虽然她的容貌并不精致，但面部表情是值得称赞的：她的眼神流露出她的才华，美丽的双眸使脸上其他的器官都黯然失色。

宴会上，我深深地被她自然的、毫不矫揉造作的举止所吸引。她的言行举止很简单，或许这也潜移默化地影响着她的穿着。我承认，再多的装饰也不会影响她的朴实无华。我们就公共事务讨论了整整一个小时，在那个时期根本不可能谈论其他事情。

此外，乔治·桑夫人在那时有一种政客的特质，她所说的东西给我留下了深刻的印象。我能够毫无遮掩地和一个能够也愿意和我说的人谈论我们对

梅里美（1803 年 9 月 28 日—1870 年 9 月 23 日），法国现实主义作家、中短篇小说大师、剧作家、历史学家

手的阵营中所发生的事情，这还是第一次。各政党之前互不相识，因为他们虽然相互接近、相互利用，但从不会去相互了解。

乔治·桑夫人非常具体并且生动形象地向我讲述了巴黎工人的组织结构、人数、武装力量，他们为革命所做的准备，他们的思想、激情，以及他们可怕的决心。我认为她的描述有些夸大，但接下来发生的事情证明事实并非如此。她似乎很害怕人民会取得这场革命的胜利，并且对我们未来的命运表现出极大的同情和怜悯。

她说："先生，试着去说服你的朋友们，千万不要通过恐吓和激怒民众的方式而强迫他们到大街上去。我也希望我能够说服我的朋友们要有耐心，因为一旦发生战争，请相信我，你们所有的人都会遭到灭顶之灾。"

她说完这些安慰的话我们就分开了，之后我就再也没有见过乔治·桑夫人。

乔治·桑，法国小说家、剧作家、文学评论家、报纸撰稿人。她 1804 年生于巴黎，1876 年卒于诺昂维克城堡。图为德拉克洛瓦绘制的乔治·桑的肖像

第十四章 六月起义（上）

终于写到六月起义了，它也许是我国历史上，甚至是在任何其他国家历史上，影响最为广泛、史无前例的事件。说它影响最为广泛，是因为在四天内，超过十万人参与其中；说它史无前例，是因为起义者没有吹响战争的号角、没有领导、没有旗帜，但他们在作战时不可思议地和谐，其军事作战经验十分丰富，这些令有经验的军官都为之惊叹。

还有一点使这场起义有别于60年以来在法国发生的所有起义，那就是六月起义并不是旨在改变政府的形式，而是要改变整个社会秩序。严格来讲，它并不算是一场政治斗争，到目前为止，我们暂且这样来定义它——一场不同阶级之间的斗争，一种奴隶战争。

像社会主义理论在思想方面使二月革命具有社会主义的特点一样，六月起义在事实方面具有二月革命的特点。更确切地说，六月起义脱胎于社会主义思想，就像孩子是在母亲的身体中孕育一样。

我们从起义中看到的不是工人的盲目和简单粗暴，而是他们强有力的反击，他们为了从现状中逃离出来而付出了极大的努力。这种努力应该被视为工人反抗当前遭受的非法的生活压迫的需要，被视为工人拿起武器开辟出人民走向幸福生活的道路的需要，而开辟这种道路是有人欺骗他们说这是他们的权利。

正是由于工人的贪婪和指导理论的错误最终诱发了这场起义，并且一发不可收拾。有人向穷人灌输的思想是富人的财富在某种程度上是从他们身上剥削压榨而获得的，他们还让穷人相信，财产的不平等既违背自然，又与道德规则和社会伦理相悖。在贫困和激情的推动下，许多人相信了这些人的宣传，把这种晦涩难懂且完全错误的有关权利的概念和暴力结合在一起，就给这种暴力带来了活力、韧性和它从未有过的威力。

我们还应该注意的一点就是这场强大的起义并不是一些阴谋家的所作所为，而是一个地区的人民对另一个地区的人民的反抗。

女人也投入到了战争中。男人参加战争，女人则做一些准备工作，向前线运送枪支弹药。当最后不得不投降的时候，女人总会坚持到最后。可以这么说，这些女人把勤俭持家的热情带到了战争中。她们希望能够取得胜利，因为战争胜利后，她们的丈夫能够安逸地生活，孩子们能够接受更好的教育。她们能够在战争中得到快乐，就像她们在玩儿彩票时能得到快乐一样。

至于工人的战略方法，通过法国人好战的天性、在大大小小的各种叛乱中长期积累的经验、特别是大多数人所接受的军事教育都能够说明。

一半的巴黎工人都在部队服役过，他们很乐意再次投入到战争中。总体来说，在我们的骚乱中老兵随处可见。

2月24日，拉莫里奇被他的敌人包围，他两次被暴动者饶命，从他们的手中逃出来。当年，他在非洲作战时曾经指挥过这些暴动者。在他看来，这些暴动者对非洲战场的回忆远比他们对内战的热情强烈。

我们都知道，正是由于国家工厂的倒闭才导致了这次起义。政府不敢一举将这个令人畏惧的工人军队解散，试图将这些人遣散到巴黎以外的省份。

但他们拒绝离开。

6月22日那天，他们在巴黎街头游行，他们有节奏且单调地唱着："我们不会离开，我们不会离开……"他们的代表等着和执行委员会的成员谈判，他们提出一些傲慢无礼的要求，但遭到了拒绝。于是他们离开了，并且宣布第二天他们会诉诸武力。所有的一切似乎都预示着这场期待已久的危机已经来临。

当这个消息传到议院的时候，它引起了议员们极大的恐慌。不过，它并没有影响议会当天的工作计划。尽管这个消息令议会代表们震惊，但他们依旧在继续讨论一项商业法，甚至可以听得到。

事实上，这项商业法非常重要，而且此时一个非常著名的演讲家正在发言。政府提议通过收购的方式收回所有的铁路。这项提议遭到了蒙塔朗贝尔的反对，他的提议很好，演说也很精彩。在此之前，我从没有听过如此精彩的演说，之后也没有过。

其实，这一次我的想法和蒙塔朗贝尔的想法一样，但我相信，甚至在他的对手眼中，他也超越了以前的自己。他进行了一场强有力的攻击，可并没有像以前那样脾气暴躁。内心的恐惧使他天生傲慢不羁的性格有所缓和，使他荒诞的幽默有所收敛。因为和很多人一样，他总是在言语上比较冒失，内心却相对收敛。

会议没有对外面发生的事情进行讨论就结束了。

6月23日，我在去议院的路上看到了许多马车聚集在玛德琳教堂。这一景象告诉我，工人准备加筑路障。当我到达议院的时候，我肯定了我的想法。但我怀疑事情是否已经严重到要通过武力来解决。

我决定和科尔塞勒一起去了解事情发展的真实情况，我们去了市政府附近的地方。大街小巷都在修建路障。民众们紧锣密鼓地工作着，每个人看起来都像是一个灵巧的工程师一样，一切都在有序地进行，他们除去路面的石头，这些石头对建造又厚又坚固而且表面平整的墙壁是必不可少的，他们通常会留一个小通道以便进出。

由于急于想知道整个巴黎的情况，我和科尔塞勒达成一致，决定分头行动。他走了一条路，我选择了另一条路。他在前进的途中，不得不听人家的摆布。后来他告诉我，当时他顺利地通过了几条正在修建路障的街道，在通过最后一条街道的时候他遇到了麻烦。正在修建路障的那些下层社会的劳动人民，看到了这位彬彬有礼的绅士，身穿亚麻布料的黑色大衣，小心翼翼地在市政府附近的肮脏的路上慢慢地走着，他们拦住了科尔塞勒，非常平静但充满好奇地看着他，他们想利用一下这位路人。他们对他以兄弟相称，叫他帮他们一起干活。

尽管科尔塞勒和恺撒一样英勇无畏，但就当前的情况，他作出了正确的判断，此时乖乖地屈服是再好不过的了。所以他开始搬铺路石，然后把这些砖石一块一块整齐地摞在一起。他生来笨手笨脚，做什么事情都心不在焉，这反倒帮了他，很快他就被轰走了，那些人认为他是个没用的人。

我倒没有遇到这样的情形。我在圣马丁和圣丹尼街区走了一圈，没有见到那些称之为路障的建筑，但我亲眼目睹了异常激烈的骚乱。在我回来的路上，在禁食者街我碰到了一位国民警卫队的军官，他浑身沾满血和脑浆，面色惨白，准备回家。我问他发生了什么，他告诉我他的部队刚在圣丹尼门遭到了十分残忍的机枪扫射。他的一位战友（他向我提到了这位战友的名字）在他的旁边被杀害，他身上沾的鲜血和脑浆就是他这位朋友的。

我回到了议院，让我惊奇的是，一路上我没有碰见一个士兵。一直到我站在波旁宫殿前面时，我才终于看到了几个规模宏大的步兵团，他们正在行军，后面都是大炮。

拉莫里奇在队伍的最前面，他身穿军装，骑在马背上。我从没见过像他这样充满侵略性的激情，其中还掺杂着喜悦之情。不知道他的幽默是不是天

恺撒是罗马共和国的军事家、政治家。图为珍藏于维也纳艺术博物馆的恺撒雕像

性使然，但我怀疑在那个时候单靠天性是不可能激发他的那种激情的，这其中应该还混杂着他想摆脱之前经历过的危险的渴望。

我问他："你在做什么？他们已经在圣丹尼门交战了，市政府周围已经筑起了很多路障。"

圣丹尼门是法国的一座凯旋门，位于巴黎第十区圣丹尼郊区街附近。圣丹尼门原址是查理五世城墙城门之一，曾是巴黎的防御工事。图为 1908 年的圣丹尼门

他回答道："冷静，我们正准备赶去那里，你以为我们会愚蠢到在今天把我们的士兵分散到大街小巷吗？不，绝对不会！我们会让暴动者集中在一条街区，将他们包围，然后一举剿灭他们。这一次他们别想逃出我们的手掌心。"

当我到达议院的时候，一场可怕的暴风雨席卷了整个城市。我多么希望今天这样的坏天气能让我们从困境中解脱出来。

的确，这场暴风雨将足以阻止这场暴乱。因为巴黎人民需要在好的天气斗争，比起炮弹，他们更害怕大雨。

然而，很快我的希望就破灭了：我们得到的消息越来越令人沮丧。议会已经不能正常进行工作了，外面的骚动使议员们焦躁不安，他们暂停了那天的工作，后来又回归正常，但最终议会的其他工作被搁置下来，议员们将所有的精力投入到这场起义中。

很多议员在讲台上讲述了他们在巴黎的所见所闻。还有一些人提出了不同的解决方法。法卢代表公共援助委员会提出了一项旨在解决国家工厂问题的议案，赢得了热烈的掌声。时间都浪费在了毫无意义的对话和演讲上。没有任何事情是十分确定的，议员们一直坚持要求执行委员会成员出席会议，告诉他们巴黎所面临的现状，但执行委员会的成员没有露面。

当政府陷入困境的时候，没有什么比看到议会处于危急时刻更令人同情的事情了。议会就像一个充满意志和激情的人，但他无能为力，因为身体的残疾只能使他颤颤巍巍地走动。

直到会议的最后，两名执行委员会的成员才出现。他们告诉大家局势处于危险之中，尽管如此，他们仍希望能够在天黑之前镇压那些暴乱分子。议会决定会议照常进行，一直到深夜才休会。

当会议重新召开的时候，我们得知拉马丁在试图穿过所有的路障时遭到了枪击。我们的两位同事——比西奥和多赫尼在向暴乱分子发表演说的时候受了严重的伤。贝多在进入圣贾克近郊的时候遭到枪击，子弹打穿了他的大腿。很多享有特殊荣誉的大臣被杀害或者受了很严重的伤。我们中的一员——维克多·康斯德雷提议我们应该向那些工人作出让步。

国民议会虽说已是闹哄哄、动荡不安，但并不懦弱。“秩序！秩序！”四面八方传来愤怒的喊叫声，“这应该是在胜利之后讨论的事情。”那天晚上，剩下的时间都浪费在了含糊其辞的讲话和等待之中。

大概午夜的时候，卡芬雅克出现了。自那天下午开始，执行委员会就将所有的军事权力掌握在了自己手中。卡芬雅克声音嘶哑，语气生硬，他言简意赅地讲述了这天发生的主要事情。他说他已经下令让所有的部队都沿着铁路行军，然后在巴黎会合，另外郊区国民警卫队的所有人都被召集起来。他告诉我们那些暴动者已经被迫退回到路障以外，他希望能够在最短的时间内控制这座城市。后来，议会成员都已精疲力竭，只留下空荡荡的议会厅，一直到第二天早上八点才继续开始。

当我离开那个混乱的地方时已经是午夜一点了，我站在皇家大桥上，看到处于黑暗之中的巴黎，整个城市在沉睡，如此的安静，我尽量说服自己从今天早上开始，我所有的所见所闻都是真实存在的，而不是我脑海中的幻想，但这并不是件容易的事情。

我经过的街道和广场空无一人，没有呐喊声，没有任何声响，就像勤劳的人们经过一天的辛苦劳动后疲惫不堪，这时正在休息，以便第二天能够更好地投入工作。这夜晚的宁静征服了我，我说服自己我们已经胜利了，回到家后我就直接睡觉了。

第二天早上我早早就起来了。但太阳已经出来了，因为当时我们处于一年中白昼最长的时候。当我睁开眼的时候，我听到了刺耳的金属声，这声音震动了玻璃窗，瞬间打破了巴黎的宁静。

“这是什么声音？”我问道。

我妻子说：“这是大炮的声音，我一个小时之前就听到了，但那时我并没有吵醒你，因为我知道今天你需要勇气。”

我急匆匆地穿上衣服就出门了。召集军队的鼓声从四面八方传来。

大战终于要拉开帷幕了。国民警卫队的士兵离开家，全副武装。我见到的所有士兵都精力充沛，斗志昂扬，在听到大炮的声音时，勇敢的士兵走上了街头，而那些懦弱的士兵则躲在家里。但他们心情都很糟糕，因为他们认

卡芬雅克是法国将军，在 1848 年革命中，他被选入法国的立法议会

为执行委员会对他们的指挥是错误的，同时也背叛了他们，于是他们对执行委员会进行了激烈的诅咒。对武装部队来说，这种对领导极度的不信任在我看来是令人担忧的征兆。

我继续向前走。在圣奥雷诺大街的入口处，我看到了一群工人，他们因为炮声而惶恐不安。他们都穿着宽松的上衣，众所周知，他们在参加战斗的时候也会穿着平日里的工作制服。然而，他们手中并没有武器，但通过他们的表情就可以知道他们已经整装待发，随时可以投入到战争中去。他们难掩心中的喜悦。他们觉察到炮声越来越逼近，这让他们明白暴乱已经取得突破性胜利。

我曾经预言过，整个工人阶级都会投入这场战争，不管是在行动上还是在精神上。发生的这一切证明了我的预言是正确的。起义的精神在这个广大阶级的每一个人身上扩散，就像血液在身体里流动一样。同时起义精神也扩散到了那些没有斗争的街区以及那些被当作战场的街区，甚至渗透到我们的家里，在我们周围，这种精神随处可见。

我们认为自己是主人的地方也已经被内部的敌人所占据。内战的氛围笼罩了整个巴黎，在这种情况下，不论我们向哪一方屈服，我们都必须勇敢地活着。关于这一点，我要违背之前给自己定的一条规矩：绝不转述别人的话，只写我自己的感受。在这儿我将要叙述几天之后我在同事布朗基那儿得到的一些消息。尽管都是些微不足道的事情，但都是典型的事情，符合当时的局势。

布朗基把一个穷人家的儿子从乡下带回来，让他在自己家里面当仆人，这家人的悲惨遭遇让布朗基深表同情。暴动刚发生的那天晚上，吃完晚饭后那个小伙子正在收拾桌子，他对布朗基说："下个星期天（这天是星期四）我们就可以吃鸡翅膀了。"在房间里干活的小姑娘回答道："那我也可以穿漂亮的真丝裙子了。"还有什么比他们幼稚的想法更能反映出民众当时的想法吗？布朗基满足了他们心中的愿望，他装作没有听到这两个毛孩子的对话，因为他们着实让他感到恐惧。没等到起义结束，他就把这两个野心勃勃的仆人分别送回到了他们贫穷的家中。

最后，我回到了议院。代表们围成一团，尽管原定开会的时间还没有到。大炮的声音引起了他们的注意。议院比街上更富有战争气息——部队在议院周围安营扎寨，士兵手中的枪炮都瞄准了通往议院的每个出口。

我发现议会成员们态度都十分坚决，但心情十分局促不安，必须承认的一点是，他们之所以充满不安是有足够的理由的。尽管得到的传闻自相矛盾，但人们可以轻易断定，此刻人们正面临巴黎有史以来波及范围最广、武器装备最精良、最激烈的一场叛乱。

国家工厂和很多革命团体刚刚被解散，但他们为这次革命提供了许多训练有素的士兵和指挥官。这场起义的规模在不断扩大，而当大家回想起60年以来各种大大小小的起义以胜利而告终的规律时，人们就更加坚定了这场起义也会以胜利告终的信心。要战胜所有的敌人，我方只有资产阶级军队，在二月份已经解除武器的兵团，两万从未受过正规训练的法国卫兵，而且这些人都是父子、兄弟或者亲戚关系，他们的意图十分值得怀疑。

不过，令我们最担心的还是我们的领导。我们对执行委员会的成员表现出极大的不信任。在召开的国民议会中，我观察到就这一问题国民警卫队也持有相同的观点。我们怀疑执行委员会中有些人是否有坚定的信念，也怀疑另一些人是否有能力。执行委员会的人数太多，而且他们之间有很大的分歧，以至于不能达成一致意见。就目前形势来看，即使他们的想法能达成一致，但他们也是纸上谈兵的人，没有能力去指挥一场战争。

尽管如此，最终我们还是取得了胜利，战胜了这场可怕的起义，而且恰恰是这场可怕的起义拯救了我们。这非常适合孔代亲王在宗教战争时说过的一句著名的话："如果我们不是离灾难如此之近，我们就会遭到毁灭。"

上文中提到的“孔代亲王”是指路易一世·德·波旁（1530年6月7日—1569年3月13日），法国军人和政治家，孔代家族的始祖。路易一世是法国波旁王朝的创建者亨利四世的叔叔。从血缘上看，他属于波旁家族的旁支，因此他的后代都被波旁王朝封为亲王。图为路易一世·德·波旁

如果这场起义没有这么激进，也没有这么残酷，也许大多数中产阶级会待在家里而不会投入到战争中来。巴黎以外的法国人民也不会来帮助我们，国民议会也许会屈服，至少一小部分代表会建议屈服，那么整体的力量会大打折扣。但这场起义的发生是毫无征兆的，以至于没有留给我们任何商量的余地，我们别无选择，必须奋起反抗，否则就会被打败。

同样的原因也阻止了任何一个值得公众信任的人自告奋勇地领导这场起义。通常情况下，那些最终取得成功的起义在一开始都没有统一的领导。这场起义自始至终都没有领导阶级。每个阶级都参与其中，而且从未超越这个局限。

即使是山岳派人也没有勇气公开说明他们支持这场起义。他们中倒是有些反对的呼声。他们也不希望通过其他的方式达到他们的目的。而且，他们担心工人阶级的胜利最终会给他们带来致命的毁灭。他们贪婪、盲目、庸俗的激情不仅诱导他们拿起武器参加革命，而且令他们感到恐慌。因为这种激情对于那些对其产生共鸣，却并没有完全陷入其中而无法自拔的人，还有那些对其进行指责和反对的人来说是危险的。那些肯出头担当起义领导的人在5月15日过早地被当成傻子，他们只是透过樊尚地牢的墙壁听到了暴力冲突的声音。

尽管我将精力投入到公共事务中，但我仍旧为我的侄子们带给我的困扰而感到痛苦不堪。他们已经被送回到小神学院，我害怕这场起义离他们太近，尽管现在还并没有到达他们所居住的地方。由于他们的父母都没有在巴黎，我打算把他们从小神学院接过来，于是我再次走上波旁宫与圣母院之间的长街。我看到由暴动者孤注一掷地在晚上修建的路障，但这些路障好像在白天先是被他们丢弃后又被他们重新占用的。

所有的地方都回荡着可怕的音乐，音乐声中混杂着鼓声和喇叭声。这些声音非常粗糙、刺耳，之前我从未听过。

事实上，我是第一次听到这样的声音，也是最后一次。对于集合的信号，之前作出过规定：除了在紧急情况下召集所有人在第一时间全副武装准备战斗外，其他情况都不准使用。

随处可见从家里出来的国民警卫队士兵，穿着宽松上衣的工人，听着集合号和大炮声，他们表情凝重。虽然战争还没有蔓延到我们所处的地方，但已经到圣母院大街了。我带着我的侄子们回到了议院。

当我慢慢接近议院，走到重兵把守的队伍中间时，一个老太太推着装满蔬菜的手推车，十分固执地挡住了我的去路。最后，我只能简单粗暴地强行让她让路。她非但没有让路，反而突然丢开了手推车愤怒地扑向我，我根本没有反应的时间去保护我自己。

看到她脸上可怕的表情，我感到十分惊恐，她的脸上充满了蛊惑人心的激情和对于内战的愤怒狂热。

我之所以提到这件小事，是因为我有充分的理由相信我从她脸上看到了重要的征兆。

在这个局势紧张的关键时期，即使那些和政治没有任何关系的举动也会表现出愤怒、混乱和奇怪的特征，准确无误地反映出当时普通大众的心理，这些都逃不过细心人的眼睛。

民众的亢奋形成了一种热情洋溢的氛围，在这种氛围中，所有私人的激情都被点燃，开始沸腾。

我发现国民议会的代表们已经被数以千计的不好的消息所激怒。暴动在各个地方不断发展壮大。暴动的指挥中枢，或者说它的主干就在市政府后面，就像伸展开的双臂，不断伸展，一直延伸到郊区，很快就会威胁到我们的安危。

大炮明显在向我们逼近。真实的消息中间混杂着数千条虚假的谣言。一些人说我们的部队缺少弹药，另一些人说相当一部分士兵已经缴枪投降了。

梯也尔先生叫巴罗、迪福尔、雷慕沙、兰瑞奈斯跟着他到一个包间里。在那儿他说道：“我对起义有一定的了解，我告诉你们这是我见过的最糟糕的一次。那些暴乱分子可能会在一个小时之内到这儿，我们所有人都将会被杀害。我们应该达成一致并向议会建议，在我们认为有必要的时候或是在局势不可挽回之前派兵驻守在这里，这样我们就可以在军队的保护下顺利地离开巴黎，把共和国搬到一个我们能够召集军队和国民警卫队来援助我们的地方。”

他说这些话的时候语气急切，表现出极大的热情，或许这种情绪在面对大的灾难时才显得合情合理。我断定对二月革命的记忆仍旧萦绕在他的思想中。迪福尔并没有那么丰富的想象力，再说，他从不会下定决心准备和他毫不关心的人结成联盟，即便是为了保护他自己。他漠不关心，甚至有些讽刺地说：“现在还没有到讨论这件事情的地步。我们可以之后再讨论这件事情，况且我们目前的状况看起来并没有糟糕到迫使我们采取如此极端的方法。如果采用这个方法，只会削弱我们自己的力量。”他说的话无疑是正确的，并且终止了他们之间的谈话。

我立刻给我妻子写了几句话，告诉她危险随时都在扩大，巴黎可能会完全落入暴动者的手中，鉴于这种情况，为了在其他地方继续进行内战，我们不得不离开巴黎。我叫她赶紧坐火车去圣日耳曼，暴动还没有波及那里，让她在那儿等着我的消息。

我让我的侄子们把信送给我妻子，然后我又回到议会。议会成员正在讨论宣布巴黎进入全城戒严状态的一项法令；废除执行委员会的权力，该权力将由卡芬雅克将军的军事独裁所取代。

国民议会非常清楚这项法令的通过满足了它的愿望。这件事情很容易办到，并且这件事情很紧迫，但还未实施。每一件小事情，无关紧要的行动都会打断会议的照常进行，吸引大家的注意力。因为议会成员似乎很容易受它们无法摆脱的梦魇般的影响，这种未知的无形的力量似乎总在最后时刻干扰人们的意志和行动，阻止人们相互影响。

有谁会想到是巴斯蒂德最后使议会成员下定决心的？是的，确实是他。我之前听他说过，他绝对不会在一次演讲中记住超过十五个字，事实确实是这样。

然而，有时，我观察到在当前的情况下，那些不知道该说什么的人比那些有经验的演说家更加能给人留下深刻的印象。他们只提出一个简单的想法，就是针对当前局势的看法，用一句话言简意赅地概括，而且会在讲台上告诉人们，就像用大字写出的题词一样。这个想法很好理解，每个人都会理解它的意思。

巴斯蒂德站到讲台上，我看到了他长长的脸，带着几分诚实和忧郁，他略带悲伤地向大家说道："公民们，在这儿我以国家的名义，恳求你们尽快投票。有人告诉我们市政府将会在一小时之内被占领。"

他以这些只言片语结束了辩论。眨眼的工夫，这项法令就投票通过了。

我反对宣布巴黎进入全城戒备的状态，我这样做只是出于本能，而不是经过思考之后所作出的决定。我蔑视军事独裁，并对此有一种天生的恐惧。

因此，当我听到要宣布进入全城戒备状态时，我的内心情不自禁地涌动着不安的情绪，甚至超过了我们的危险带给我的恐慌。在这件事情上，我犯了一个错误，但很庆幸的是，几乎没有人模仿我。

执行委员会的成员声称他们的敌人和卡芬雅克将军散布了一些不吉利的谣言，以此来促成投票，他们的言辞十分尖酸刻薄。如果执行委员会的敌人和卡芬雅克将军真的将这种把戏诉诸实践的话，我会原谅他们的，因为他们的做法对于拯救国家来说是必不可少的。

在采取我前面提到的那项法令之前，大会一致通过了另外一项法令，这项法令宣布那些在战争中牺牲的士兵的家属将可以从财政部领取一笔抚恤金，他们的孩子也将由共和国抚养长大。

大会决定由各委员会共同委派60名议会成员前往巴黎的各个地方，告知国民警卫队士兵刚刚由议会颁布的各项法令，重新树立他们的信心，因为之前他们总是犹豫不决，士气低落。

我所在的委员会并没有立即开始推选委员代表，而是开始了一场无休止的讨论，讨论刚才通过的法令是多么的无用和危险。如此一来就浪费了很多时间。

之后，我的一句话结束了这场荒唐可笑的闲聊。我说："先生们，议会做这个决定也许是错的，不过请允许我说，既然议会已经通过了这项法令，那么也许收回这个决定是件丢脸的事情，但我们拒绝执行这项法令也是件耻辱的事情。"

我所在的委员会的委员立即当场投票。我毫无疑义地被选为委员，正如我之前预料的一样。科尔默南、克雷米厄和古德霍克斯成为我的同伴。

当时，古德霍克斯并不为人所熟知，却是他们三个人当中最特别的一个。他既是激进分子又是银行家，一个很罕见的结合。由于受他所从事的工作的影响，他的头脑中常常不但会有一些合理的想法，也会有一些疯狂的理论，但最终会通过他的方式解决问题。

我觉得没有人比他更加自负、易怒、爱争论、难以取悦、容易激动。他谈及财政预算问题的时候总是情不自禁地流泪。不过，他是最勇猛的人，这一点是难能可贵的。

由于我们委员会进行了这场激烈的讨论，所以其他代表已经离开了，本应该陪同我们的向导和安保人员也和他们一起走了。虽然如此，但我们最后还是带上围巾出发了。我们走在巴黎街头，沿着塞纳河右岸走着，我们感觉自己正处在危险之中。

那时候，起义一直在进行，我们可以看见艺术桥和杜邦新桥之间的大炮和交战场景。

国民警卫队的士兵从堤坝上面看到了我们，并看出我们的神情中流露出不安和焦虑。他们非常恭敬地摘下了帽子，极度悲伤地小声说道：“国民议会万岁！”他们在看到国王的时候都不会有如此发自内心的欢呼声，并且显示出了他们真实的同情。当我们绕过那些门，走到卡路斯街时，我看到科尔默南和克雷米厄正在朝杜伊勒里宫方向前进，我听到他们其中一个人，我忘了具体是谁，说道：“我们能去哪儿？有没有想到我们应该做些什么？难道走遍杜伊勒里花园不是我们最好的选择吗？有一些军团的后援部队驻扎在那里，我们可以过去告诉他们议会通过的法令。”

早期的杜伊勒里花园

另一人则回答道："当然可以呀！我甚至认为我们能够比其他人更好地执行议会所下达的指令，因为我们还能够对那些已经投入战争的士兵说些什么呢？我们应该说服那些后援部队让他们投入战争。"

我一直认为仔细观察聪明的人处于恐惧状态下所作出的无意识的举动是一件相当有意思的事情。愚蠢的人会赤裸裸地表现出他们的胆小怯懦，而聪明的人总会非常巧妙地掩盖他们的怯懦，精心地编织着细小的、似是而非的谎言，仔细思考分析这些聪明人精心编织的谎言是一件快乐的事情。

大家知道，我并没有心情去杜伊勒里花园闲逛。我因为心情不太好就离开了，但对于已经做错的事情悔恨是没有用的。我给古德霍克斯指了我们同伴走的路。

他生气地说道："我知道，我不会和他们一起走，即使没有他们，我也会将议会通过的法令公之于众。"

我们走了与大部队相反的方向。科尔默南和克雷米厄很快加入到我们当中，他们对自己的行为感到羞愧。当我们到达圣奥雷诺大街的时候，我们所看到的景象是六月起义中令我印象最深刻的。

这条平日里喧闹嘈杂、人声鼎沸的大街此时此刻却空无一人，比冬天早上4点钟的时候还要安静。在我们视线范围内，我们看不到一个人，所有商店的大门、窗户都关得严严实实，密不透风。我们什么都看不见，也听不到车轮声、马蹄声、人来人往的脚步声，只有大炮的声音，一直回荡在这座空荡荡的城市里。但街边的房间里并不是没有人，当我们走过这些房子的时候，我们看到妇女和孩子们的脸紧紧地贴在窗户上，惊恐地看着我们。

最后，当我们快要到达巴黎皇家宫殿的时候，我们看到了一大批国民警卫队的士兵，我们开始完成我们的使命。当克雷米厄意识到这只是动动嘴皮子的事情时，他所有的热情都被点燃了。他告诉士兵们国民议会中所发生的事情，滔滔不绝地向士兵们发表了一场精彩的演讲，士兵们对此报以热烈的掌声。

在那儿我看到了本应该陪同我们的安保人员，并从他们身边走过。我们在这一地区的小街道逗留了很长一段时间。到达朗比托街的时候，我们在一个很大的路障前停了下来，这个路障被暴动者占领，挡住了我们的去路。

我们只能原路返回，又一次穿过那些街道，街上到处都是最近战争留下的鲜血：双方时不时地还在交火。因为这是一场伏击战，所以它的战场并不固定，随时随地都在变化。在人们最意想不到的时候，可能会有子弹从顶楼窗的位置打过来，或是在有人破门而入的时候，可能只发现枪却不见人——他很可能在前门遭到攻击的时候早已经从后门逃走了。因为这个原因，人们接到国民警卫队命令，所有的百叶窗都必须打开，国民警卫队的士兵看到有人在窗口的时候会马上射击。他们严格遵守这项指令，以至于差一点儿开枪打死了那些因为好奇我们的围巾而探出头来的人。

在这段两三小时的路程中，我们发表了至少三十场演讲，演讲者主要是克雷米厄和我，古德霍克斯只是讲一些关于金融的问题，至于科尔默南，他总是一声不吭。说实话，那天几乎所有的重担都落在了克雷米厄身上。我不能说我对他充满了崇拜，而是充满了惊奇。让维耶说起克雷米厄的时候，曾形容他是“一只雄辩的虱子”。让维耶要是能看到那天的克雷米厄就好了。那天的克雷米厄疲惫不堪，衣衫不整，浑身都是汗水和灰尘，他弱小的身躯被一条长长的围巾包裹着，围巾在身上绕了几圈，但他总是能不断地蹦出一些新奇的想法、词汇和短语。他一会儿把刚刚用语言表达过的话语再用肢体语言表达一遍，一会儿又会把刚刚用肢体语言表达过的意思再用语言表达一遍，然而他说出来的话总是雄辩有力，充满激情！我敢肯定没有任何人见过如此场景，并且我怀疑人们是否能够想象出一个比他更难看但更富有说服力的人。

我观察到，当听说巴黎进入全城戒备状态时，国民警卫队的士兵们表现出喜悦，之后当他们又听说执行委员会已经被推翻时，他们开始欢呼呐喊。他们从来没有因为摆脱他们的自由和政府而感到如此欢呼雀跃。拉马丁的名望在不到两个月的时间内毁于一旦。

当我们结束讲话时，士兵们围住了我们，他们问我们是否肯定执行委员会不再运行了，我们让他们看了那条法令，他们这才心满意足。

特别值得注意的是他们坚定的态度。我们原本是来鼓励他们的，现在反倒是他们在鼓励我们。他们大喊道："你们要在国民议会中坚持下去，我们会在这里继续坚持下去，加油！我们不会向那些暴动者妥协！我们最终会终结这场暴动，我们所有的愿望最终都会实现。"我之前从来没有见过国民警卫队的队员有如此的坚决，而且我认为以后我们不会再次看到这样的决心了，因为这种决心和勇气是被绝望所激起的，并且在这种我们几乎不可能再一次遇到的情况下不断增强。

那天的巴黎让我想起了古代的城市，公民们像英雄一样捍卫着自己的家园，因为他们十分清楚一旦城市被占领，他们就可能沦为奴隶。当我们再次回到议院的时候，古德霍克斯离开了我们。临走时他咬紧牙关，用一半是加斯科涅人、一半是阿尔萨斯人的口音说道："现在我们的使命已经完成，我想离开这里，投身到战争中。"他说话时尚武的样子与他温和平静的外表极其不相称，看到他的样子我就忍不住想笑。

事实上，第二天我听说他确实奔赴前线参加战斗去了，在战争中即使他的小腹被刺穿两三处，他的意志仍旧十分顽强。在我回来之后，我更加坚定了我们最终会取得胜利的信心。我在议院附近的所见所闻更加坚定了我的信念。

成千上万的人从法国其他地方赶来援助我们，他们是从那些还没有被暴动者控制的道路来到巴黎的。多亏有铁路，有些人是从50里格以外的地方赶

阿尔萨斯是法国东部一个地区的名称，它被莱茵河分为南北两个部分：北部的下莱茵省和南部的上莱茵省。图为身穿传统服饰的阿尔萨斯妇女

过来的，尽管战争在晚上才刚刚开始。在第二天以及接下来的日子里，陆续有人从100里格，甚至200里格的地方赶到巴黎。这些人来自不同的阶级，他们中有农民、老板、地主以及贵族，大家都为了这场起义不分阶级地站到了同一行列里。他们的武器既不正规也不充足，但他们怀着无与伦比的热情涌向巴黎。就这场起义本身来说，在我们的革命历史上从没有见过如此不可思议和史无前例的壮观场面。

显而易见，从那时候开始，我们取得胜利就指日可待了，因为暴乱分子的队伍并没有巩固，而全法国的人民都成为了我们的后援力量。

在协和广场，我看到了我的亲戚勒佩勒·捷奥内——他曾经是七月王朝统治末期下议院的副议长，他被他所在行政区的居民团团围住，这些居民身上都带有武器，他既没有穿制服也没有配枪，只有装在衣服旁边一个小小的子弹袋里的一把银质刀把的剑。

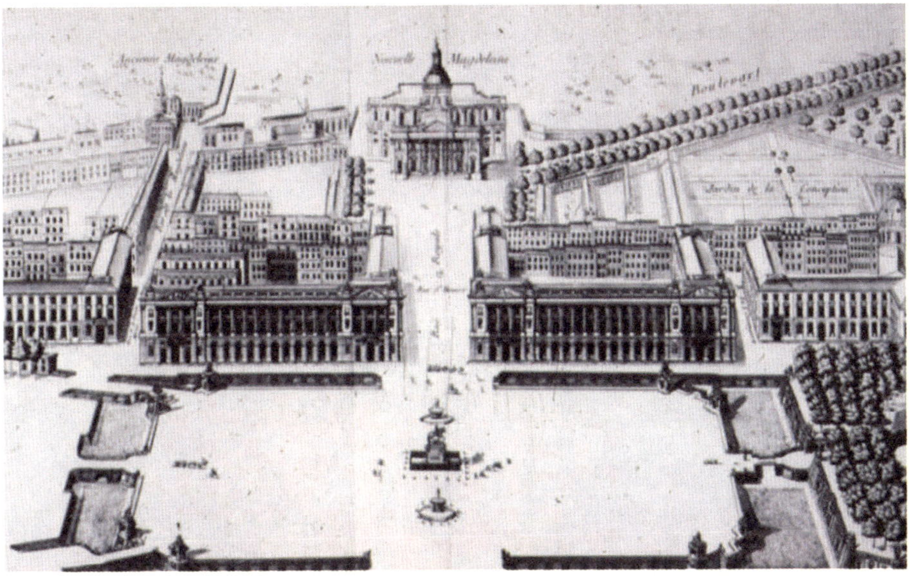

图为早期的协和广场

我问他："难道你今晚不来我家吃饭吗？"

他回答道："不了，不了。如果起义成功的话，那些和我并肩战斗的人一定会比我失去更多的东西，他们如果看到我就这样离开他们，会说些什么呢？不，我要在他们的营地中和他们一起吃饭一起睡觉。我唯一拜托你的事情就是，如果可能的话，请帮我们催促一下原本答应供应给我们的面包，我们从早上开始就已经没有余粮了。"

我回到了议院，大概在三个小时的时间里我再没有走出过议院。在那天剩下的时间里，议员们都在讲述着自己在战争中的所见所闻。每时每刻都会有事情发生，都会传来各种新闻。有消息说来自一个省的志愿者已经抵达，也有消息说有些俘虏被带来了，还有消息说插在路障上的旗帜被带回来了。议院不断传来人们的英勇事迹，讲述这些英勇事迹的话被不断地重复着。每个时刻我们都会听到有人负伤或是英勇牺牲的消息。至于那天的最后结果，没有发生什么特殊的事情能让我们对那天战争的最后结果作出判断。

议长隔很长时间会召开一次会议，但每次开会的时间都很短。议长的这种做法是正确的，因为议员就像小孩子一样，他们的懒散总是会让他们说出一些蠢话或者做出一些傻事。每次议会重新召开的时候，议长肯定会告诉我们在休会期间发生的事情。我们都知道议长叫塞纳，他不但是鲁昂著名的律师，而且是个有勇气的人。但他年轻的时候，他在法庭上富有戏剧性的表现力中形成了根深蒂固的习惯，以至于他在看到一件事情的时候已经不能向我们传达他真实的感受。似乎他在讲述一件事情的时候总会加入一些虚夸的元素或是表现自己的勇气。我认为他在表达自己真实的感受时，总是语调低沉，声音颤抖，有时还会打嗝，他总让人联想起在舞台上表演的演员。我没有见过庄重严肃和滑稽可笑离得如此之近——事情是如此的庄重严肃，而讲述它的人却是如此的滑稽可笑。

我们的会议一直持续到了深夜。之后，我们才散会稍作休息。当时战斗已经结束了，但第二天它又会继续开始。起义尽管在各个地方都受到抑制，但还是无处不在。

第十五章　六月起义（下）

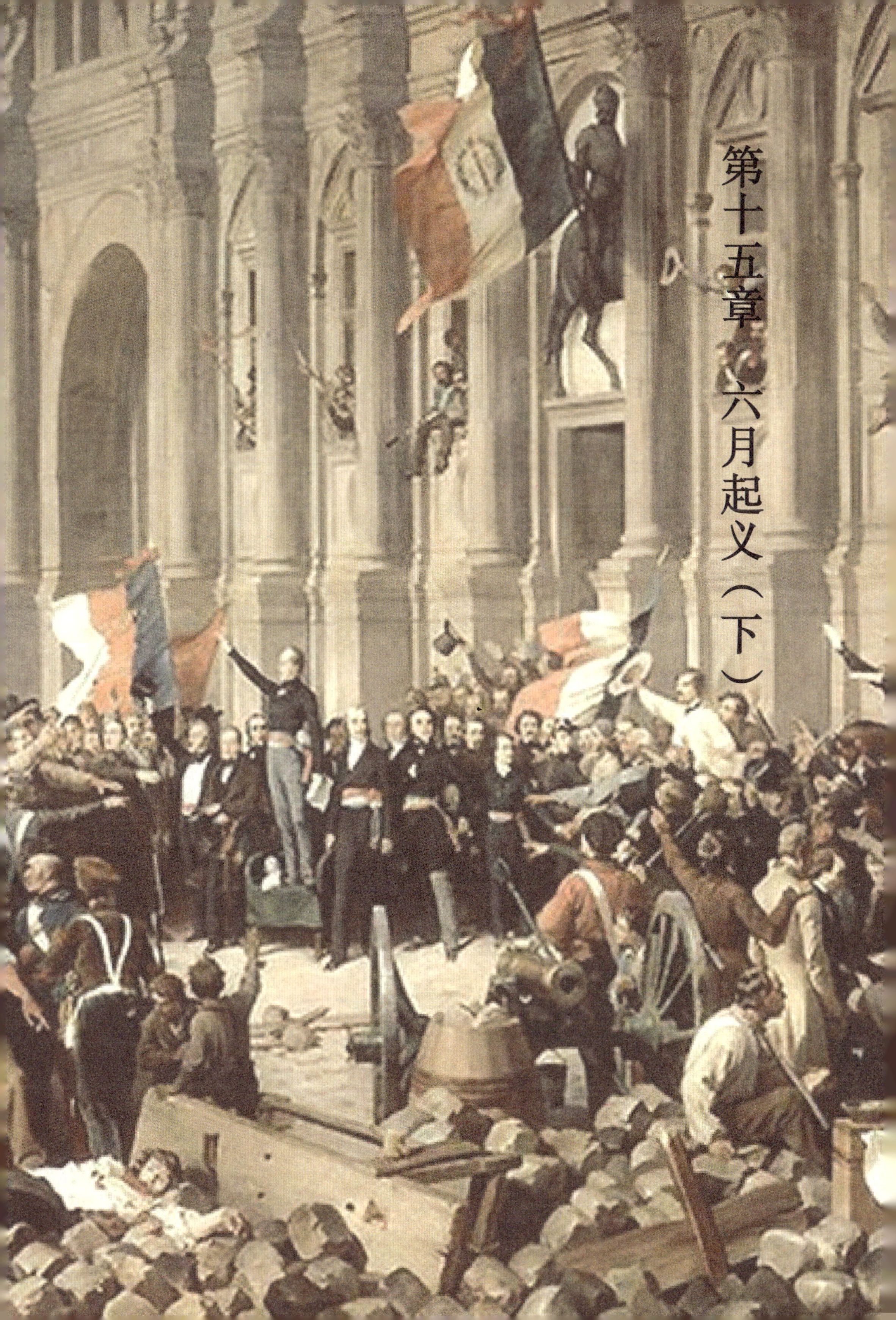

我们住在玛德琳大街的时候，那儿的看门人是我们的邻居，他以前是个军人，嗜酒如命，有时候会神志不清，完全是个废物。他把所有的时间都浪费在了酒馆里，还总是打老婆。这个人可以说是天生的社会党人，更确切地说，他有社会党人的气质。

我发表演说的那天早上他跑遍了所有的酒馆，发表了一些恶作剧式的言论。他扬言说，如果我晚上回家的话，一旦我走进家门他一定会杀了我。他甚至向大家展示了他打算用的刀。

一个可怜的女人听到了他所说的话，充满惊恐地赶忙去告诉托克维尔夫人。托克维尔夫人在离开巴黎之前给了我一张字条，告诉我所发生的事情，她叫我那天晚上别回家，去我父亲家。

我决定就照她说的办，但当我午夜离开议院的时候，我已经没有精力按照我的意图去做了，因为我早已经筋疲力尽了，我不知道我是否能在外面找到一个可以睡觉的地方。况且，我并不相信之前提到的凶杀计划会真的发生。受那些持久的骚乱的影响，我现在感觉无精打采。因此，我只带了一把枪就回家了，在那些不如意的日子，随身带枪并没有什么稀奇。

我上前去敲门，是我仆人开的门，当我进去的时候他小心翼翼地关上了门。我问他是否所有的房客都回来了，他冷冰冰地回答道：“所有的人早上都离开了巴黎，房间里只有我们两个人。”我认为我们俩应该进行另一种形式的私下谈话，但说这些已经太迟了。于是我死死地盯着他，叫他走在我前面照亮。

在通往院子的门那儿他停了下来，告诉我他听到马厩里有奇怪的声音，他请求我和他一起去看看究竟发生了什么。他一边说一边朝马厩的方向走去。所有的一切开始变得非常可疑，但我认为既然事情已经到了现在的地步，还是继续走比较好。

于是，我跟在他后面继续向前走，仔细观察他的一举一动，一旦觉察到他有背叛我的意思，我就会像宰狗一样地杀了他。事实上，我们确实听到了奇怪的声音。这声音听起来既像水流的声音，又像马车的隆隆声，尽管这声音很显然是从离我们很近的地方传来的，但是我一直不知道这到底是什么声音。不过，很显然，我并没有花费太多的时间在这件事情上。

很快，我回到了房间里，我叫他带我去我住的房间，在这期间我一直盯着他的一举一动。我叫他帮我把门打开，他也照做了，我从他的手中接过蜡烛，之后我进了房间。

一直到我快要消失在他的视线范围内的时候，他才摘下帽子向我鞠躬。这个家伙是否真的想杀了我？也许他看我一直监视着他，双手一直插在口袋里，他认为我的武器装备比他的好，他还是放弃他之前杀我的计划比较好？那时我相信他有如此可怕的念头，如今我依旧这么认为。

在革命时期，人们总是会自吹自擂，说自己会将想象的犯罪付诸实践，就像在和平时期人们会把所有好的意图也付诸实践一样。我一直认为一旦战争局势开始变得对我们不利，这个卑鄙的仆人一定会变得非常危险。相反，局势的发展对我们比较有利，尽管最后的结果现在还说不准，不过至少现在可以保证我的安全。

天刚刚亮的时候，我就听到有人在我的房间里，我一下子被惊醒了。这人是我的另一个仆人，他偷偷藏了一把房间的钥匙，自己用钥匙打开了门。

这个勇敢的家伙刚刚从营地回来（在他的要求下，我给了他一套国民警卫队的制服和一把好枪）。他回来的目的是看看我是否已经回家，是否需要他做些什么。

他肯定不是社会主义者，不管是在思想上还是在特质上。他甚至没有受到那个时代最常见的弊病的影响——那时候人们总是心神不定。即使是在其他时期，也很难找到像他这样一个人——他总是对自己的处境非常满意，也不会因为外界的影响而不开心。

他不但对自己很满意，对别人也是相当的满意。他通常只对自己能力所及范围内的东西有欲求，通常他得到的或者是想得到的东西都是他应该得到的。

如此一来，他在不经意间就按照哲学家所教导的，而他们却从不遵守的戒律，享受着上天赐予我们的礼物，那就是能力和欲望之间的平衡，只有这种平衡会带给我们哲学家所承诺给我们的快乐。

当我看到他的时候，我问他："嘿，欧仁，事情进展得怎么样了？"

"先生，事情发展得很好，相当顺利！"

"你说很好是什么意思？但我依旧能够听到大炮的声音！"

他回答道："是的，还在打仗，不过我们所有的人都说我们会取得最后的胜利。"

他后来说："先生，如果你没有什么事儿了，我是否可以得到你的允许，回去继续参加战斗？"

在这四天四夜里，他一直干着双重的工作，一边参加战争，一边继续当我的仆人，就像我记录的一样。在这段充满骚乱和仇恨的日子里，每当我看见欧仁平静且满足的表情时，我都会有一种恬适的感觉。

在我动身前往议院之前，我觉得没有什么重要的事情可做，于是决定去看看那些还在打仗的地方，瞧瞧那些依旧能听到大炮声的地方。

我并不是想和古德霍克斯一样到前线去打仗，我只是想去弄清楚事态的发展状况。因为我对打仗可以说是一窍不通，我不理解到底是什么使这场战争持续了这么长时间。

另外，我必须承认，一种强烈的好奇心在我的内心里开始萌生，时不时地会压倒我其他的情感。我走过很多林荫大道，并没有看到任何战争留下的迹象，但一穿过圣马丁门我就看到了战争过后的血腥场面。一些人磕磕绊绊地走在暴动者撤退后的废墟上。随处可见破碎的玻璃、被砸坏的门、被子弹和大炮打穿的门、被砍倒的树、被堆积起来的铺路石和混合着鲜血和泥土的稻草——这就是战后留下的惨状。

接着，我来到了水塔，这里聚集着大批来自不同地方的部队。在水塔的下面有门大炮，正瞄准山逊街的方向。

一开始，我以为暴动者会从他们的位置向我们开炮，以此来回应我们，最后我才发现我错了。我听到的是我们自己发射大炮后所产生的回音，我之前从没听到过类似这样的声音。此时的人们可能会以为自己身处战争之中。事实上，暴动者只是朝我们开了枪，虽然并不频繁，但都是致命的。这真是一场奇怪的战斗。

我们大家都知道，山逊街其实并不长，在它的尽头是圣马丁运河，在运河的对面是一座面朝大街的房子。

街上荒无人烟。视线范围内也并没有路障，但有敌人在射击。时不时从窗户飘出的阵阵浓烟，暗示我们有敌人隐蔽在那里。我们的神枪手都沿着墙壁排列开来，瞄准那些有子弹射出的窗户。兰瑞奈斯骑在高头大马上以便能

圣马丁运河位于巴黎，长 4.5 公里，连接乌尔克运河与塞纳河，巴士底站与共和国站之间的河段位于地下。图为 1862 年的圣马丁运河

够把敌人尽收眼底，他在枪林弹雨中发号施令。在这个节骨眼上，他比我想象中的将军更加活跃和话多。他在用嘶哑的声音叫喊着，愤怒地做着各种手势。尽管他表现得很错乱，没有清楚地表达出他的意思，但我还是能够清楚地了解他的思想和表达，不过，他下达命令的方式可能会让其他人摸不着头脑。我必须承认，如果他安静一些的话，我会更加崇拜他。

在这场战争中，我们的人看不到任何敌人，似乎他们开火的对象是墙壁，这让我感到十分奇怪。我从未想象到有如此场景的战争。水塔另一边的林荫大道是畅通无阻、毫无危险的，我不明白为什么我们的队伍不继续向前行进。如果我们想要占领那所大房子，为什么不快点儿去攻占，而是让大家长时间暴露在如此危险的环境下，从那儿射出的子弹带给我们的伤害都是致命的。不过，要解释其原因是再容易不过的了：我原以为水塔那边的林荫大道是畅通无阻、没什么危险的，可实际上并不畅通。

在这条路的一个转弯处，矗立着很多路障，一直通到巴士底狱。在攻占这些路障之前，我们要占领之前已经攻打下来的大街，特别是要占领这条路对面的房屋，这座房子可以居高临下俯瞰整条大街。

最终，我们并没有攻克这座房屋，因为圣马丁运河将我们与它分开了，而且我们从街上看不到运河。

因此，我们只有通过大炮来摧毁它，或者至少让它难以防守。这得花费我们很长的时间才能完成。今天早上在听到战争还在继续的消息时，我感到十分震惊，我问自己，这样下去什么时候才能结束这场战争。因为我在水塔亲眼看到的这一幕同时在巴黎的各个地方以同样的形式上演着。

由于暴动者没有大炮，战场上并没有出现布满弹坑的惨状。一些士兵在我面前倒下了，他们的身体似乎是被看不见的东西刺穿了。还有一些士兵摇摇晃晃地走着，然后也倒下了，起初我只看到他们衣服上的小洞。我亲眼看到这样的事情之后，让我感到震惊的与其说是他们身体上的痛苦，倒不如说是他们精神上的痛苦。看到士兵们的容貌在如此短的时间内发生这么大的变化——他们眼中的光芒消失在死亡的恐惧中，这绝对是一件非常奇怪也非常可怕的事情。

过了一段时间后，我看到兰瑞奈斯的马被枪射中，倒在了地上。从昨天开始这已经是将军的第三匹马被枪击中了。他迅速从马上跳了下来，咆哮着，继续着他对这场暴动的愤怒。

我注意到我们的队伍中最没有战斗激情的就是前线的士兵。他们虚弱无力，似乎还没有从二月革命的阴影中走出来，而且他们不能肯定是否第二天还有人说他们做错了。

最富有活力的无疑是法国的卫兵，之前我还认为他们是靠不住的。如果不是这场战争的话，我还是会坚信我的观点是对的。对他们来说，反对我们比站在我们这边更加容易一些。直到最后，他们很明确地向我们传达的信息是：他们是因为热爱战争才参战的，而不是为了某种原因去参战的。

我们所有的士兵都没什么经验，而且常常会陷入恐慌之中。我曾经对此作出过判断。在离水塔很近的那条街的角落正在建造一座大房子。有些暴乱者无疑早已从院子后面进入其中，他们在这儿已经占据了自己的位置，我们对此并不知情。

他们突然出现在楼顶上，瞄准大街上的队伍进行扫射，大街上的人没有意识到敌人距离他们如此之近。子弹最后射在对面的房屋上，回荡着撞击的声音，给人的感觉是对面也发生了同样的枪击事件，这着实令人感到恐慌。

突然间，我们的队伍出现了有史以来最混乱的场面：炮兵、骑兵和步兵瞬间混成一团，他们朝四面八方发起攻击，毫无意识自己究竟在做什么，他们在混乱中后退了大概六十步。这次被迫撤退的场面相当混乱和激烈，我被人群推到了圣殿市郊路对面的房子边，被骑兵撞倒了，我遭到了严重的挤压，帽子掉到了地上，差一点儿把自己的命也留在了那儿。这绝对是我在六月起义中经历的最危险的事情。这件事情让我觉得在战争中没有什么英雄。最优秀的部队也会发生类似的事情，对此我深信不疑。但没有人提及这件事情，连新闻报道中也没有提及。

如今，兰瑞奈斯备受尊敬。之前他一直没有拔出剑鞘中的剑，现在，他拔出剑，冲向他的士兵，他表现出不可遏制的愤怒，面部已经开始扭曲。他大声命令他们停下来，抓住他们的手，用剑柄上的圆头击打他们。他命令他们掉头往回走，他在队伍前面作表率，命令他们小跑穿过枪林弹雨的圣殿市郊路，为的是攻占那座还在交火的房子。这一切在很短的时间内就完成了，没有遭到敌人的攻击，因为敌人早已消失不见。

战争又回到之前死气沉沉的样子，并且持续了相当长的一段时间，直到敌人的炮火消失殆尽，街道被占领。在转入另一个行动之前，部队作了短暂的休整，兰瑞奈斯回到了他的住处——离圣马丁门很近的酒馆，我终于可以就时局的事情咨询他了。

我问他："你认为这场战争将会持续多久？"

他回答道："为什么这么问？我怎么回答你？这完全取决于我们的敌人，而不是我们。"

接着，他向我展示了一张地图，地图上明确展示出我们已经攻占的和接下来准备占领的街道，还有那些将来仍旧需要占领的街道。他又说道："如果暴动者选择在他们的地盘上进行反击的话，就像他们会抢夺我们手中的地盘一样，这样一来，就会有一场长达一周的战争在等待着我们，那么我们的损失将非常惨重，因为我们失去的远比他们失去的要多得多：最先失去勇气的一方将会被打败。"

之后，我责备他过于轻率，因为我认为这完全没有必要。

他说："你希望我接下来做些什么？告诉卡芬雅克派遣一些有能力且有毅力的将军来支援我，做我的助手，这样我就可以退居幕后做更多的事情。但你总是喜欢什么事情都亲力亲为，将自己暴露在危险中，其实你只需要在无所依靠的时候这样做就行。"

接着，梯也尔先生出现了，他热情地拥抱了兰瑞奈斯先生，他告诉兰瑞奈斯，他是个英雄。看到这个场景，我忍不住笑了，因为他们并不看好对方，但巨大的危险就像美酒一样，让人充满深情。

兰瑞奈斯和梯也尔先生依旧在拥抱，我则回到了议院，因为天色已晚。另外，没有什么比出于好奇而在战争中头部受伤更愚蠢的事情了。

接下来的日子并没有什么特别的事情发生，和之前没什么两样——议会成员依旧焦躁不安，依旧极度狂热，依旧无所作为，依旧态度坚决。志愿者还在源源不断地进入巴黎，每时每刻都会发生悲剧的事情和死亡事件。这些消息使人们感到很悲伤，但同时也使议会富有生气，使议会成员更加团结。那些建议同暴动者进行谈判的议会成员遭到了其他成员愤怒的斥责。

晚上，为了得到那天所发生的事情的具体情况，我打算独自前往市政府。起初这场起义的极端暴力使我感到震惊，如今它持续的时间同样令我感到震惊。

经历了一场持续时间如此之久，结束的时间到现在还不确定的战争，对法国一些地区，特别是像里昂这样的比较大的工业重镇，将会产生怎样的后果，谁都预测不到。

当我沿着费哈拉码头走的时候，我碰到了我家附近的一些国民警卫队成员，他们用担架抬着几个士兵和两个受伤的官员。在与他们交谈的过程中，我发现即使在我们这个文明程度如此之高的世纪，连那些思想最和平的人都会以惊人的速度投入到内战中去，并且在这个充满悲剧色彩的时代，人们能够快速地热爱暴力，蔑视生命。

我上面提到的这些人都是思想和平、头脑沉着冷静的工匠，他们性情温和，生性懒散，这些特点使得他们离那些残酷行为和英雄行为还差得很远。而现在他们脑子里除了屠杀和破坏之外什么都没有。他们抱怨被暴动者攻占的街道不准使用炸弹，不准挖战壕，也不准埋雷，他们下定决心不再宽恕暴动者。

那天早上，一个可怜的家伙在我眼前被枪杀，倒在大街上。他被逮捕的时候手中没有任何武器，只是嘴上和手上好像被什么东西染黑了，我猜测肯定是火药。

我想尽办法让这些狂暴的人平静下来。我向他们保证，第二天我们将会采取更加激烈残酷的手段。

事实上，那天早上兰瑞奈斯告诉我，他会送些弹药过来准备猛抛到路障上。我知道士兵们在期待一大批从杜埃过来的工兵，这些工兵可以打穿墙壁，用爆炸装置对被包围的房屋进行爆破。

我告诉这些国民警卫队的成员不准向俘虏开枪射击，但他们可以当场击毙那些试图通过反抗来保护自己的人。讲完这些后，他们都感到非常满意，我也就离开了，继续往前走。我忍不住开始自我反省，我对自己之前所引用的观点和论据，以及在两天之内我能够如此迅速地熟悉那些无法阻挡的暴力思想，感到很吃惊，这似乎与我的性格根本不符。

当我经过一些小街道的路口，两天前这里还在建筑平整而坚固的路障，我注意到大炮已经将精心建造的路障弄得面目全非，尽管还留有一些痕迹。

我受到了巴黎市长马拉斯特的接待。他告诉我，市政府现在已经没有危险了，但暴动者可能在晚上试图重新占领那些我们已经夺回的街道。我感觉他并不像新闻报道的那样冷静。他带我去了贝多将军的房间，贝多将军在战争的第一天就受了很严重的伤。

对于指挥战争的将军来说，在市政府担任职务会带来致命的危险。贝多将军差点儿丢了性命。接替他工作的迪维维耶和尼格里耶已经牺牲了。贝多将军认为自己只是受了轻伤，心里只想着战争发展的状况。然而，我觉得他思想的活跃是不好的预兆，这让我感到惊恐。

当我离开市政府准备回到议院的时候，夜已经深了。市政府准备向我提供护卫队，但我拒绝了。我认为我用不到护卫队。不过，在路上我不止一次感到后悔。

为了阻止暴动者从其他地区获得援军、战争供应品和与其他地区进行联络，禁止所有街道的流通是非常正确的决定。每个从家里出来的人如果没有通行证或者陪同人员的话都会被拦下来。

我总是被拦下来，他们让我出示我的勋章。我被那些没有经验的士兵拦下的次数绝对不少于十次，他们说话带着各种不同地方的口音，因为巴黎到处都是外地人。他们来自法国的不同的地方，很多人都是第一次来到巴黎。

当我回到议院的时候，会议已经结束了，但议会厅还是处于极度的骚乱之中。一则谣言四处传播开来——来自格罗斯卡尤的工人会趁着黑夜伺机占领议院。因此，议院在经过三天的艰苦奋战之后，决定将战略中心转移到被敌人占领地区的中心，现在他们开始担心自己的处境。

这则谣言虽毫无依据，却很好地诠释了这场暴动的特点。在这场暴动中，敌人总是近在咫尺，而当士兵们在很远的地方不断取得胜利的同时，却永远不确定自己的家中是否遭到敌人的洗劫。为了能够确保议院的安全，士兵们很快在能够通往议院的各个道路的入口设立了路障。当我得知这只是个子虚乌有的谣言时，我就回家睡觉去了。

对于这场六月起义我就不再多说什么了。最后两天的回忆和最初的日子并没有什么差别，可以忽略不计。我们都知道，在临近圣安东尼街的地方，暴动者的最后一个军事要塞一直到周一才被攻下，也就是内战开始的第四天敌人才放下手中的武器，停止了这场内战。

直到那天早上，来自拉芒什省的志愿者才抵达巴黎。他们以最快的速度朝巴黎赶来，走了超过80里格的路，横穿了整个法国，一路上也没有坐火车。他们一共1500人。当我得知他们中间有地主、律师、医生、农民，而且都是我的朋友和邻居时，我深有感触。在当时的情况下，这个省几乎所有的旧贵族都拿起武器，组成统一的队伍。整个法国几乎也是如此。

那些原本待在自己家里无所事事的乡绅（他们都是一些大家族的后裔，

所有的人都记起他们是好战的统治阶级），在每个地方都显示出他们充满活力、信心满满的一面，给其他人作出了榜样——旧贵族是多么的富有活力！即使现在的他们早已盛名不再，化为尘埃，但在永远被埋没之前，他们总是一次又一次地从死亡的阴影中挣脱出来。

在六月起义还在进行的时候，夏多布里昂先生去世了，他或许是我们那个时代最完整地保留了旧贵族精神的人。复杂的家庭关系和很多儿时的回忆，将我和他紧紧地联系在了一起。

很久以前，他陷入了昏迷，这让大家觉得他的智慧早已荡然无存。然而，即便是在这种情况下，当他听见一些关于二月革命的传言的时候，他希望人们告诉他发生了什么。人们告诉他路易·菲利普政府被推翻了。听到这个消息之后，他说："干得漂亮！"之后他就什么都没有说了。四个月之后，当六月起义的喧嚣传到他耳朵里的时候，他再一次询问那是什么声音。他被告知敌人在巴黎向我们开战了，那是大炮的声音。听到这个消息，他试图起身，说要去参加战斗。之后他就沉默了，这一次是永远的沉默，因为第二天他就离开了人世。

这就是六月起义——有必要来临却充满毁灭性的事件。六月起义并没有熄灭法国的革命热情，但至少在一小段时间内终止了人们所谓的二月革命的作用。六月起义把国民从巴黎工人的专政中解脱出来，当家做了主人。

社会主义理论在嫉妒和贪婪的欲望中继续深入到人民的思想中，为将来的革命埋下了隐患，但社会党本身是精疲力竭、软弱无力的。山岳派并不属于革命党，他们发现自己不可避免地遭到了革命的打击。温和派共和党人已经意识到这场革命的胜利会将他们引入歧途，可能加快他们脱离共和党，因此他们马上采取措施来制止这一结果的发生，却徒劳无功。我个人比较讨厌山岳派，对共和党也完全不感兴趣。我崇尚自由，在六月起义结束之后不久我产生了极度的恐惧。突然间，我把六月起义看成是一场必然的危机，在这

夏多布里昂（1768 年 9 月 4 日—1848 年 7 月 4 日），法国的作家、政治家、外交家，法兰西学院院士

场危机结束之后，整个国家会发生一些变化——对独立自由的热爱会转变成对自由的恐惧和讨厌，在对自由权力的滥用之后，这种回归是不可避免的。事实上，这种反向回归从6月27日就已经开始了，起初它进行得很缓慢不容易被人察觉，之后速度加快，再后来完全不可遏止。这种反向运动到什么地步才会停止呢？对此，我不得而知。但我认为整个国家最终会退回到我们所期待的二月革命开始之前的状况，而且我预见到我们所有人，包括社会主义革命党人、山岳派人、自由党人以及共和党人都会陷入信誉危机，直到人们对于1848年革命的记忆慢慢减退、完全消失，而时代的普遍精神将重新占据支配地位。

第十六章　立宪委员会

现在我可以改变主题了，我非常高兴不用再去回忆内战的场景了，接着叙述我的议会生涯。我是立宪委员会的成员之一，我想讲讲立宪委员会中发生的事情。

这里，我们得稍微后退一点儿，因为立宪委员会的任命和其工作的开展是在六月起义之前就已经开始了的。之前之所以没有提到这些事情，是因为那样我可以直接迅速地把你们带入六月起义的回忆中，我不想打断事情发展的进程。

立宪委员会的任命是从5月17日开始的，整个任命过程很漫长，因为立宪委员会规定代表们必须由全体议会人员投票决定，必须以绝对多数票的优势选举产生。

在第一轮投票选举中，我和科尔默南、马拉斯特、拉梅内、维维安、迪福尔一起当选。我不知道为了完成名单上所需要的18名代表，选举需要进行多少次投票才可以结束。

委员任命工作在六月起义之前就已经完成了，几乎所有的代表都分属国民议会中各种不同的温和派。有两名代表属于山岳派：拉梅内和康斯德朗，他们都是不切实际的空想家，特别是康斯德朗，如果他和大家坦诚相待的话，我觉得他应该被送到精神病院，恐怕他所得到的远不止如此。

就立宪委员会整体来说，显而易见，人们不会期待它作出什么功绩卓著的举措。立宪委员会的一些成员将一生的精力都投入在对上一届政府的掌控和管理中。

除了君主专制统治外，他们什么都看不到，也不会去学习和理解其他东西，甚至他们中的大多数成员从未学习过他们自己的原则和规定。他们几乎没有突破自己之前所从事的事情的局限。

如今，他们被要求去了解那些他们一直轻视或者反对的理论，其中的一些理论曾经没有说服他们就被他们否决了，他们发现只有君主专制的思想适合他们的工作，他们一旦接受共和国的思想，就会变得胆小如鼠、冲动鲁莽，还会感到有些混乱，像个新手一样。

至于立宪委员会的共和党人，他们除了在阅读报纸时或写文章时有些思想之外，很少有新奇的点子，因为他们的成员有很多是记者。马拉斯特在《国民公报》做编辑已经有十年了，多尔奈当时是该报的主编。沃拉贝尔是个严肃的人，却非常粗俗，甚至思想有些愤世嫉俗。他经常在《国民公报》写专栏文章。一个月之后，他被选为公共宗教和教育部部长，这令他自己都感到非常吃惊。

这些人所具有的特点和60年前华盛顿执政期间成功起草美国宪法的那些人完全不同，后者对自己所要达到的目标非常明确，并且对他们为达到目标所采取的措施都非常了解。

即使立宪委员会的代表们有能力将自己手头的工作做好，时间的紧迫和对外界形势的不了解也会阻碍他们工作的进程。

没有哪个国家的人像法国人一样对统治阶级依恋甚少，也没有哪个国家

美国第一任总统——华盛顿

的人像法国人一样与政府的关系密不可分。一旦立宪委员会的代表们意识到自己必须独自前行的时候，他们就会感到晕头转向，认为自己的每一步前行都有掉入深渊的危险。

当我在议会发言的时候，法国人产生了一种几近疯狂的热望，既热望制定宪法的工作能够完成，又热望政府能够建立在一个虽然不够牢固，但至少可以实现持久和稳定的基础上。国民议会也怀有这样的热望，所以它也一直鞭策我们，尽管我们并不需要这种鞭策。

对5月15日所发生的事情的回忆、对六月起义怀有的恐惧以及四分五裂、软弱无力、无法胜任的政府，这些都促使我们加快工作步伐。但必须承认的一点是，真正使立宪委员会丧失其思想自由的原因是代表们对外界事物的恐惧和对当时的骚乱局势的担忧。

很难想象强加的革命思想会对那些还没有做好准备去接受它的人产生怎样的影响，而这些人又是如何不断地、毫无意识地被迫向前推进。这完全超出了他们所想象的范围，他们被迫偏离了预想的方向。当然，如果立宪委员会是在6月27日而不是在5月16日召开的话，结果将完全不同。

讨论在5月22日展开。会议要讨论的第一个问题就是我们应该从哪个方面开始着手处理这项任务艰巨的工作。拉梅内提议，我们应该首先整治市镇（法国、比利时、德国等国的最小行政单位），改善其现状。他已经向立宪委员会提交了一部他刚刚起草的宪法，以方便大家更好地了解他提出的这个建议。

接着，他讨论了整治市镇的后续问题的一些要点。最后他开始谈论中央行政集权化问题。因为他的思想是一个整体，不能细分；他的思想总是全部集中在一个单一的问题上，所有的思想都非常紧密地联系在一起，一旦一个想法表达出来之后，其他的也就跟着一起出来了，因此他解释道："对于一个共和国来说，如果它的公民不够聪明却很有经验来统治自己的话，那么这个共和国就像不应该存在的怪物一样。”

于是，在这个问题上，立宪委员会的委员们开始变得激动起来。巴罗总是能很清楚地认识到地方自由的必要性，他极力支持拉梅内。我和他持有相同的观点。马拉斯特和维维安则反对我们的观点。

维维安总是始终如一地维护中央集权，因为他的职责就是处理行政事务，另外，他天生对这项工作有着很浓厚的兴趣。他拥有优秀的法律学家和出色的评论员所应该具备的一切品质，而立法者和政治家应该具有的品质他一点儿也不具备。他看到危险逼近了对他来说非常珍贵的体制，他被激怒了，开始变得非常激动。他认为共和国不会抑制中央集权，而且应该增加中央集权。这是他对二月革命感到满意的方面。

马拉斯特属于传统的革命党人，他认为人民的自由就是以人民的名义实行专制独裁统治。因此，维维安和马拉斯特之间突然的和谐统一并没有让我感到惊讶。我对这种现象习以为常，很久之前我就观察到，能够使保守党人和激进分子统一思想的唯一方法就是动摇政府的中央集权——不是在实施运用方面，而是在指导原则方面。这肯定能让他们互相投入对方的怀抱，互相欣赏。

因此，当有人说在革命中没有什么能够免受灾难时，我会告诉他们，你们错了，中央集权就没有受到革命的影响。在法国，只有一样东西我们没有建立，那就是自由政府；同样，也只有一样东西我们没有摧毁，那就是中央集权。怎样才能摧毁中央集权？不但统治阶级的敌人喜爱它，而且统治者也十分珍惜它。事实上，虽然统治者发现中央集权会时不时地将他们置于突然的且不可挽回的灾难之中，但这并没有使统治者厌恶中央集权。因为中央集权会使所有人和所有事情都处于统治者的掌握之中，它给统治者带来的快乐能够弥补其带来的危险。统治者宁愿过这样的生活，也不愿意过更稳定，统治时间更长的日子。就像摄政时代的浪荡子所说的：“短暂的生活才是最愉快的。”

上面提到的问题在那天并没有得到解决，但人们达成一致意见——我们首要解决的问题不是市镇系统的问题。

第二天，拉梅内辞职了。在这种情况下，出现这样的事情实在让人恼火。这一定会让反对我们的势力不断增强和扩大。我们十分恳切，甚至有些卑微地请求拉梅内重新考虑他所作的决定。因为之前我赞成过他的观点，所以大家派我去见他，劝说他重返立宪委员会。我照做了，却徒劳无果。在解决一个表面问题的过程中他失败了，于是他得出了自己不是那块儿料的结论。他认为这件事足以否定他的一切。尽管我说了我们之间的所有的共同思想，他仍旧不为所动。

如果人们希望对牧师的习惯和思维方式所产生的不可磨灭的影响有一个正确的认识的话，就一定要去好好观察一下那些解除僧职的牧师。对拉梅内来说，尽管他穿着白色的运动长袜、黄色的外套、条纹的领带和绿色的外套，也是毫无用处的：从性格方面，甚至从外表来看，他仍旧是个牧师。他总是谨小慎微地急匆匆地走路，从来都是目不斜视，他偶尔会用尴尬的、带着羞怯的表情看着人群，就好像行走在圣器收藏室一般，他会略带几分傲气地走在国王的前面，对上帝也充满傲气。

当我们发现不能改变固执的拉梅内的时候，我们决定开展其他的事务。由于不能把时间浪费在不成熟的讨论上，所以我们任命了一个小组委员会起草我们的日常工作制度，向立宪委员会提建议。不幸的是，立宪委员会的主席科尔默南成了小组委员会的领导，他最后代替了小组委员会。他所拥有的永久倡议权和作为立宪委员会主席所拥有的指挥辩论权对我们的商议产生了十分不利的影响，我不确定我们工作的失误是否都可以归咎于他。

和拉梅内一样，科尔默南也起草和提交了一部宪法来表达他自己的观点，他也希望我们能够采纳他的建议。但他并不清楚该如何将他的思想传达给我们。通常来说，极度的虚荣能够使最胆小的人在讲话时变得很大胆。然而，一旦有三个听众，科尔默南就不敢开口讲话了。我在诺曼底的一个邻居就是那样的，他十分热爱辩论，但上帝拒绝赐予他辩论的能力，科尔默南就和他一样。每当我反驳科尔默南的观点时，他就会马上赶回家，将他想告诉我的都写下来。

诺曼底旗

对于说服我们这件事，科尔默南已经绝望了，可他仍旧希望他能够有所作为让我们震惊。他认为总有一天我们会接受他的想法，可以说，是在我们不清楚的情况下，他每天都让我们看一部分他起草的宪法。他的安排非常聪明，使得我们永远无法就整个宪法展开一个全面的讨论，甚至他起草的宪法的每一部分中也几乎看不到他最初的想法。他每天都会带来五六个已经起草好的条款，很有耐心地试图把那些想逃离的人都拉回来。有时我们会反抗，但到最后，我们实在是筋疲力尽，只好屈服于这温和的、持续不断的约束措施。立宪委员会的委员长对委员会工作的影响是巨大的，凡是亲眼目睹过委员会工作的人们，都会同意我的看法。

然而，不得不承认，如果我们当中的一些人想要摆脱这种专制独裁统治的话，那么经过讨论之后，我们会对此表示理解，并且我们会继续服从于这种统治。

不过，我们没有时间也没有意向展开一场漫长的讨论。任务的重大和复杂使得立宪委员会的成员们在开始工作之前就感到恐慌和疲倦。大多数人甚至不会尝试研究，或者他们只是汇总出一些模糊不清的观点。对这些观点形成了统一的且清楚明了的想法的人，在阐述的时候总是感到局促不安。

此外，他们担心，如果他们知道事情的真相的话，就会使他们陷入激烈的、无止境的争论之中，因此，他们宁肯只知道一些表面的、肤浅的东西来保持他们之间的和谐。通过这种方式，我们的工作最终一步步缓慢地向前推进，他们达成了一致意见，对于一些小事情采取明确的很有原则的措施，从而一步步建立了整个国家的机制，但并没有正确地考虑不同国家部门的有关权力和使它们能够协同工作的方式。

在这次辩论中场休息的时候，马拉斯特，这位巴拉斯[①]式的共和党人，向我们讲述了一些风流韵事。能让他愉悦的是奢侈的生活、美食和美女，而不是千疮百孔的民主。与此同时，沃拉贝尔向我们讲了一些粗鄙的笑话。为了立宪委员会的荣誉，我希望任何人都不要对外公布秘书记录的有关会议进程的任何细节，因为事实上，他们记录得很糟糕。

当大家探讨一些内容丰富的主题时，总会有一些乏味无聊的辩论，这着实让大家感到震惊。对于我来说，在其他的委员会我肯定没有见到过如此令人难受的场面。

---

① 巴拉斯（1755—1829），法国大革命时期的政治明星。他是推翻罗伯斯庇尔统治的热月政变的主谋之一。——译者注

巴拉斯

然而，这是最重要的一次讨论。涉及的问题是单一议院体制。事实上，这是立宪委员会私下里分裂成两个党派的人们唯一一次就同一问题达成一致意见。这不是两个议院的问题，而是赋予新政府一般特征的问题——我们是否应该继续坚持在这个精通法律又有些复杂的体制中寻求一种平衡，制约它的权力，继而保持共和国谨慎、温和的行事方式？我们是否应该采取一个完全不同于以往的方法，接受更为简洁的理论，将所有的事务交到单一权力组织的手中，所有的部门组织形式都是统一的，这样一来我们的工作就可以不受限制、顺利进行？这些就是这次讨论的内容，它们为其他一些条款的制定提供了依据，但它们被限制在一些关于两个议院的特殊问题上。

这次讨论持续到第二次会议结束。结果是毫无疑问的，因为不光在巴黎，几乎在国内所有省份，公众的观点都是强烈支持单一议院体制的。

巴罗是第一个明确表示支持两院体制的人，他采用了我的观点，在此基础上有自己的创新，却丝毫不加节制。因为在二月革命期间，他的思想失去了以往的平静，之后就再也没有恢复到之前的泰然自若。我支持巴罗，并不断地让他的论点重新被讨论。

听到迪福尔反对我们，而且态度十分坚决的消息时，我一点儿也不感到吃惊。律师们永远无法摆脱的两个习惯是：习惯对他们不相信的事情提出辩护，或者很容易相信他们进行辩护的东西。迪福尔的习惯属于后者。公众舆论和他本人的激情或利益永远不会驱使他接受一件他认为是错误的事，不过会使他产生欲望，把该事设想成正确的，这样他才感到满足。他天生优柔寡断、足智多谋、心思细腻，这些特点都使得他逐渐发生变化，最后他总是会充满信心，心满意足地接受一些事情。我很少看见他如此竭尽全力地维护某个理论，因为之前他总是在十分犹豫时才会下定决心。

在这次投票中，迪福尔支持立法机关的单一议院制的主要原因（而且我认为这是人们能够找到的最好的一个理由）是，如果立法机关因为分为两个分支而削弱立法机关权力的话，那么对于我们来说，由人民选举出来的一个代表行使行政管理权的体制形式将无疑会具有压倒性的优势。

我记得当时我回答的时候就说可能会出现这样的情况，但有一件事十分确定，那就是两大权力机关会相互嫉妒，处于一种永恒对立的状态（这是我当时的表达），永远没有权力机关会要求第三方仲裁，那么双方的关系会立即变坏；或是双方处于交战状态之中，而且永远会处于这种状态中，直到一方将另一方打败为止。我又补充说道，如果有一位总统，他是由人民选举产生的，而且拥有十分广泛的且在法国本该属于行政管理机关领导的特权，那么他可以抑制分裂的立法机关；不过，这样的一个总统会认为自己出身高贵、拥有至高无上的权力，因此，他会成为一个简单的代理人，从而屈服于一个单一议会的反复无常的、残暴专横的意志。

我们双方都认为自己有理。因此，双方讨论的问题是不可能解决的，但国民提出了下面的问题：由人民选举产生的总统拥有和国王一样的权力，那么这样一来，共和国岂不变得没有意义了？正如我后面提到的一样，即使总统拥有国王一样的权力，也应尽量限制总统的职权范围，或者通过议会选举总统。

最后，迪潘使我们彻底失败：他以出人意料的热情最终选择支持单一议院制，这让大家感到十分吃惊。人们都认为他从来没有支持过其他任何的观点。我也是这么认为的。我知道他一直是个利己主义者，而且生性胆小怕事，但有时候会突然变得很有勇气且十分诚实。十年来，我看到他徘徊在各个党派之间，却从来不加入任何一个，他总是会攻击那些已经被打败的人。他既像是猿猴又像是走狗，他总是说话尖酸刻薄、装出一副可怜相、欢蹦乱跳、时刻准备着进攻那些失败的可怜人。他在立宪委员会面前展示的是他真实的一面，或者说是有过之而无不及。在立宪委员会我从没有见过他有我刚才所描述的这些举动，自始至终他都表现得十分平常。当多数派开始作出决定的时候，他总是保持沉默；不过一旦听到他们支持民主派观点的时候，他总是会冲在前面，远远地超过他们。一旦当他发现自己已经走了一半，而多数派没有按照他预想的轨迹前进的时候，他就会很快地运用他的智慧，敏捷而迅速地转身，重新回到他正在慢慢背离的观点。

几乎所有旧议会的议员们都表达了他们反对两院议会制的观点。大多数人都在找寻他们认为有理的借口。有些人打算让国家行政院具备制衡的作用，这种制衡作用在他们看来是不可或缺的；另一些人希望一院制议会具备稳妥的方式，这种方式既能抵御内部的狂热，又能防范外部的突然袭击，但这些人没有提出合理的论据。委员会中有一位叫可可瑞尔的新教牧师，他看到他的一个同事——一个天主教的牧师——进入了议会，他也希望自己能出现在那里，但他想错了。他从十分受人敬仰的牧师突然间变成了十分荒谬可笑的政治演说家。他发现自己如果不说一些荒谬的言辞的话，就几乎张不开嘴。在这种情况下，他只能十分幼稚地告诉我们他继续支持两院制议会，但他会投票给单一制议会，因为公众的舆论驱使他这样做，而且他不希望用自己的语言去表达与当时的大趋势相违背的意思。他的直率使那些和他想法一样的人十分恼火，但让我和巴罗感到十分高兴，不过，这是唯一值得我们高兴的地方，因为投票的时候，只有三个人站在我们这边。

这次显著的失败并没有挫伤我继续斗争的信念，却让巴罗彻底灰心丧气。在这之后，巴罗就很少来参加议会会议了，而且来的时候也只是表达他的不耐烦和不满，而不是来发表意见的。

接下来说说行政权。除了之前提到的当时的情况和委员会的处境外，令人很难相信的是这样一个广泛的、复杂的、新奇的主题从没有进行过一次广泛和深刻的讨论。

所有人的意见一致，大家都希望行政权力能集中到一个人手中。这个人应该享有怎样的特权和代理权，而他又会肩负怎样的责任呢？毫无疑问，这些问题都不能被随意处理，它们之间是相互联系的，尤其要将国家的一些习惯和风俗考虑在内。这些无疑都是老问题了，但由于周围环境的改变它们又成了新问题。

科尔默南按照自己的一贯作风，通过提出一些他已经撰写好的条款拉开了讨论的帷幕。这些条款可以确保这位行政长官或者是总统（自那时起他就这样自称）能够以相对多数的选票由人民选举产生，而选举所规定的最少票数为200万张。

我相信马拉斯特是唯一反对这些条款的人，他提议行政长官应该由议会选举产生。那时候他沉醉在自己的前途命运中无法自拔，他常常自鸣得意、自以为是，但议会作出的选择竟然是他，尽管在今天看来这是多么的怪异。

然而，据我所知，科尔默南所提出的条款毫无争议地被议会采纳。不得不承认的一点是，由人民选举产生总统并不是公理，而且通过选举直接任命总统的决定是史无前例的，也是十分危险的。

在一个没有君主政体传统的国家里，行政权总是软弱无力的，并且长期受到限制，没有什么事情比让人民自己选举代表更明智的了。一个不知道如何从议会中获取力量的总统最终会沦为议会的玩物。对于我们来说，所面对的问题是大不相同的。我们从君主统治中摆脱出来，共和党人的习惯中仍旧带有君主统治的残留。

此外，我们所拥有的中央集权体制使我们独一无二——按照原则，整个国家的管理，不管大事儿还是小事儿，都掌握在总统一个人的手中，而成千上万个掌握国家权力的行政官员都只能依赖于总统一个人。

按照法律规定，甚至按照2月24日之后仍然具有影响力的思想观念，事情本就应该是这个样子。虽然我们仍旧保留着君主统治时期的特点，却失去了对君主统治的喜爱。在这种情况下，由人民选举产生的总统除了是王位觊觎者之外，还会是什么呢？

现在的这个政府组织仅仅适合那些希望利用它能够达到从总统统治向皇室权力转化这一目的的人。在当时，我是十分清楚这些的，如今仍旧十分清晰。一方面，如果总统由人民选举产生并且不会对共和国造成任何威胁的话，还是有必要在很大程度上限制他的特权范围。我不清楚是否这样就可以了。对于总统的权力，虽然在法律方面它受到了限制，但在习惯的驱使下还是会保留它之前的范围。另一方面，如果总统被允许保留其原有的权力的话，那么他就不会是由人民选举而产生的了。这些客观存在的事实并没有被提出来，而且我怀疑在立宪委员会中也没有人发现它们。

然而，科尔默南所提出的那些条款，尽管在一开始被立宪委员会所采纳，但最后却成为人们攻击的对象。不过它们遭到攻击的原因却和我刚才上面讲到的原因完全不同。

6月5日那天，路易·拿破仑亲王，这个在之前几天绝对不会被人想起的人，刚刚被巴黎和其他三个省份推选为国民议会的代表。委员们开始担心，一旦将选择总统的权力交到人民的手中的话，那么他很可能会成为共和国的领导。各个皇权觊觎者和他们的朋友开始兴奋起来。这些问题在立宪委员会中再次被提及，并且大多数委员坚持自己原有的投票。

我记得在整个时间范围内，立宪委员会都是如此，我的大脑一直高速运转着，希望能够预测到我即将看见的共和国的权力将会倾向于哪一边。有时我会认为它会倾向于国民议会这边，有时又觉得它会倾向于总统这边，这种不确定性让我感到非常不安。但事实就是，这种情况是不可能预测到结果的。这两大敌对势力之间不管是哪一方取得胜利，都取决于当时的具体环境和人们的心境。只有两件事情是十分确定的：一件就是他们之间一定会发生一场战争，另一件就是战争的结果是共和国毁灭。

我详细阐述过的所有观点，没有一个被立宪委员会仔细筛选过，甚至也没有被讨论过。有一天巴罗只是顺便提了一下我的观点，但也没有过多地讨论。他（他思想虽然不活跃，但也算不上软弱，当他在认真思考的时候，还是有深谋远虑的）好像处于半睡半醒的状态，再也没有深究它。

我在阐述我的观点的时候也是犹豫不决、留有余地的。在两院制议会的问题上我遭到了拒绝，这让我对这场争论并不抱有太大的信心。此外，我必须承认，我更多关心的是能否作出一个决定，推选出一位有能力的共和国领导，而不是整理出一部完美的共和国宪法。当时我们处于行政委员会有分歧和飘忽不定的统治之下，社会主义也在向我们慢慢逼近，六月起义迫在眉睫，这一点我们不能忘记。在这之后的日子里，我强烈支持议会提出的由人民选举总统的提议，并且想办法作出一些努力促使这项提议被议会代表们接受。我这样做主要是出于以下的考虑：当政府向民众宣布，民众拥有这项他们期盼已久的权力（选举总统）之后，想要收回这项权力已经是不可能的事情了。的确是这个样子。然而，我后悔在当时的情况下发表这样的言论。

让我们重新回到立宪委员会的问题上来。在委员会不能或不想反对我提出的原则的情况下，我至少可以尝试努力减轻落实我提出的原则的危险。起先我提议限制行政执行权的范围，不过，很快我就发现在这方面做的尝试都是徒劳的。之后我又重新回到了选举方法的问题上，并且开始让大家讨论科尔默南所提出的那几项条款的分配问题。

我之前提到过科尔默南所提出的这几项条款，这些条款规定总统由人民以相对多数的选票直接选举产生，而选举所规定的最少票数为200万张。这种方法有几个很严重的弊端。

由于总统由人民直接选举产生，所以人民由此而产生的对此项权力的热情和痴迷是令人担忧的。此外，新当选的总统所拥有的特权和道德力量将会变得更大。由于相对多数的选票就可以使选举有效，所以当选的总统很可能只代表少数人的意愿。于是，首先，我提出，希望总统并不是由人民直接选举产生，而是将这一权力委托给代表，而这些代表可以由人民直接选举产生。其次，我提议用绝对多数的方法代替相对多数的方法。如果在第一次投票中没有获得绝对多数的选票的话，就最终交由议会作出裁决。我认为我的这些观点虽是合理的，但并没有创新之处，因为我是借鉴了美国宪法。但如果我不提出这些观点的话，我认为不会有其他人想到，因为整个立宪委员会还没有做好准备来扮演这样一个伟大的角色。

我提出的修正案的第一部分被立宪委员会拒绝了，我预料到了这样的结果。我们当中那些伟大的人物认为我制定的制度不够简洁，并且认为它有一些贵族统治的痕迹。我提出的修正案的第二部分被采纳了，这部分是关于宪法的。

博蒙特提议总统不应该重复当选，我强烈支持他的观点，这项提议最终被采纳了。在这种情况下，我和博蒙特都陷入了极大的错误之中，我担心这会引发严重的后果。一旦权力落入重复当选的总统手中，人们的自由和社会道德将会陷入极大的危险之中，为了能够确保自己再度当选，总统必然会事先使用大量强制和腐败的办法，而这些办法都是我们的法律和习俗赋予总统的。人们的思想不够灵活和迅速，所以人们不能够很快地转变思想或者看到这一点，一旦决定由人民直接选举总统，这种不幸就无法避免了。对我来说，这次投票和其产生的巨大影响是这段时间内最不愉快的回忆。

每时每刻我们都会有中央集权化的问题，我们非但没有消除这一障碍，反而被它所牵绊。中央集权化是共和国的本质，行政首脑必须对它负责，但应该承担怎样的责任？这种责任的范围又是多大？总统是否能够对大大小小的行政管理都负责，我们的行政立法已经超负荷了，每件事情都要总统亲自监督是不可能的，也是十分危险的。同时，这是不公平的，也是十分荒谬的。如果总统不能对行政管理负责的话，那么谁能？最后我们决定总统的责任将扩及至内阁部长一级，而部长们的存在也是必要的，就像君主统治时期一样。这样一来，总统既行使了他的权力，又受到了限制，使他不能任意作出决定。

接下来，我们说说行政法院的组成问题。科尔默南和维维安负责此事，可以说，他们的工作就像是人们为自己建造房屋一样。他们竭尽全力，试图使行政法院发展成为第三权力机构，却没有成功。最终，行政法院仅仅相当于行政顾问委员会，其权限远远不如立法议会。

我认为，我们的工作中做得最好的、最明智的就是有关司法方面的工作。在这方面立宪委员会自我感觉良好，因为立宪委员会的大多数成员曾经或者现在仍旧是律师。多亏了这些人，我们才能够保留法官不能被免职这一原则，就像1830年一样，这一原则将其他所有的异议一扫而空。曾经是共和党人的立宪委员会委员们在一开始炮轰这个原则，在我看来他们这样做是十分愚蠢的，因为这个原则有利于公民的独立自主性，而不是对统治者有利。上诉法院，特别是负责裁决政治犯罪的法庭立刻被组建，就像今天一样（1851年）。关于立法委员会和行政法院这两大机构的各种条款，大部分是由博蒙特起草的。我们在这方面所做的努力超过了60年以来我们所做的全部努力。这或许是1848年宪法保留至今的唯一的一部分。

在维维安的请求下，立宪委员会最终决定只有制宪议会有权力修订宪法。这项决定是正确的，但委员们又补充道，如果国民议会决定要修订宪法的话，必须经过议会中连续三次超过总人数五分之四的投票，这样一来，宪法任何的修订似乎都变得不可能实现。我没有参与这次投票。我一直持有这样一种观点，我们不应该试图使国家政府能够永远存在，而是应该找到一种容易的、好的方法实现政府的更替。权衡再三，我认为这样做比采用相反的办法危险性要小。我认为最好将法国人民当成疯子，小心对待，不要过多地约束他们，以免他们由于这种束缚而变得狂躁。

我偶然发现一些稀奇古怪的观点被提出来。来自斯特拉斯堡的马丁对自己之前是共和党人感到十分不满，可是有一天，他却站在讲台上十分愚蠢地

斯特拉斯堡位于法国的东部，与德国隔莱茵河相望。图为 1493 年的斯特拉斯堡

宣布说他天生就是共和党人，而且他提议总统应该有解散议会的权力，但这种权力没能使他轻而易举地成为共和国的总统。马拉斯特希望在行政法院中新增设一个部门，这个部门主要负责阐述一些新观点，可以称之为进步社。巴罗提议所有民事诉讼的权力应该授予陪审团成员，就好像是这一类的司法革命可能随时发生。迪福尔也提出自己的意见，他提议在征兵过程中严禁替代，强迫每个人都亲自服兵役。但如果不大大缩短服兵役的时间的话，这个措施就会摧毁整个普通教育；还有另一种可能，如果时间上大大压缩的话，它就会破坏军队的组织。

就这样，面对这样一系列重大的问题，我们并没有太多的时间来作十分充足的准备，我们已经到了最后任命人员的时候了。委员们这样说道：“在此期间，让我们采纳这些被提议的条款吧，以后我们可以回过头来对这些条款作出调整，我们可以从这些草案中判断出它们明确的特征以及各条款之间所占的比例。”但我们并没有回过头来重新修订这些草案，它们最终成了定稿。

我们委任马拉斯特为行政法院的执行秘书。他接受了这一伟大的使命，工作得非常出色，但他本性中的懒惰、轻率和冒失很快就暴露无遗了。最初的几天他什么都没有做，尽管议院不断地询问我们商讨的结果，所有的法国民众也都急切地想知道结果。迫于压力，他在向议会汇报工作的前一天的晚上匆忙写了报告。第二天早上，他向偶然间碰到的一些同事讲述了他的工作报告，之后他大胆地站在讲台上，以委员会的名义宣读了这份报告，可是在这之前没有一个委员会成员听到过报告中的一个字。他是在6月19日宣读的这份报告。

宪法草案囊括了139项条款，它是在短短不到一个月的时间里被起草出来的。从时间上来说我们不可能再比这更快了，但或许我们可以比现在做得更好。接下来，我们也采纳了科尔默南提出的一些条款，不过，同时也否定了他的相当一部分条款，这使得他十分恼火，但他没有机会将内心的愤怒表达出来。因此，他转而想得到民众的慰藉。我记不清是他主动向媒体发表了一篇文章，还是文章被别人发表的，他在文章中讲述了立宪委员会发生的事情，将所有的好事都归功于自己——科尔默南先生，将所有的坏事都算到了自己对手的头上。可以想象，这样一篇报道让我们感到多么不快，于是，我们决定让科尔默南知道他的举动带给了我们什么样的感受。但没有人愿意代表大家去向科尔默南说这件事。

那个时候无论做什么事情都会有工人的身影，我们中间有一位名叫科尔邦的工人，他为人正直，品格坚毅，主动承担起了这一光荣而艰巨的任务。因此，第二天早上，在立宪委员会会议开始之前，科尔邦站起来简单明了地向科尔默南表达了我们内心的想法。科尔默南感到十分困惑，他环视了一圈，希望有人能帮助他，但没有人回应他。之后，他用略带迟疑的语气说：“从你们的话语中我能否这样理解：委员会是希望我离开？”没有人回答他。他戴上帽子走了，也没有人挽留他，他从来没有如此愤怒过，不过他还是默默地忍受了。我相信，他虽然非常自负，但私底下对侮辱没有那么敏感，只要他的自我主义在公众面前得到满足，那么他私下里受到的侮辱就不会让他感到太难堪。

科尔默南是从一位子爵突然变成一名激进分子的，虽然许多人都认为他仍旧保持着天主教徒虔诚的特点，但是他从没有停止过装腔骗人，也没有停止过背叛自己的思想。我不敢说事实就是这样，尽管我经常发现他在和人们交谈过程中所说的和他所写的不一致。说实话，我一直认为他在恐惧革命的时候的思想比他在革命中的思想更加真诚。他令我印象最为深刻的是他思想上的缺点。没有一个作家能够像他一样在公共事务中最大限度地保留了自己的职业习惯和独特性。当他在法律的不同条款中寻求某种平衡时，他会运用富有独创性和引人瞩目的方式起草这些条款。他认为自己所做的一切都是必要的，他专注的是形式的问题、整齐连贯的问题。

但他喜欢追寻新奇的事物。这种在其他地方和其他时间已经被尝试过的体制就好像老生常谈的问题一样让他感到厌恶。在他看来，一部宪法首先需要具备的优点就是它和之前的宪法完全不同。在大选的时候我见到了他，他自鸣得意地对我说：“世界上还有和今天发生的事情一样的事情吗？我们国家已经到了何等地步，以至于那些仆人、乞丐和士兵都有了投票权？不得不承认之前没有人会想到这些。”他搓了搓手，说道：“我非常期待看到投票结果。”他说这些的时候就像是在做化学实验一样。

第三部分

这部分内容是从1851年9月16日开始写的，当时我在凡尔赛，是国民议会休会的时候。

这一部分我将回忆一下我作为政府一员的五个月的执政历程，我认为这段时间是非常重要的，脑海中对这段时间的回忆还是十分清晰的。为了快速进入这一部分的回忆，我越过了之前的从1848年六月起义结束的时候一直到1849年6月3日这段时间。如果有时间的话，随后我会回过头来再回忆。

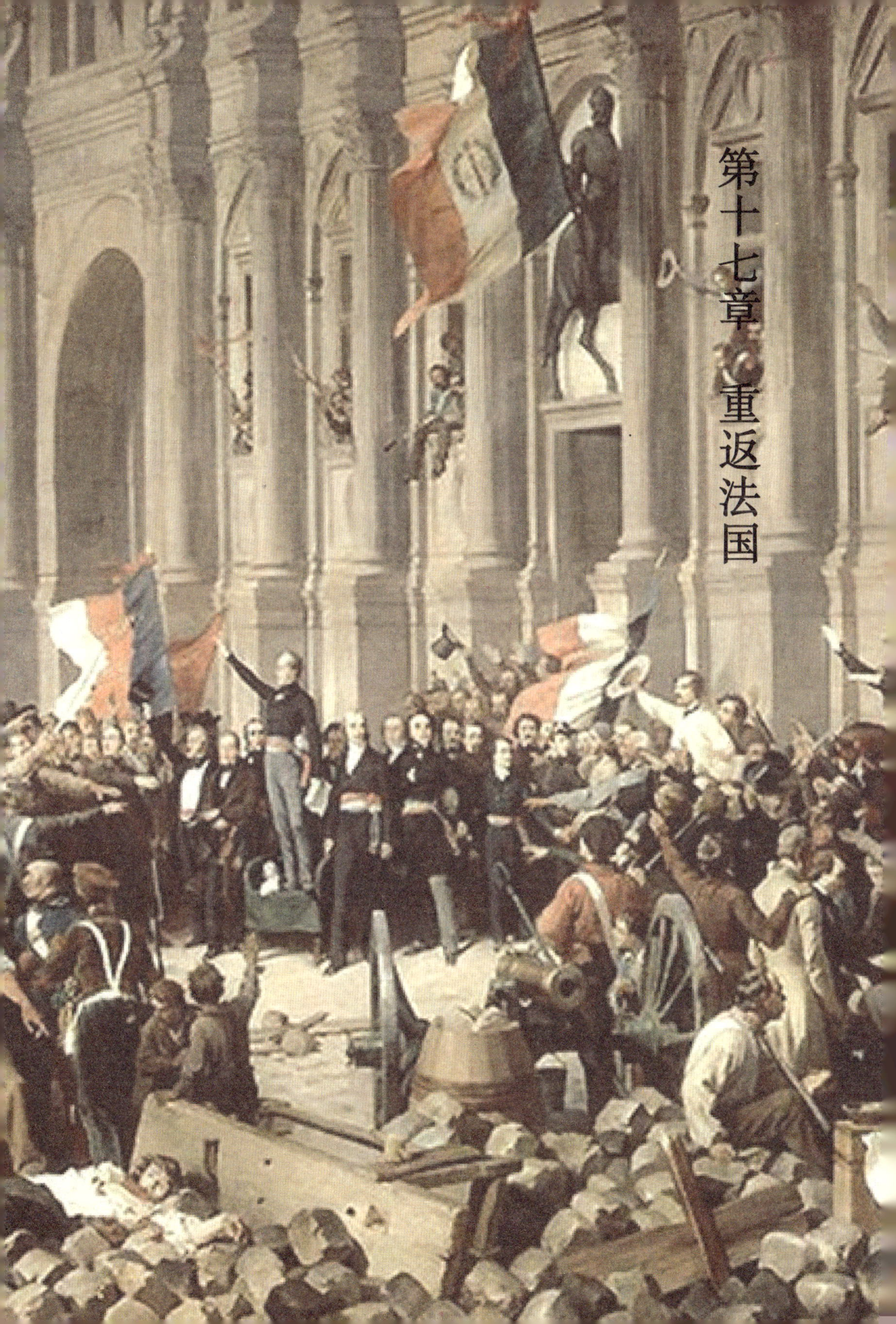

第十七章 重返法国

当我全神贯注于德国的舞台上上演的欧洲革命中最大的戏剧性事件时，我的注意力被意想不到的且令人惊恐的消息一下子拉回到了法国，转而关注我们自己的事务。

我听说我们的军队在罗马墙下遭受了致命的打击，制宪议会随之发生了激烈的论战。这两个原因导致了全国范围内的骚乱，最终致使大选的结果大大超出了两派的意料，使150名山岳派成员加入了新的议会。

然而，蛊惑人心的言论就像疾风一般席卷了法国领土的很多地方，但并没有影响到拉芒什省。议会中所有与保守党人撇清关系的前议会成员在选票复查的过程中败北。

尽管我缺席了那次投票，且一直保持沉默，但之前我在12月的时候公然投票支持卡芬雅克，不过这13名代表中只有4名赢得了选举。然而，我是经过全体一致同意当选的，这不仅仅是因为我个人的观点，更多的是因为我在政界之外受人尊敬。这种受人尊敬的地位是没有问题的，但很难在党派之中保留下来，当各个党派开始变得独断专横、充满暴力的时候，这种地位注定会变得十分危险。

我刚准备回国，就听到了这些消息。但在德国波恩，我夫人突然感到身体不适，所以我们不得不在那儿停留。我夫人催促我离开，继续赶路，我照她说的做了，但我感到十分抱歉，因为我把她一个人留在了一个战争还在继续的国家中。在这种危急时刻，她表现得十分勇敢，顾大局识大体，这给了我很大的帮助。

波恩是德国历史悠久的城市之一，位于莱茵河畔。图为波恩市市旗

如果我没记错的话，我是在1849年5月25日抵达巴黎的，那时距离立法议会的召开还有四天，并且是制宪议会最后的动乱时期。短短几周的时间足以使政坛面目全非，这种结果与其说是因外界发生的变化而导致的，倒不如说是因短短几天内人们思想上发生的巨大变化而导致的。

那个在内阁中执掌大权的党派的权力依旧稳固，而且我认为大选的结果会使其权力更加稳固。这个党派，由不同的党派成员组成，其成员希望停止或者能够击退这场革命，他们在选举中以绝对优势获得了多数选票，并且他们的人数在新议会中占据了三分之二的席位。然而，我发现它被深深的恐怖所侵扰，我认为这种恐怖完全可以和二月革命发生后带来的恐怖相媲美。这是个事实，在政治中争论要像在战场上打仗一样，但千万别忘了衡量事情的结果，并不是靠事情本身，而是靠事情给人的印象。

六个月以来，一方面，保守党人见证了所有的补选总是朝着对他们有利的方向发展，他们占据并且控制了几乎所有当地的议会，在对普选制度表现出极大的不信任之后，现在他们又对普选制度拥有极大的信心。他们不仅仅期望能够征服自己的敌人，可以说是希望将其一举歼灭，在刚刚决定普选结果之后，他们因为没有取得绝对的胜利而感到十分沮丧，就好像他们已经被打败了一样。另一方面，山岳派认为自己一定能够取得胜利，因此沉浸在喜悦中无法自拔，就好像普选的结果已经确保了他们在新议会中的绝对优势。为什么这件事能够同时给两个党派带来希望和恐惧呢？这是很难说清楚的，因为大多数人会受道德的影响。这个原因就像海水运动的规律一样，对人类来说是无法理解的。在两方面，这种现象的原因都被隐藏了，看上去就像消失在它的无限之中。

但无论如何，我们有理由认为人们对保守党人的冷漠主要归咎于他们自己犯下的错。保守党人在试图取得胜利的过程中，对那些不认同他们的思想的人非常不宽容，在和山岳派的斗争中这点帮助了山岳派人。内政部部长福奇尔野蛮粗暴的行政管理方式，以及罗马远征的惨败让一部分之前对他们忠心耿耿的追随者产生了偏见，转而投向那些挑拨者的怀抱。

我之前说过，150名山岳派人当选。一部分农民和军人投票给他们：这些农民和军人就像在暴风雨中突然折断的可怜的锚。恐怖无处不在，使得君主主义者重新学会了宽容和谦虚，就像他们在二月革命发生后具有的品质一样，在过去的六个月中，他们在很大程度上已经忘记了这两种品质。来自四面八方的人们都意识到现在的问题已经不是摆脱共和国的统治了，现在要做的是反对山岳派中的温和派共和党人。

人们现在开始谴责那些一直受到他们鼓励和支持的部长，重组内阁的呼声不断高涨。而内阁成员们本身也感到力不从心，恳求有人接替他们。在我离开的那段时间里，我看到普瓦捷文学院街的委员会成员拒绝迪福尔先生成为他们当中的一员；现在，我看到所有人的目光都聚集到了迪福尔和他的朋友身上，人们用最能引起怜悯的方式要求他们执掌政权，拯救社会。

我到达巴黎的那天晚上，我听说我的一些朋友在位于香榭丽舍大街上的一个小餐馆里聚餐。我赶忙过去和他们会合，在那儿我见到了迪福尔、兰瑞奈斯、博蒙特、科尔塞勒、维维安、拉莫里奇、贝多，还有一两个我不是很熟的人。他们用简短的话语将现在的局势告诉了我。总统请巴罗担任内阁部长，这些天他忙得筋疲力尽，但这一切的努力看起来只是徒劳。梯也尔先生、莫来先生和他们的一些重要的朋友拒绝接管政府、执掌政权。然而，他们早就已经下定决心，就像之后看到的情景一样，他们想继续做内阁的主人，而不愿担任其他部长职位。对未来的不确定、整个局势的不稳定、面对的困难，甚至可以说是危险，使他们表现得十分冷漠。他们对权力有着急切的渴望，但并不愿意承担责任。巴罗在多数派那边遭到拒绝后，转而投靠我们。他请我们，甚至可以说是恳求我们做他的同事。不过选择我们中的哪些人？内阁中哪些部门的权力分配给我们？哪些人会和我们一起共事？应该采取怎样的总方针？所有的问题在执行时都非常有难度，直到现在，这些困难还是难以逾越的。巴罗已经不止一次地重新回到多数派的领导身边，也多次遭到拒绝，所以才转而投奔我们。

时间在这枯燥乏味的工作中一分一秒地过去了，传来的消息越来越令人担忧，内阁政府时刻准备着遭到那个危在旦夕却依旧喧闹的议会的弹劾。

我回到家中的时候，满脑子想的都是我所听到的那些事情。我相信，我们是否担任内阁部长取决于我自己和我的朋友的意愿，因为我们无疑是最合适的人选。我十分确定多数派的领导们已经放弃了：因为他们绝对不会在一个看起来朝生暮死的政府中担任职务，而且，即使他们是公正无私的，他们也没有勇气这样做。他们骄傲和胆小怕事的性格让我们确定他们已经弃权了。因此，我们能够充分地坚持自己的立场，迫使他们主动来找我们。但我们是否希望自己成为内阁的部长？我十分严肃地问自己这个问题。我想我能够作出公正的评价：对于我们所从事的事情所包含的困难，我不会沉浸在一丝一毫的幻想之中，关于未来我有清晰明朗的见解，这种见解除了在思考过去的时候之外，其他时间很少具备。

每个人都预料到在街上会发生一场战争。我认为这场战争即将来临，大选的结果使得山岳派人变得十分大胆，而罗马远征的溃败给了山岳派人机会，似乎使战争不可避免。然而，我并没有对此事感到担心。我确信，虽然大多数士兵投票支持山岳派，但军队还是会毫不犹豫地发起进攻。一个士兵出于个人意愿在选举中投票支持的候选人和他在团队精神和军事纪律的影响下决定支持的人是完全不同的。巴黎驻军规模庞大，纪律严明，在街头进行战争的经验丰富，六月起义的激情和榜样在他们心中留下的记忆十分清晰。因此，我十分坚信，我们一定能够取得胜利。不过，对于胜利的结果我还是感到担忧——它对其他人来说似乎是困难的终结，而我认为那恰恰是困难的开始。因为我认为那些困难几乎是不可逾越的，而且我相信事实确实是这样。

不管从哪个角度来看，我都看不到任何对我们来说坚固的、持久的立场。

公众舆论依靠我们，但如果将其作为支撑的话是不安全的。恐惧使得人民都站在了我们这边，而这种恐惧一旦消失的话，那么出于记忆、本能、激情，他们还会再支持我们吗？因为人人都想摆脱宪法的控制，所以如果可能的话，我们的目标是建立一个共和国，或者至少通过一种有规律的、温和的、保守的和绝对遵守宪法的方式统治共和国，让它持续一段时间。山岳派希望得到更多，而对君主主义者来说则越少越好。

议会的情况更加糟糕。由于各党派领导的利益和虚荣心，同样的普遍动机被很多事情夸大了。各党派的领导对我们能执掌政府非常满意，但别期望我们会统治国家。一旦这场危机过去之后，我们就要提防他们设置的各种圈套。

至于总统，我并不认识他，但至少有一点十分确定，那就是我们不能指望在委员会中会得到他的支持，除非我们共同的敌人引起了他的嫉妒和憎恨，激怒了他。他并不支持我们，因为他和我们不仅在思想上不同，而且在本质上也相互对立。我们希望共和国能够持续下去，而他希望共和国能够被他继承。我们能做的就是，在他需要同谋的时候给他提供部长。

这些困难，在某种意义上来说是时局所固有的，因而具有永久性，并且在此基础上加上了一些难以逾越的新问题：革命引起的骚动又重新在一些地方出现；排斥的精神和习惯在公共行政管理中不断扩大，并且早已根深蒂固；由于错误的设想和指挥，罗马远征很难结束。事实上，所有的错误都是我们的前辈们遗留下来的。

人们有充足的理由犹豫不决，但我并没有犹豫。得到内阁职位的想法是很多人都不敢想的，能够减轻社会在错误的道路上所遭受到的困难的想法同时也令我感到荣耀和骄傲。我很清楚地意识到：我只是短暂地拥有那种权力，我不会留在那里；但我希望在那个位置上待得久一点，以便能够为我的国家尽一份绵薄之力，并且提升自己。这对我来说就足够了。

我当机立断作出了三个决定：

第一，如果有机会的话我就在内阁中担任职务。

第二，我只有和我重要的朋友一起进入政府，在主要部门担任职务，我们才能够成为内阁的主人。

第三，也是最后一个，把在内阁中执政的每一天都当作是最后一天，也就是说，我不会为了保住自己的职位而屈服，我会保持自我。

接下来的五六天时间，我们试图组建一个新的内阁政府，却徒劳无果。我们进行了无数次的尝试，做了很多重复的事情，脑海中充斥着无数的小事，还有今天做明天忘的大事，我发现想在脑海中回忆一遍还真不容易，尽管有些事情我也参与其中。在这种特定的条件下，这个问题无疑是很难解决的。总统十分愿意重组他的领导班子，不过，他下定决心要将那些重要的朋友留下来。君主主义党派的领导拒绝在内阁中担任职务，但他们不愿意将权力委托给他们无法掌控的人。即使他们同意我们进入内阁，我们也只占一小部分，而且是在一些无关痛痒的部门中。他们将我们视为一种必需的，但不为人喜爱的治疗药物，只可以小剂量地服用。

迪福尔是第一个被要求加入政府内阁的人，大家很满意，让他担任市政工程部部长一职。但他拒绝了，他要求担任内政部部长，并且希望他的两个朋友也担任其他部门部长的职务。在经过一番讨论之后，大家最后同意迪福尔担任内政部部长，但拒绝了他的两个朋友。我完全有理由相信，他会接受这个建议，并将我置于进退两难的境地，就像他六个月前所做的那样。他并不算背叛了朋友或者对友谊漠不关心，而是这样一个重要的职位不但极具吸引力，而且伸手可及，真诚地接受它并没有使他背叛朋友，但他的思想已经发生了变化，这让他随时可能忘了他的朋友们。不过，那时候他十分坚定，不能让他独自一人进入政府内阁，所以大家决定让我和他一起。在那时，所有人当中我是被优先考虑的，因为立法议会刚刚选举我作为议会的副主席之一。不过会给我一个什么职务？我认为我只能够胜任公共教育部部长一职。但非常遗憾，这个职位已经给了法卢先生，他是必不可少的人物之一：对正统主义者来说他很重要，因为法卢是他们的领导之一；对宗教党派来说也是如此，他们将法卢视为他们的保护者；总统也和他成了朋友。大家提议让我任农业部部长，但被我拒绝了。到最后我已经绝望了，巴罗过来问我是否愿意接受外交部部长的职位。我竭尽全力劝说雷慕沙接受这个职务。在这种情况下，我和雷慕沙之间的关系十分特殊，值得在这里再讲一次。雷慕莎是梯也尔的朋友之一，同时也是个正人君子，我非常希望他和我一同进入内阁。即便他不支持我们，至少也会保持中立，只有他能够保证不会将他的思想强加给我们。在巴罗和我的坚持劝说下，雷慕沙最终接受了我们的请求。他在那天晚上屈服了并向我们作出了承诺，但第二天早上他就变卦了。我十分确定，在这期间雷慕沙见到了梯也尔。雷慕莎之前曾公开向我们说明加入内阁的必要性，后来他向我承认是梯也尔劝阻他加入我们的。他说："我看得出来，我成为你们的同事不会给你们带来任何帮助，仅仅只会让我自己不久之后陷入争吵之中。"这就是我们要与之相处的人。

我从没想过要担任外交部部长，我的第一反应是拒绝。我认为我并不适合从事自己毫无准备的工作。在我的文字记录中，记载着那个时候我和一些朋友在吃饭时的谈话，从这些谈话中我能够看到自己的犹豫不决。

然而，我最终决定接受外交部部长的职务，但我有一个条件，那就是兰瑞奈斯和我一同进入内阁。我有充分的理由支持我的这一决定。首先，我认为三位内阁部长对我们来说是必不可少的，这样才能够保证我们在内阁中的优势地位，想要做好，这是必需的。其次，我认为兰瑞奈斯能够将迪福尔控制在我希望遵循的路线中。我不认为我有能力控制住他。尤其是我希望在我身边有一个能够畅所欲言的朋友——这在任何时候都是一个极大的优势，特别是在充满怀疑和不稳定因素的情况下，并且对我现在所从事的危险的工作也十分重要。

在所有的观点中，兰瑞奈斯的观点和我的十分一致，尽管他和我在本性上完全不同。他的性情沉着冷静，而我却焦躁不安。他做事向来有条不紊，但反应有些迟钝。人有些懒惰，可做事谨慎，不过太过谨慎，在开始一件事情之前他总是犹豫不决，而一旦投入其中，就绝不回头，自始至终他都表现得十分执着，就像布列塔尼人具有的品质一样。他在表达自己观点的时候总是不紧不慢，却阐述得清晰明了，甚至直率得容易伤人。一方面，不要期望在他的友谊中获得热情，甚至可以说是狂热；另一方面，也不用害怕他的胆怯、背叛和事后的想法。总的来说，他是个靠得住的同事，而且他是我在公共生活中见过的最值得尊敬的人。他是我们所有人当中最不容易将自己私人的观点和利益掺杂到他所热爱的公共生活中的人。

没有人反对我对兰瑞奈斯的提名，但难的是为他找到一个部长的职位。我建议他去农业贸易部，这个部的部长职位从12月20日开始就是由法卢的一个朋友——普菲尔担任的。法卢拒绝让他的朋友离开，我则坚持自己的观点，所以刚组建的新内阁在持续了24小时之后就解体了。为了改变我的决议，法卢亲自上阵，他来到我家，当时我还在床上躺着，他力劝我、请求我放弃兰瑞奈斯，让他的朋友普菲尔继续担任农业贸易部部长。我早已下定决心，根本听不进去他的劝说。法卢虽感到十分恼火，但依然控制着自己，他起身离开了。我以为所有的事情都错了，相反，一切进展顺利。

他带着贵族特有的优雅气质对我说道：“你真是太有决心了。”他是在用这种优雅气质掩盖自己其他的情感，甚至是内心的痛苦。“你太过强硬，所以我放弃了。处在这样一个困难且关键的时期，并不是说出于私人的考虑，我会中止这个十分必要的组合。我会一直在你们中间。但我希望你们不要忘了：我不仅仅是你们的同事，也是你们的俘虏！”

一个小时之后，内阁成立了，迪福尔让我立即就任外交部部长。

就这样，内阁成立了，成立得如此费力和缓慢，这也注定了它持续的时间不会太久。在内阁成立前的那段时间，在法国，面临最大困难的人无疑是巴罗，他对公共福利事业的热爱促使他希望内阁有所改变，他的雄心壮志和他的诚实紧密结合在一起，让人难以置信，这使得他在新内阁面前表现出无与伦比的热情。因此，他不停地来往于各个派别之间，向每个人发表演说，他的言辞雄辩有力，总是能够博得他人的怜悯，一会儿是多数派的领导，一会儿是我们，一会儿又是新共和党人。巴罗认为共和党人比其他派别的人温和，说到这点，他倾向和他们中的一个人或者几个人合作。因为在政治上，他不会怨恨谁，也不会和谁有真正的友谊。他的内心就像水分蒸发完的花瓶一样，什么都没留下来。

第十八章 内阁在6月13日暴乱发生后的举措

政府各部门构成如下：

司法部部长、执行委员会议长	巴罗
财政部部长	帕西
国防部部长	希尔赫
海军部部长	特瑞西
市政工程部部长	拉克罗斯
公共教育部部长	法卢
内政部部长	迪福尔
农业贸易部部长	兰瑞奈斯
外交部部长	托克维尔

只有迪福尔、兰瑞奈斯和我是新成员，其余的都是前内阁成员。

帕西是个有真才实学的人，不过其德行并不讨人喜欢。他心胸不开阔，为人不圆通，爱激怒和讽刺别人，虽聪明却算不上公正。然而，一旦确有实施的必要，不只是说说而已的时候，他就会变得公正起来，因为他更喜欢自相矛盾侃侃而谈而不是将其付诸实践。我没有见过比他更爱说大话的人，也没有见过像他那样通过解释事情发生的原因和分析随后可能会产生的结果，就会从那些令人恼火的事情中得到慰藉。当他对时局进行一番描述后，他面带微笑，平静而温和地说道："所以，几乎没有什么方法能够挽救我们，我们只能期待现在的社会被彻底推翻。"从另一方面来讲，他是一个训练有素、经验丰富的内阁部长；他的勇敢和诚实能帮助他解决任何事情；他不会犹豫不决，也不会有背叛或者通敌的行为。他的思想、情感，他和迪福尔的亲密关系，还有他对梯也尔的憎恨，都让我们十分相信他。

如果要说希尔赫属于某个党派，特别是尚加尼尔不再是此党派成员的时候，那么他就属于赞成君主政体的党派和保守党派。但他是个军人，一心只想着保住他国防部部长的职位。一开始，我们发现他很羡慕巴黎陆军总司令的职位，但陆军总司令和多数派领导的亲密关系以及其对总统的影响力使希尔赫不得不加入我们的阵营，迫使他不得不依靠我们。

特瑞西是个生性懦弱的人，由于受其父亲思想的影响，他的思想很封闭，被局限在一个十分精确的体系内。但最终，由于和每天发生的事情的接触以及革命的影响使他从这种束缚中解脱出来了，他剩下的只有犹豫不决的理解力和一颗反应迟钝，但总是坦率、亲切的心。

拉克罗斯是个可怜的家伙，他或多或少地受到其私生活的影响。革命的偶然性迫使他走上政坛，成为反对派的人，他从来没有因为成为部长而感到厌烦。一方面，他很乐意依靠我们，而另一方面，他又竭尽所能地通过给总统提供各种服务、进行各种阿谀奉承来确保共和国总统对他的青睐。说实话，让他采用其他方式是十分困难的，因为他是个无足轻重的人，对所有的事情一无所知。人们斥责我们同特瑞西和拉克罗斯这样毫无能力的人一起执政，这样说并不是没有道理，这是内阁毁灭的一个重要原因：不仅仅因为他们工作得十分糟糕，也因为他们臭名昭著的无能使他们的政权接替一直成为人们攻击的对象，可以说成为永久的内阁危机。

说到巴罗，他在情感上和思想上都和我们是一样的。之前他自由的气息，他对共和国的偏爱，他对反对派的记忆，这一切都使得他向我们靠拢。如果他没有站在我们这边的话，他很可能成为我们的敌人，那么这种结果必定是令人惋惜的。不过，一旦他成为我们中的一员，我们就对他非常有信心。

所有的内阁部长中，只有法卢我们并不熟悉，因为他的出发点、他所信奉的观点、他的倾向都和我们不同。他是唯一一个在内阁中代表多数派领导的利益的人，更确切地说，他表面上代表多数派，但实际上，就像我后面说的，他只代表教会的利益。这种孤立无援的情况，以及他在政治上的隐蔽的目的，迫使他在我们之外寻求帮助，他想在议会和总统那儿寻求帮助，可他行事谨慎，小心处理两者之间的关系，就像他一贯的作风一样。

内阁的组建有一个非常大的弱点，那就是内阁本身并不是一个联合政府，而是由多数派组成的内阁来对政府进行统治。不过，另一方面，内阁拥有强大的力量，内阁中的各部长有同样的出身、同样的直觉，交情很深，相互信任，并且有共同的目的。

人们肯定会问我这样做的目的是什么，我们的未来在哪里，我们想要什么。我们当时所处的时代充满着不确定性和模糊性，我犹豫是否以同事的名义去回答这样的问题，但是最终我决定以自己的名义作出回答。我当时不相信，现在依旧不相信共和国形式的政府是最适合法国的。我说的共和国形式的政府，指的是选举的行政权力，人们的习惯、传统、风俗确保了行政权力的重要地位，它的不稳定性一直都在，在战乱时期，它是革命的诱因；在和平年代，它是不安定的因素。此外，我向来认为共和国是一种不和谐的政府形式，因为它总是承诺得多，兑现得少，比君主立宪制更加自由。不过，我真诚地希望能够保持共和制。可以说，在法国没有真正意义上的共和国，所以我认为想要维持共和国并不是不可能的事情。

我想要维持共和国是因为我没有看到任何适合法国的政府形式。旧王朝引起了国家中大多数人的反感。所有的革命热情都已减退，这是因为人们对革命和政府为他们开出的空头支票感到厌倦了，但还有一种真正的热情依旧在法国存在——那就是对旧的社会制度和政治制度的憎恨以及对旧的特权阶级的不信任，因为这些特权阶级在群众眼里代表的是旧的社会制度。这种情绪虽经历了多次革命的洗礼但从未消失，就像那不可思议的泉水一样，经过时代的洗礼，没有和海浪混在一起，也没有消失在它们中间。至于奥尔良王朝，它一定会再一次将上层阶级人士和牧师推到反对派那边去，并且使自己脱离人民群众，就像其之前所做的一样，将本该属于政府的事情和利益一股脑地推给中产阶级，而我在过去的18年中早已发现中产阶级没有能力治理好法国。此外，对于取得成功，他们没有做好任何准备。

路易・拿破仑独自做好了接替共和国的准备，因为他早已大权在握。可一旦他成功了会带来怎样的结果呢？除了出现一个知识阶层所蔑视的、仇视自由并依靠阴谋家、骗子和走狗进行统治的杂种王朝，又能是什么呢？

毫无疑问，共和国很难存活下来。因为大多数支持共和国的人没有能力，也不配统治共和国；而那些有能力有资格的人却十分厌恶它。但想要推翻共和国同样是不容易的。人们对它的憎恨是心平气和的，就好像当时人们其他的情绪一样。人们虽然总是埋怨共和国政府，但其他的政府他们也不喜欢。三大党派之间的矛盾不可调和，他们互相仇视，但对于共和国却不会这样，他们只是为了自身的未来而相互争斗。对于多数派来说，其实根本不存在这样的事情。

因此，我认为共和国政府能够存活下来，并且会有很多的支持，除了少数的反对者之外。如果用温和、明智的方法治理共和国的话，共和国应该能够在迟钝的民众心中占据一席之地。出于这个原因，我下定决心支持那些捍卫共和国的人，而不是反对共和国的人。几乎所有的议会成员都和我的想法一样。迪福尔比我更加坚信共和国政体的稳固和他们的未来。巴罗并不和我一样总是对共和国保持尊重；但在目前情况下，我们都希望能够维持共和政体。这种共同的决心是我们的政治纽带和旗帜。

内阁政府刚刚组建，共和国总统就召开了一次会议。这是我第一次和总统直接接触。之前我只是在召开制宪议会的时候远远地见到过他一次。他非常有礼貌地迎接了我们。这是我们所能期待的最好的情况了，因为迪福尔在六个月前曾经强烈地反对过他，并且对他的候选人资格表示很愤怒，而兰瑞奈斯和我曾经公开支持他的对手。

在我接下来的叙述中，路易·拿破仑占据了很大一部分，似乎值得为他制作一份特别的肖像画，而同时代的其他人，我只是对其整体特征做了简单的勾勒。在所有的部长中，或许也是在所有拒绝加入到他反对共和国的阴谋当中的人中，我是最了解他的人，也是和他关系最亲密的人，因此我是最有资格评价他的人。

他之前所从事的事业以及他近乎疯狂的进取心或许很容易让他得到别人的信任，但实际上，他的能力远不止如此。这是在和他交谈的过程中我对他的第一印象。从这方面来说，他背叛了他的敌人，更是背叛了他的朋友，如果朋友这个词也适用于那些竭力拥护他的候选人资格的政客的话。事实上，大多数人选他并不是因为他所具有的优点，而是认为他是平庸之才。他们期望在他身上能够找到一种统治手段，这种统治手段能够任由他们支配，而且当他们想要推翻他的统治之时，这对他们来说都是合理的。在这方面，他们着实被欺骗了。

作为一个独立的个体，路易·拿破仑具有一些吸引人的品质：他为人随和，性格温柔，甚至有些脆弱，但坚韧不拔，在与人交往中表现出极大的自信；穿着朴素，与生俱来的自豪感中透露着谦虚。他能够对其他人表现出喜爱之情，也能够让和他相处的人对其萌生爱意。他的谈话非常简短，但意思明确。他没有吸引别人的本领或者和其他人建立亲密关系的能力，也不善于表达自己的观点。但他不仅具有作家的习惯，还具有作家的自爱。他的虚伪程度之深足以让他的一生都在阴谋中度过，他的这种虚伪在很大程度上掩盖了他面部特征的僵硬和缺乏表达的特点。因为他目光呆滞，反应迟钝，他的脸就好像是用来照亮船舱的厚玻璃，虽然有灯光，但什么也看不透。面对危险，他毫不在乎，仍旧有勇气保持沉着冷静。同时，他在计划某件事情时总是十分优柔寡断，这是司空见惯的。他总是不断地改变自己的方向，前进、犹豫、后退，这给他带来了不可弥补的损失。因为民众选举他是因为他对任何事情都无所畏惧，民众期望他能够大胆前行而不是瞻前顾后。据说，他总是沉溺于贪图享乐之中。对这种粗俗的享受和对奢侈生活的喜爱因他职位的不断提高而愈发强烈。他每天都沉湎于这种享乐之中，耗尽自己的精力，如同行尸走肉一般，腐败堕落，雄心壮志也消磨殆尽。他的思想不合逻辑，缺乏连贯性，混乱不堪。他虽有一些不错的想法，但总是有些不合时宜。这些想法有时源自拿破仑之前树立的榜样，有时则源自社会主义理论，有时则源自他对英格兰（他曾经在那儿生活过）的回忆。这些思想的来源完全不同，甚至自相矛盾。这些思想都是他在孤独的冥想中费尽心思收集起来的，因为他天生就是个梦想家和空想家。为了集中精力干好某件事情，他总是被迫从这种虚无缥缈、漫无边际的空想中走出来，此时他会表现得大公无私、精明能干，甚至思想会达到某种深度，但从来都不可靠，他总是在正确的思想中加入一些稀奇古怪的想法。

总的来说，和他长时间亲密接触之后，不难发现他的理智中掺杂着疯狂的行为，这总是会让人们想起他年轻时的越轨行为，同时也解释了他现在的所作所为。

就此而言，我不得不承认，在当时的情况下，是他的疯狂，而不是他的理智促使了他的成功，因为这个世界就像个充满神奇的剧院，演技差的演员反而能取得大的成功。如果路易·拿破仑是个充满智慧的人或者天才，也许他永远不会成为共和国的总统。

他一直相信自己是时代的主角，坚信自己是命运的宠儿、时代不可或缺的人物。我一直认为他总是坚信自己是正确的。我怀疑查理十世对自己正统权力的迷恋都远不及他。此外，他毫无能力说出自己的信仰，因为他虽对人们怀有抽象的爱慕，但对自由却毫无兴趣。在政治问题上，他的思想的特点就是对议会充满仇恨和蔑视。对他来说君主立宪制的统治似乎比共和制度的统治更加难以忍受。家族姓氏赋予他的无限的自尊让他在国家面前无法屈服，一想到要屈服于议会他就有了造反的念头。

在他执掌政权之前，他有时间加强自己对侍从的喜爱，这种喜爱在普通的贵族身上也有所体现。20年来，他一直生活在阴谋当中，只有那些品质低劣的冒险家、前途毁灭或是前途受损的人和年轻的浪荡子愿意一直将他当作中间人和同谋者。尽管他品行端正，但我们也能看出他和冒险家还有亲王们有着相同的命运。他不再生活在这种氛围中之后，他还是对这种低俗的环境抱有极大兴趣。我认为除了书面表达的方式外，他很难向那些长期了解他的想法和梦想的人表达自己的思想，他在与人交流时的自卑使得他不能和那些聪明人进行交流。此外，他迫切希望能够遇到对他本人和他的事业都具有奉献精神的人或事，似乎他本人和他的事业能够激起他人的热情——一旦不用依附于身边的人，他的美德就荡然无存。他渴望盲目的崇拜者。

这个对权力极度向往的人成了法国的统治者，他将和我们一起治理国家。

很难想象，在比现在更加危急的时刻承担起治理国家的责任是怎样的情景。在终结这种动荡的局势之前，制宪议会在1849年5月7日作出了一项决定：禁止政府进攻罗马。我在进入内阁之后得到的第一个消息就是进攻罗马的命令已经在三天前向部队下达了。这是对拥有至高无上权力的议会所下达的指令的公然反抗，这场革命开始反对正在进行革命的民众，因为这场革命以及对宪法条款中要求我们尊重所有外来民族的蔑视引发了一场不可避免且一触即发的战争，这战争令所有人畏惧。这场新的斗争的结果将会是怎样的？来自不同省份和地区的行政长官的信件都摆在我们面前，我们所收到的所有的警方报告都试图将我们置于深深的恐惧之中。在卡芬雅克统治的后期，我看到了一个政府是怎样在虚无缥缈的幻想中存活下来的，政府官员为了一己之利是如何对其百般殷勤的。这一次，我更加近距离地观察到，政府官员们是如何增加那些提拔任命他们的人的恐惧的。同样的原因却导致了不同的结果。每个人都认为我们内心惶恐不安，希望通过密谋一些新的计划使自己出名，并向我们展示能够威胁到我们的一些阴谋的迹象。那些越相信我们能够取得成功的人，就越喜欢和我们谈论我们所面临的危险。因为有关此类消息具有的特点之一就是：随着危险的进一步加深，对消息的需求也不断增加的时候，它却变得十分稀有，并且越来越不明朗。在这种情况下，政府官员开始怀疑曾经提拔任命自己的政府的持久性，开始恐惧其继承者，开始沉默寡言，甚至一言不发。但此时，刚才所说的那些人却十分喧闹。听到他们所说的话，禁不住让人联想到我们正处于危险的边缘，可他们所说的话我都不相信。自那之后，我就一直坚信：政府公函和警方报告揭发某一种阴谋，可能是有用的，但对党派的重大活动作出判断或者预见来说，只会给人一些夸大的、不完整的和错误的看法。就整个法国而言，情况都是这样。比如，你希望那些专门设置的、最值得信赖的官员提供一些国内都有什么需要、都存在什么情绪和思潮的材料，希望这些材料非常全面，能指导我们，而且是由他们亲自提供的，那是绝对不可能的。

这些普遍的事实使我相信，此时此刻没有任何武装革命是值得害怕的：应该担心的是一场战争；人们对内战的预期总是残酷的，特别是瘟疫的发生更加增添了人们的怒火。那时，巴黎被霍乱侵袭。死亡在社会各个阶层中蔓延开来。已经有相当一部分制宪议会的成员死于霍乱。现在，曾经在非洲幸免于难的比诺也危在旦夕。

如果说我对于危险的逼近曾经有过一丝的怀疑的话，那么新议会的面貌就会清楚地告诉我我们所面临的危险。我们在议会中已经感受到了内战的气息，这么说一点儿都不为过。议会代表们的演讲十分简短，手势粗暴，言辞夸张、带有侮辱性、充满暴力且相当直接。我们暂时在众议院聚集。这间议会厅可以容纳460人，想要容纳750人实在是有些困难。因此，尽管这些代表相互厌恶，出于仇恨早已分道扬镳，但不得不挤在狭小的空间里。这是一场斗争。山岳派人是如何约束自己的？他们认为自己在人数上占优势，这使得他们相信他们在国家和军队中力量强大。但他们在议会中的力量太过薄弱，以致他们根本没有希望在议会中占优势。有一个诉诸武力的绝佳机会摆在他们面前。整个欧洲仍旧处在暴乱之中，也许将有一场致命的打击席卷巴黎，使巴黎重新卷入革命当中。这不仅仅是脾气火爆的人所需要的。

人们很容易预测到，在进攻罗马的命令已经下达而且进攻随之开始的时候，就要爆发一场运动，实际上也的确如此。

下达攻击罗马的命令这一事情仍旧是保密的。但6月10日，第一场战斗发生的消息被公之于众。

6月11日，山岳派发表了言辞激烈的演讲。雷德鲁·罗兰在讲台上呼吁开始内战，他说宪法已经遭到亵渎，他和他的朋友已经做好准备用一切手段来抵御危险，甚至不惜使用武力。共和国总统和前内阁政府遭到了他的控告。

6月12日，议会委员会被要求对前一天提出的问题进行调查，议会委员会的代表们拒绝雷德鲁·罗兰的控告，要求议会宣布总统和各个部长的命运。山岳派人反对立即进行讨论，并要求文件应该在讨论之前制定。那么他们推迟辩论的目的是什么呢？这很难说。难道希望推迟辩论来平息民愤，或者能够给民众足够的时间让其平静下来？有一件事情是非常确定的，这就是那些重要的领导更多的是纸上谈兵，说得多做得少，虽然充满激情，却不够坚决。在那天他们口无遮拦，言语中带着几分犹豫，这在前一天是没有一点儿征兆的。在剑已经从剑鞘中拔出一半的时候，他们好像希望重新插回去，但为时已晚，外面的朋友已经注意到了这点，此后，他们不再领导别人，而是受他人领导了。

在那两天，我的处境非常危险。正如我之前所说的那样，我完全反对远征罗马这一指令及其指挥方式。在加入内阁之前，我曾向巴罗庄严地承诺过：除了将来，我不会对任何事情负责，他必须一个人做好准备去防御意大利所发生的一切。只有在这种情况下我才会在内阁中担任职务。所以在11日的讨论中我保持了沉默，让巴罗独自承担在这场斗争中面临的冲击。但到了第二天，也就是12日，我看到我的同事们面临遭到弹劾的危险，我觉得我不能再像之前那样保持沉默了。由于要求提供新的证据，给了我干预的机会，而不用对原有的问题表达自己的观点。我做得非常有魄力，尽管只是简单的几句话。

当我在《通报》上读了我的这篇演讲之后，我认为它微不足道，而且反响会很糟。虽然如此，我还是得到了大多数人的支持，因为在人们处于内战的危急时刻，一个人思想的动态和言语的风格能给人留下深刻的印象，而不是其本身价值。我直接攻击雷德鲁·罗兰。我强烈控诉他：渴望危机，热衷于传播谣言，以此来制造麻烦。我说出这些，感觉精神饱满。我的语气坚决，言语充满攻击性，尽管我表达得十分糟糕，因为还没有完全适应我的新角色，但我还是得到了大多数人的支持。

雷德鲁·罗兰说他们中的大多数人是哥萨克人，他自己是掠夺者和煽动者中的一分子。梯也尔评价了他的这一观点，说刚才的听众和六月起义的暴乱者之间有非常亲密的关系。议会拒绝了大多数人希望弹劾内阁成员的要求，然后就散会了。

尽管山岳派的领导依旧十分粗暴，但他们表现得没有以前那么坚定了，只是以此聊以自慰，他们认为斗争的决定性时刻还没有到来。不过，这是错误的。那晚我们收到的消息告诉我们，人们已经准备拿起武器开始战斗了。

事实上，第二天，一些蛊惑人心的报刊宣称，它们的编辑们所要求的，已经不再是用司法解决问题，而是用革命来解决问题。所有人都直接或者间接地要求内战。国民警卫队队员、学生、全体民众都被召集起来，在某个特定的地点集合，一同来到议会的门口。那天是6月23日，人们希望能够和5月15日一样。事实上，已经有七八千人在大约十一点钟的时候聚集在水站。我们在共和国总统的领导下召开议会。总统已经整装待发，时刻准备着一旦收到战争开始的消息就冲出去投入战斗。其他方面，除了衣着之外，他什么都没有改变。他和之前没什么不同，还是那张沮丧忧郁的脸，他的演讲依旧不紧不慢，人依旧狼狈不堪，依旧目光呆滞。他一点儿也没有表现出好战的热情，或者是极度的欢乐，而这些本应是临近危险时应该具有的情绪：或许他的这种态度说到底只不过是内心不安的一种征兆。

我们派人请来了尚加尼尔，他向我们阐述了他所做的准备，并向我们保证胜利是志在必得的。迪福尔给我们说了他所收到的消息，他所有的消息都在告诉我们，一场可怕的暴乱即将到来。之后他离开这里前往内政部，那里是整个活动的中心。正午的时候，我前往议会。

议会已经有很长一段时间没有召开了，因为总统在安排晚上的议事日程之前已经宣布第二天将不会召开会议。这一奇怪的错误决定在别人看起来就好像是一种失职行为。一些人被派去议会成员家中通知他们，我被派到议长家中——大多数多数派领导已经赶在我之前到这儿了。每个人的脸上都显露出兴奋和不安；对于这场战争，人们既害怕又渴望，开始强烈控诉政府的懈息。梯也尔靠在一把大椅子上，把腿搭在另一把椅子上，摸着他的肚子（他感觉到自己感染了某种流行病），用刺耳的假音，十分生气地大声叫嚷道："没有人想去宣布巴黎进入戒严状态，这实在是太奇怪了。"我温和地回答道："我们是有过这个想法的，但时机未到，因为议会还没有召开。"

议会成员已经从四面八方赶来这里，很少有人是接到通知他们来的消息才来的，大多数人甚至并没有收到消息，他们是被在全城流传开的谣言吸引来的。议会在两点钟开始。多数派的席位坐得非常满，但山岳派的席位却空空荡荡。统治着这间议会厅的令人沮丧的沉默看起来比往常从这个地方传来的呼喊声更加令人恐惧。讨论已经终止了，这已经是不争的事实，内战即将打响。

三点钟的时候，迪福尔来到议会厅，要求宣布巴黎进入戒严状态。卡芬雅克在迪福尔之后发表了和往常一样的简短发言，他的思想天生混乱，渐渐接近灵魂的顶点。在这种情况下，他暂时变成我在议会中见到过的口才最好的演说家：他把其他的演说家都远远地甩在了后面。

他对着刚刚从讲台上走下来的一位山岳派人说道："你刚才说我已经没什么权力了。事实并不是这个样子：我是自愿退位的。国家没有被推翻，国家下达命令，我们执行命令。"他又补充说道："我希望共和党人能够充满正义地说，我是自愿退位的，我这样做为我的共和国带来了荣誉。你刚才说我们国家的人们处于恐惧状态之中：历史在看着我们，时机成熟之后它会作出宣判的。我想对你说的就是，尽管你的演讲并没有让我产生恐惧的感觉，但你让我感到了深深的悲哀。我能再告诉你们一件事情吗？共和国已经由来已久，你们是共和党人；然而在共和国建立之前我没有为它做过什么努力，也没有为它遭受过什么痛苦，对此我深表遗憾；但我绝对会对共和国忠心，我会做得更多：我会统治它。我将不会再为其他事情服务，请相信我！把它写下来，速记下来，这样就会把它深深印入我们的年度审议意见之中：我不会再为其他事情服务！我认为我们之间的问题是谁能够为共和国提供最好的服务。那么，我的遗憾就是，你们的服务简直太糟糕了。为了我们的国家，我希望共和国不要垮台；但如果我们注定要经历这次重大的打击，那么请记住，请你们清楚地记住，我们将会对你们的夸大之词和暴怒作出指控。”

在刚刚宣布国家进入戒严状态后不久，我们就获悉暴乱已经被平息。尚加尼尔和总统率领骑兵部队，切断并分散了正在向议院进军的部队。一些新建立的路障在没有遭到打击的情况下就被摧毁了。山岳派人被包围在其总部艺术学院之中，他们不是被逮捕了就是四散而逃了。我们成为了巴黎的主人。

在一些大的城镇发生了同样的运动，斗争更加激烈，却很少有取得成功的。在里昂，战争持续了五个小时，而能否取得胜利还不肯定。尽管如此，但我们已经在巴黎取得了胜利，所以我们并不会对其他城市的胜利感到忧虑；因为我们知道，在法国，不管事情是有秩序的还是混乱的，这一切都是由巴黎的法律说了算的。

第二次六月起义就这样结束了，在起义的激烈程度和持久时间方面都和第一次起义有很大的不同，但起义失败的原因却十分相似。在第一次起义之时，人们是受欲望而不是他们的意见的驱使，他们孤军奋战，没有将他们的代表吸引到队伍前面来。这一次起义，代表们没有办法将人们吸引过来加入战斗。1848年6月，军队缺少领导；1849年6月，领导缺少军队。

这些山岳派人都是不同凡响的角色：他们好争论的天性和自命不凡，就算在最不允许的情况下也都会展现出来。他们会在报纸上或言谈举止中非常强烈地支持内战的发生，对我们侮辱最厉害的就是孔西台朗，他是傅立叶（法国空想社会主义者，社会改革家）的学生与接班人，傅立叶是许多社会主义梦想的创始人，这些梦想在其他任何时候都会被认为是荒谬的，对我们来说则是危险的。孔西台朗和雷德鲁·罗兰一起从艺术学院里逃了出来，逃

傅立叶是法国空想社会主义者，社会改革家

到了比利时边境。我之前和孔西台朗有些社交往来，当他到达布鲁塞尔后，给我写了封信：

“我亲爱的托克维尔（下面是他对我提出的一个请求，让我为他做一件事情，紧接着他又说道）：……我会一直为您提供私人服务。你或许还有两个月或者三个月的时间，那些纯正的白人将会跟随你们最多六个月的时间。你们两者都必然会得到应有的一切，这是确定无疑的，只是时间早晚的问题。但让我们对政治绝口不提，尊重这种戒严状态吧，这种状态是合法的，我们要对此忠诚，这符合奥迪隆·巴罗[①]的初衷。”

我是这样回复他的：“我亲爱的孔西台朗：你所要求的我已经做了。很高兴为您效劳，这点儿小事情不必放在心上，顺便说一句，有一件事我非常确定：那就是这些令人讨厌的压迫者，也就是现在的内阁的部长，从他们的对手那里获得了极大的信任，以致他们的对手在剥夺了法律保护之后，会毫不犹豫地帮助他们来获取所谓的公正。这就证明了我们身上还是有优点的，不管人们对我们说了什么。你确定如果你我的立场一旦发生改变，我还应该按照原来的方式行事吗？我并不是指你本人，而是指我提到的那些你的政治上的朋友。我认为恰恰相反，我庄严地向你宣布：如果他们成了巴黎的主人，那么对我来说能够保住自己的脑袋已经是非常让我满意的了，我也会准备好宣布他们的美德大大超出了我的期望。”

① 奥迪隆·巴罗，法国政治家，当时法国议会的首脑。——译者注

第十九章 内阁的内部纷争

虽然我们取得了胜利，但我们真正的困难才刚刚开始，我已经预料到了这些困难。此外，我一直信奉一句格言，那就是，大获全胜之后，通常会有最危险的毁灭：只要这种危险持续，人们的对手就会和人们交涉，最后人们会取得胜利；但胜利之后人们要学会审视自己，要面对自己的懒散、自己的骄傲，还有胜利带给他们的安全感。

我不认为我们已经濒临这种最后的危险，因为我不认为我们已经克服了我们主要的障碍，而且我知道主要障碍就存在于与我们共同领导政府的人们当中。山岳派迅速而显著的失败不但没有确保我们远离这些人的恶意，反而毫不延迟地使我们暴露在危险之中。如果我们没有取得胜利的话，也许我们会更加强大。

在那时，多数派主要包括三个党派（议会中的总统派人数过少，而且名誉非常不好）。最多只有60到80个人会忠心地跟随我们，和我们一起为建立一个温和的共和国而努力奋斗，这就形成了我们在这个庞大的议会中唯一可以依靠的主要力量。其余的多数派，由拥护君主政体者和七月王朝的老朋友和支持者组成，其中拥护君主政体者的人数达到160人，而七月王朝的老朋友和支持者中的大多数代表着中产阶级的利益，这些中产阶级统治、利用法国长达18年之久。

我很快就感觉到这两个派别中最容易让我们利用的就是拥护君主政体者。他们被上一任政府剥夺了权力，因此，他们根本没有后悔的余地。

此外，作为大的土地所有者，他们不像中产阶级一样对公共职能有那样的需求；或者至少习惯并没有教会他们乐在其中。尽管从原则上讲，他们比其他人更加难以和共和派和解，但他们却比其他人更能接受共和国的统治，因为他们已经摧毁了破坏者，而且拥有了权力，这能够实现他们的雄心壮志和复仇的愿望。事实上，这只是唤醒了他们内心极度的恐慌。多数派人士大多是由旧保守党人组成的，他们迫切希望看到共和国的垮台。不过，由于担心过早废除共和国会带来恐惧而使他们处于危险境地，因此他们对于对共和国怀有的强烈憎恶有意地加以抑制。此外，他们早已习惯紧随权力，获得他们的支持对我们来说是轻而易举的，甚至是只需要得到他们主要的领导——正如我们熟知的梯也尔先生和莫来先生的支持。

通过对时局的分析，我明白使所有次要原则从属于主要原则是非常有必要的，这样可以阻止共和国的覆灭，特别是能够阻止路易·拿破仑建立昏庸的君主统治。在那时，这是最接近危险的。

我的第一反应就是确保自己不受朋友的错误的影响，因为我一直认为古诺曼底人说过的一句话有很深刻的寓意："上帝，请保佑我免受朋友的陷害；这样我就能够保证自己的安危，不受到敌人的侵害。"

在国民议会中，拉莫里奇将军走在我们追随者队伍的最前头，但他的狂妄自大，他的轻率，特别是他的懒惰让我十分担心。我竭力将他派到一个十分重要但距离我们很远的大使馆。俄国已经自然而然地承认了新的共和国，两国的外交关系在上一届政府执政的时候已经破裂，现在我们应该和它重新建立外交关系，我认为这是很有必要的。

我将目光投向拉莫里奇，希望他能够接受这一光荣而艰巨的使命，前往遥远的俄国大使馆。而且，他能够胜任这个职位，这个职位只有很少的将军，或者说只有功成名就的将军才能够胜任。

我在说服他的时候费了很大的周折，但最难的是说服共和国总统。他最初用一种愚蠢的方式拒绝了我的请求，但这并没有让他显得坦率，反而让他难以表达清楚自己的思想（他并没有表达出他的思想，有时会让人觉得他是在抑制自己真实情感的抒发），他希望在重要的地方能够有大使代表自己的利益。关于这个问题，我的想法与他不尽相同，因为我的职责是向大使们下达命令，我十分清楚自己的职责，我只听命于法国。

因此，我坚持己见，如果当时没有法卢的帮助，我想我肯定不会成功。法卢是当时内阁政府中唯一一个深得总统信任的人。法卢据理力争，我不知道他是怎样说服总统的。不过，拉莫里奇最终离开了巴黎，前往俄国。我将会在后面说到拉莫里奇究竟做了些什么。

他的离开消除了我内心的疑虑，我对我们的朋友的行为表示放心，开始想着怎么能够赢得同盟的支持。所有方面的任务都非常艰巨，因为除了自己的部门之外，除非得到内阁的同意，不然我什么事情都做不了。内阁中不乏一批最诚实正直的人，但在政治问题上他们冥顽不灵、思想狭隘，到目前为止，我总是会遗憾没能和一些聪明人共事。

说到那些拥护君主政体者，我认为应该让他们在公共教育部发挥更大的影响力。这个提议有其自身的缺点，但这是唯一能够使他们满意的方案，同时，当我们需要抑制总统的权力，阻止他干预宪法时，这项提议也能够确保我们重新赢得他们的支持。最终这一方案被采纳了。

法卢在自己的部门有自行决定权，委员会允许他向议会提交有关公共教育部的提案，这项提案此后于1850年3月15日确定为一项法案。

同时，我也建议我的同事们能够竭尽全力地和拥护君主政体党派的重要成员保持良好的关系。我本人遵循了这一原则，很快，我就成为内阁成员中和他们保持最好关系的人，这种关系一直持续着。我甚至成为我们和他们中间唯一的调解者。

实际上，我的出身和当时的社会环境赋予我得天独厚的条件，这是别人所没有的，因为，尽管法国贵族已经不是一个阶级，但他们仍旧保持着彼此之间的惺惺相惜，所有的成员能够通过某种隐形的信号认知对方，不管他们的观点是否让他们之间感到陌生，甚至互相成为对手。

在我进入内阁之前，一次偶然的机会，我惹怒了法卢，我比其他任何人的做法都过分，但进入内阁之后，我们很快就成了朋友。

在这方面，我认为法卢是个值得劝诱的人。他身上具备一个好的领导必须具备的两个优点：一个是热情的信念，这能够驱使他一直朝着自己既定的目标奋斗，不允许出现失误和危险；另一个是无所畏惧且灵活多变的思想，这将各种不同的方法应用到一个计划的实施上。

从这层意义上来说，就像他之前所说的，他只是关心自己的事业而不是个人的利益得失；但从其他方面来说，他是个十分狡猾的人，而且他的狡猾非同寻常，给人印象深刻，因为他总是能够暂时将自己信仰中的错与对黑白颠倒，并且能够将此强加到别人身上。这是一个天大的谎言，他能够利用人们的真诚使他们相信谎言，并且使人们相信他们正在从事的或者指导的错误事情是正确的。

尽管我竭尽所能，我还是不能让法卢和迪福尔之间建立起最起码是出于礼貌的良好关系，更谈不上是很好的关系。必须承认的一点是，这两个人之间的优点和缺点是完全相反的。迪福尔打心里就是一个不折不扣的西方资本家，他对贵族和神职人员充满敌意，他没有办法忍受法卢的原则、魅力和儒雅风度，然而法卢的这些优点在我看来是恰到好处的。

尽管费了很大的劲儿，我最终还是成功说服迪福尔不应该去干涉法卢主管的部门的事情；但说到让法卢对内政部的事务施加最小的影响时（甚至是在可允许且必要的范围内），迪福尔是一句话也听不进去。

在法卢的家乡昂儒有一位地方行政长官，法卢认为这位行政长官有缺点。但他并没有要求解雇这位长官，也不会让其获得晋升，他只希望这位行政长官能够调任。他认为如果这位行政长官的职位没有任何变动，那么自己的立场就会受到牵连。此外，这也是来自卢瓦尔省的大部分代表所要求的。

不幸的是，这位行政长官是共和国的公开支持者，但迪福尔并不相信，他认为法卢的唯一目的就是利用这位行政长官来打击那些共和党人，而当时这是他能力所不及的。因此，他拒绝了，而法卢则坚持己见。迪福尔依旧十分固执。看着法卢在迪福尔身边转，却找不到任何能够影响迪福尔的思想的途径，真是件十分有意思的事情。

迪福尔任由法卢在旁边自圆其说，然后看都不看一眼，或者说只是朝他那个方向轻瞥了一眼，目光晦暗，然后用简洁的言辞回答道："我很想知道，为什么你不利用你朋友福奇尔在内政部的职位之便就此摆脱这位行政长官？"

我认为法卢是个急脾气，但他却克制住了自己的情绪。他向我诉说了他的麻烦，我从他温和的言辞中感受到了他极度的愤怒。于是我打断了他的话语，我试图让迪福尔明白不能拒绝同事这样的要求，除非他想和他人发生口角。

一个月以来，我在这两个人中间扮演着调解者的角色，在这段时间里，我为此花费的时间、精力、作出的努力和使用的外交手段比我用于处理欧洲事务的还要多。

内阁政府不止一次因这种微不足道的小事濒临垮台。迪福尔最终屈服

法卢（1811—1886），法国政治家、作家

了，但想让法卢对他感恩戴德是根本不可能的事情；以至于他虽然放弃了那位行政长官，但并没有因此得到法卢的支持。

不过，我们所扮演的角色中最困难的就是我们在前保守党人面前的表现，这些人构成了多数派的主体，就像我前面提到的一样。

这些前保守党人都同时具有他们希望实现的普遍看法和迫切想要得到满足的私人情感。他们希望我们积极地重新建立旧秩序，在这一点上，我们和他们意见一致；我们和他们抱有同样的希望，我们所做的也如他们所愿，而且比他们做得要好。

我们已经在里昂和其周围几个省份宣布进入戒严状态。凭借着戒严令，我们暂停了巴黎的六家革命报刊；解散了巴黎国民警卫队的三个兵团，因为这三个兵团在6月13日的战争中表现得优柔寡断；当场逮捕了三名代表，对另外30名代表提出了逮捕的申请。

类似的措施在整个法国如火如荼地实施着。我们向所有的代表都寄了通告，通告中希望他们能够和政府一同合作，这样一来人们能够更好地服从政府，也能够确保任何事情为法律让步。当迪福尔遭到议会中山岳派人不同形式的攻击时，他都会用富有男子气概的、强有力的话语回复这些攻击，他能言善辩，在这方面有得天独厚的天分，口气之坚定如同破釜沉舟一般。

保守党们不仅仅希望我们以饱满的热情管理政府，而且希望我们利用我们所取得的胜利制定具有预防性和压制性的法律。尽管我们并不愿意和他们走得一样远，但我们感觉到了按照这一方向走的必要性。

就我而言，我坚信对国民的恐惧和合理的怨恨作出让步是明智且必要的，在经历了一场激烈的革命之后，唯一能够维护自由的办法就是限制自由。我的同事们的观点和我的是一样的。因此，我们先后制定了一系列法律：第一项是暂停俱乐部；第二项是抑制媒体的异常行为；第三项是控制戒严状态。

“你们这是在建立一种军事独裁。”有人高呼着抗议道。

迪福尔回答道：“是的，这的确是一种独裁，不过是议会的独裁。没有任何个人权利能凌驾于社会不可剥夺的权利之上，从而保障个人权利。不论是君主制还是共和国，这些绝对的必要性都是相同的。那么究竟是谁引起了这种必要性？是谁让我们遭受了这些可怕残忍的经历，带给我们的是长达18个月的暴力煽动、无休无止的阴谋诡计和令人发指的暴乱？是的，在经历了如此之多的以自由的名义发动的革命之后，毫无疑问，你们是正确的，我们不得不再一次破坏自由，将可怕的武器交到公共权力机关的手中。但这如果不是你们的错，那么又会是谁的错呢？谁才是为共和国服务的最佳人选？是那些支持起义的人，还是像我们一样致力于去镇压起义的人呢？”

这些措施、法律和言辞取悦了保守党人，却没有令他们满意；说实话，除了摧毁共和国之外，没有任何事情能够让他们满意。尽管他们的理智和慎重阻止了他们前进的道路，但本能不断驱使他们朝着这个方向前进。

他们最渴望的是剥夺他们敌人的席位，将这些席位给自己的党羽或朋友。我们又一次看到曾经导致七月王朝垮台的激情。

革命并没有摧毁他们，而是让他们变得更加贪婪。这是我们一个很大的，而且是永远的危险。我认为我们应该作出让步。在公共机关里仍然存在着一大批无足轻重且品德不良的共和党人，革命的偶然性将这些共和党人推上了权力的宝座。

我个人的建议是立即除掉这些人，无须等待民众要求我们解雇他们，这样一来就可以使得民众对我们充满信心，获得那些为人诚实而且有能力的共和党人的支持，可我从未说服迪福尔赞同这一观点。他已经在卡芬雅克的领导下的内政部执政。很多可能被解雇的政府官员都得到了他的任命和支持。他的虚荣心让他还是站在了他们的立场上，他对那些诽谤者的怀疑足以使得他反对他们的代表。

因此，他开始反抗。不久，他就变成了那些对手的攻击对象。没有人敢在讲坛上公开反对他，因为他在讲坛上十分能言善辩，意志坚定，但他总是会不断地遭受到来自远处和暗地里的攻击，我很快就看到了对他狂风暴雨式的反对。

我经常会问他："我们究竟做了些什么？在共和党人的帮助下拯救共和国吗？不，因为大多数借着拯救共和国名义的人肯定会杀了我们，而那些值得拥有这个名义的人在议会中的人数还不到一百人。我们应该在那些不热爱共和国的人的帮助下拯救共和国。因此，我们只有通过让步来进行统治，但绝对不会作出实质性的退让。所有的事情都取决于这件事情的发展程度。此时此刻，共和国最好的保障，或许是唯一的保障就是权力掌握在我们手中。所以，我们应该利用一切光荣的手段使我们掌握政权。"

对此，他回答说他每天都会以饱满的热情投入到斗争中去，和社会主义以及无政府主义作斗争，他必须让多数派满意，仿佛只考虑这些人的公共福利，全然不考虑他们的虚荣心和私人利益就可以满足他们。要是他在拒绝之时能够更加巧妙地处理就好了，但他拒绝的形式比拒绝本身更加不近人情。

之前，我从未见过有人能够在讲台上如此能言善辩，在措辞的选用上也颇具艺术性，总是能够利用语言精准地表达出自己的思想，然而他也会在谈话中表现出窘迫、尴尬、沉默。我认为这源自他所接受的教育。他是个聪明的人，有智慧，或者可以说是个天才，但说到所谓的智慧，他对这个世界的人情世故却一无所知。在他年轻的时候，他过着勤劳艰辛的生活，做事从来都是全神贯注的，但他脾气不好，总是会勃然大怒。

进入政坛之后他丝毫没有改变他的习惯。他不但远离各种阴谋诡计，而且避免和各个党派接触；他全身心地投入到事务中，却远离他人；他憎恶议会所有的行动，惧怕讲坛，虽然那是他唯一的强项。

然而，在作出改变之后他变得野心勃勃，但这种野心勃勃是慎重的，甚至是有些自卑的，他的目的不在于主宰事务，而是管理事务。作为政府官员，他对待他人的方式着实有些奇怪。

一天，德高望重的卡斯特兰将军请求他接见。他接见了卡斯特兰将军，卡斯特兰将军详细地阐述了自己的观点，还有一些他称之为权力的事情。迪福尔认真听着他的长篇大论，之后他起身，毕恭毕敬地把将军送到了门口。将军站在门口，一句话也说不出来，感到十分难堪。当我责备他的这一行为时，他这样回答道："我能对他说的只是那些不愉快的事情，什么都不说总比这要好很多！"

可以想象得出，遇到他这样的人，谁都会大发雷霆。

不幸的是，有一位常务秘书和他一样粗俗，而且比他更愚蠢。所以，当请求者从内阁部长的办公室来到秘书的办公室，希望寻求一丝慰藉的时候，他们却发现同样遇到粗暴、无礼的接待，且比之前更没有智慧。这就好像在跨过树篱之后，又碰到了大片的荆棘。

尽管迪福尔有这么多缺点，但他还是得到了保守党的支持。

这些保守党的领袖，正如我之前预测到的，他们不会管理政府也不愿袖手旁观让他人独自统治政府。他们无法容忍管理内阁事务的人不是他们自己人，而是那些拒绝成为他们统治工具的人。我认为从6月13日一直到有关罗马问题最后讨论的这段日子间，换句话说，就是在整个内阁统治期间，没有一天他们是不给我们设圈套的。

他们并没有在讲坛上公然反对我们，这一点我承认。但他们却在暗地里鼓动多数派来反对我们，斥责我们的决定，批评我们所采取的措施，就我们的演讲提出一些反对的意见；他们试图将自己的思想强加到我们身上，这显然是徒劳的，在发现我们处于孤立无援的状态之后，他们想不费吹灰之力就将我们的权力剥夺。毕竟迪福尔的怀疑不是毫无根据的。

多数派的领导试图通过利用我们以达到采取一些严格措施的目的，制定压制性的法律从而使权力继承者能够更好地接过统治内阁政府的担子。我们的共和观点使得我们在那时比保守党派更加适合统治政府。

他们希望将我们赶出内阁，让他们自己人来接替我们的位置。他们不仅希望能够抑制我们在议会中的影响，而且不断地努力着以期望阻止我们影响总统的思想。

他们沉浸在自己的幻想中，天真地认为路易·拿破仑仍旧赞赏他们的领导方式。因此，他们一直围绕在他身边。我们的特工告诉我们，他们中的大多数，特别是梯也尔先生和莫来先生都多次私自觐见路易·拿破仑，竭尽全力地敦促他与他们在共同利益的驱使下一起联手推翻共和国的统治。

从6月13日开始，我每天都生活在持续不断的恐惧当中，担心他们会利用我们的胜利来驱使路易·拿破仑篡权；担心在某一个阳光明媚的早晨，就像我对巴罗说的，路易·拿破仑会将政权掌握在自己手中。

我知道我的担心比之前任何时候都更有依据。因为在我离开内阁之后，我就得到可靠消息，有人正在策划一场阴谋——在1849年9月通过武力变革宪法，而这场阴谋是由总统和议会联合发动的。

多数派的领导人与路易·拿破仑已经达成一致，仅仅因为柏瑞尔而导致了整个计划的失败，他可能担心自己被当成傻瓜愚弄，他拒绝提供帮助，也拒绝让他的追随者提供帮助。然而他们并没有放弃想法，只是暂时搁置了。

每当我想到，我写下这些文字的时候，也就是距我说的这些事情的发生仅仅两年之后，他们中的大多数人在目睹民众违反宪法的时候变得十分气愤，而这正是他们在当时建议路易·拿破仑做的事情。我发现很难再找到一个更为显著的例子来体现他们的左右摇摆，以及他们在爱国主义和权力掩盖下的虚荣。

正如大家所看到的，我们既不信任总统，也不信任多数派。事实上，不管是对我们还是对共和党人来说，路易·拿破仑都是最大的也是最持久的危害。

我对此确信无疑。然而，在我仔细研究过他之后，我对至少在一段时间内以一种相当坚实的形式让他接受我们的思想充满希望。

很快我就发现，尽管他一直承认多数派的领导，接受他们的意见，还在符合他的目的时和他们一起商讨，但他不得不忍受他们的束缚，此时他常常会表现得非常不耐烦。同时我还发现，受到他们的压迫会使他感到羞辱，他会暗中试图摆脱他们的束缚。

这就给了我们和他接触的机会和掌控他思想的可能性。因为我们早已下定决心不再受这些大的幕后操纵者的支配，将行政管理权掌握在我们自己手中，以此来抵御他们的攻击。

此外，对我们来说，我们部分地支持路易·拿破仑的谋划，并不与我们自己的意图相违背，这对我们来说是可行的。每当我想起这位杰出的人所处的位置时（他的与众不同并不在于他的天赋，而是当时的外部环境将这个平庸之才推到了权力的巅峰），总是会给我留下深刻的印象，如果想要让他保持安静，就需要让他在心中始终抱有某种希望。

在对法国进行了四年统治之后，像他这样的人是否能够重新适应平民生活，这点十分值得我怀疑；他能够同意重新适应平民生活似乎是荒唐的；在他执政期间，他就被阻止涉足一些看起来十分危险的事情，除非有人确实能够在他的野心面前有独到的见解，这种见解即使不具有吸引力，但至少能够对他起到一定的约束作用。这是我在一开始就希望得到的。

我对他说道："我是绝对不会去帮助你推翻共和国的，但我十分乐意在共和国内给你留一个重要的位置，而且我相信我的朋友们都会支持我的这个想法。宪法会重新修订，禁止总统再次当选的第45条会被修改。我们所有人都会帮你实现这一目标。"

由于对修订宪法一事并不十分确定，于是我进一步暗示他：如果他能够以一种和平、明智、审慎的方式治理法国，仅仅只是致力于成为国家的行政长官而不是试图主宰或是统治国家的话，那么在结束执政期限之后他也许会获得连任。那时尽管有宪法第45条的限制，但他会全票通过，再次当选，因为拥护君主专制的党派在他权力延长的期限中并不会看到自己希望的幻灭，而且共和党会将他的统治看作让人们习惯并喜爱共和国的最佳手段。

我以十分真诚的语气对他说了这些话，因为在说这些话的时候我是非常真诚的。

事实上，我对他所提出的建议，当时我认为，而且现在也认为都是最好的，无论是出于国家利益的考虑，还是出于他自己利益的考虑。他十分乐意听我说，但我并没有感觉到我的话语对他产生了任何影响：他一贯如此，别人对他所说的话就像是掉落到井中的石头，能够听见石头的声音，却再也看不到石头了。

不过，我不认为完全没有用，因为他有完全不同的两种性格，这个我在不久之后就发现了。一方面，他是之前的阴谋家，相信宿命论的幻想家，他相信自己生来就是统治法国的，进而统治整个欧洲。另一方面，他是个享乐主义者，他享受着现在的地位带给他的幸福的生活状态和简单的快乐，他不希望为了更高的位置而冒险。

无论如何，他看起来好像越来越喜欢我了。我承认，在和公共利益相一致的情况下，我愿意尽我最大的努力来取悦他。无论什么时候，他向我推荐一个有能力胜任外交事务且十分诚实的人，我都十分乐意给他安排。甚至当他要关照的这个人没有能力胜任一份工作时，如果这个职位无关紧要的话，我一般都会给他安排。但在通常情况下，总统总是将他的推荐授予那些在他所在的党派中处于绝望的境地、不知道自己的出路在哪里的人，而且自以为身负重任；或者他试图在一些重要的大使馆里安排一些自己人，而这些人通常是一些密谋者和流氓无赖。

在这种情况下，我就会前往他的住处见他，告诉他那些和他意志相反的条例和规章，向他阐述我无法遵从他的意思的政治原因。有时我甚至会告诉他，我宁肯辞职也不会为了保住职位而屈从他的意思。由于他并没有从我的拒绝中看到任何的私人原因，也没有看到我有反对他的意思，所以他没有控诉我的行为，也没有推迟议事日程。

然而和他的朋友相处就没有这么愉快了。他们都竞相追逐，希望从中获得好处。他们不停地向我提出他们的要求，态度十分强硬，但似乎又很无力，以至于我总是有想将他们扔出窗外的冲动。但我一直在努力控制自己。然而，有一次他们中有一个确实该死的坏蛋，他非常傲慢地对我说，王亲贵族并没有权力奖励那些为事业而奋斗的人，这是十分奇怪的事情。我回答道："先生，对总统来说最好的事情就是忘记自己曾经是个妄提要求者，时刻铭记他的使命是为整个法国服务，而并非你个人。"

正如我之后会提到的那样，在远征罗马事件中，我坚决支持总统，直到他的政策开始变得不切实际，我仍十分支持他，最后我得到了他的青睐。一天他给了我一个巨大的考验。

1848年年底，博蒙特在英国大使馆工作，那时他强烈批评过路易·拿破仑，当时路易·拿破仑还是总统职位的候选人。之后他的这些言论传到了路易·拿破仑的耳中，使他大为恼火。自从我在内阁中担任部长职位之后，我曾多次试图重新建立博蒙特在总统心目中的形象，即使他是个有能力的人，我也非常希望他能够任职，但我绝对不会建议总统任命他。在1849年9月，维也纳大使职位空缺。当时，由于意大利和匈牙利的外交事务问题，这个职位是我们外交事务中特别重要的一个职位。总统主动向我提出："我希望你把维也纳大使的职位留给博蒙特先生。说实话，虽然我对他十分不满，但我知道他是你最好的朋友，仅是这个理由足以让我作出这个决定。"

对此我感到十分高兴。没有任何人能比博蒙特更适合这个职位了，也没有什么事情比把这个职位给他更让我开心的了。

我所有的同事都不会像我一样在赢得总统青睐的同时又不违背自己的意愿。然而，迪福尔却出乎所有人的意料，在与总统交往的过程中他表现得十分正直。我认为总统简洁明快的作风已经赢得了他一半的好感。但帕西却在和总统较劲的过程中十分享受。我相信帕西觉得让一个把他当作冒险家看的人成为部长是在降低自己的身份，我认为他会通过无理的举止来试图重新恢复他的声望。他每天都会通过一些完全不必要的事情惹恼总统，拒绝他所有的候选人，虐待他的朋友，毫不掩饰地蔑视、反驳他的观点。难怪总统会十分憎恶他。

在所有的内阁部长中，最深得总统信任的就是法卢。我一直相信法卢是依靠某些实质性的东西赢得总统的信任的，而这些东西是我们中任何人都不能够且不愿意提供的。

法卢不论是生来如此，还是受到后天训练，受到社会以及品位的影响，他都是正统主义者，但无论怎么说，他内心只属于教会。他并不相信他所服务的正统主义会取得胜利，在所有的革命中，他一心只想着寻找一条能够使天主教重新掌握权力的道路。他留在内阁中任职，其实是想暗中为教会的利益服务，就像他第一天任职就告诉我们的，他会听取忏悔者的意见，坦白行事。我坚信法卢从一开始就预料到能够利用路易·拿破仑来最终实现他的计划，他早就想到总统会成为共和国的继承者和整个法国的统治者，他心里只想着利用这件不可避免的事情来满足教会的利益。然而，他自始至终都仅仅利用他所属的党派，却从未牺牲过自己的利益。

从我们进入内阁之时，一直到8月13日议会休会，尽管没有获得多数派领导的支持，但我们同多数派的关系越来越好。我们同他们的敌人进行对抗，这些他们都看在眼里，而且我们时时刻刻都要面临敌人猛烈的攻击，这些都使得我们逐渐赢得多数派的好感。不过，我们在总统心目中的形象丝毫没有改变，他曾经允许我们参与他的意见讨论，但并未接受我们。

六个星期之后，情况完全逆转。一方面，代表们因我们拒绝将管理地方事务的权力交给他们的朋友而大声吵闹，纷纷从其他省份赶回来；另一方面，共和国总统和我们的关系越来越亲密，我将会在后面阐述原因。人们也许会说我们在这一方所取得的进展和在另一方的后退是得失相当的。

内阁一会儿偏向这边，一会儿偏向那边，如同绑在一起又不断摇晃的支柱一样，似乎随时都会在两者中间跌倒。罗马事件导致了内阁的垮台。

这就是议会会议在1849年10月1日召开时的情况，是人们第二次也是最后一次处理罗马事件。

第二十章 外交事务

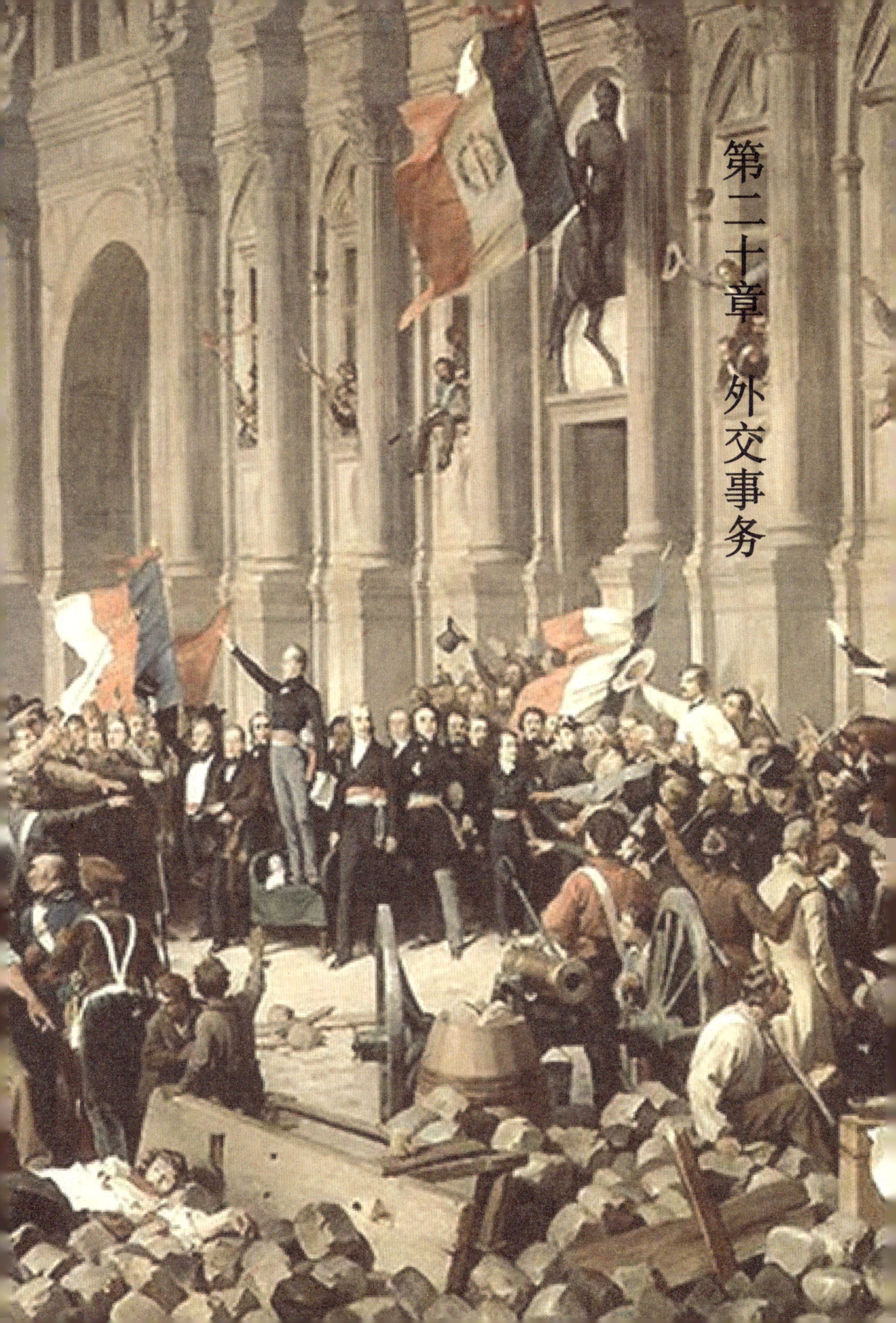

我不希望打断对我们在国内所遭受到的悲惨境遇的叙述，去谈及我们在国外所碰到的困难，对此我所承受的压力比其他任何人都要大。现在我将要重新叙述这一部分的内容。

当我就任外交部部长一职后，当所有的事情摆在我面前时，我被眼前这些数量之多、程度之深的苦难吓到了。但最令我感到焦虑不安的不是其他，而是我自己。

我天生就没自信。我在君主统治时期最后的几届议会中度过了九年，这九年使我的缺点更加暴露无遗，尽管经历过二月革命的磨炼帮助我提升了一点点信心，然而当时我完全没有信心接受这一艰巨的任务，就如同现在一样，经过一番犹豫之后，我充满恐惧地进入内阁执政。

不久之后，我发现一些能够使我平静的事情，即使这些事情不能够完全令我安心。我发现事情并不总是随着规模的扩大而变得越来越困难，这一点是显而易见的。然而事实却恰恰相反。事态的复杂程度并不会随着其重要性的增强而增强。这种情况经常会发生：事情外部会呈现出简单的一面，但实际上，结果会变得更加严重。

此外，一个能够影响所有人命运的人随时需要别人启发他、帮助他、替他减轻负担，帮他免去琐碎的事情。这样的人需要他人的鼓励和保护，而不是将其置于不重要的事物之中或者是难堪的境遇中。最后，事情的大小会在一定程度上刺激人们的精神力量，尽管任务有些艰巨，但他们会逐渐成为有经验的人。

在一些琐碎的、无足轻重的责任下，我总是感到茫然不知所措，充满忧虑、沮丧。但当我遇到一些大事儿时，我却感到异乎寻常的平静。

当我感觉到事情的重要性的时候，我会全心全意投入工作。直到那时，我才觉得遭到拒绝对我来说是绝对不能容忍的事情。我能够感知到自己在这个世界大舞台上的命运，即使当时我已经站在那里，我也不会感到惊慌失措。这不会暴露我胆小怯懦的缺点，反而会展现出我的骄傲和自豪。

同时，在不久之前，我发现在政治问题上，就像其他很多问题一样，也可能在所有问题上都会如此，那就是事情所带来的影响程度并不在于事情的重要性，而是在于事情发生的频率。

一个人在处理一些工作上的琐碎的事情时，偶然发生的事情需要他去处理时，他可能会感到困惑不解，这种人往往会在处理一些重大事情的时候恢复他泰然自若的处事风格，只要这些事情是每天都会重复出现的。

事情发生的频率好像使得它所产生的影响毫无预兆。我在前面已经叙述过，之前我因为通常会和没有任何优点吸引我的人保持距离而树敌太多。那些人经常会认为，我对他们的厌倦是我的傲慢无礼。我非常惧怕在我将要开始的旅途中会遇到暗礁。但很快我就发现，即使人们傲慢无礼的行为和他们财富命运的发展完全成比例，但这一点在我身上完全不适用。

同时我还发现，当我自己鹤立鸡群时比我发现自己是个庸人时更能展现出亲切感和热诚。这源自一个事实：作为一名内阁部长，我不必再和其他人追名逐利，也不必担心遭人冷眼。人们会认为接近这位高权重的人是很有必要的，即使他的最琐碎无意义的话语，人们也会高度重视。这同时也因为作为内阁部长，我需要和这些愚蠢的思想打交道，考虑他们的利益，这总是能为谈话提供现成的和容易探讨的话题。

因此，我看到我并没有像我担心的那样不适合我所担任的职位。这一发现给了我勇气，不仅仅是现在，而是影响了我今后的人生。如果有人问我在担任这个麻烦不断、充满挫折且时间短暂的内阁部长职务中，所有开始进行的事务都没有任何结果，那么我究竟得到了什么。我会说我获得了一个优点，这也许是世界上最大的优点，那就是自信。

不管是在国内还是在国外，我们最大的障碍不在于事务的难易程度，而在于和我们一起共事的人。我首先看到的就是这个问题。

我们大部分的同事都是君主政体的支持者，所以在内心深处，他们憎恨现在效劳的政府。他们在民主共和的法国的名义之下，赞扬旧贵族统治的复辟，而且暗中为在整个欧洲大陆重新建立君主专制统治而努力。

相反，对其他人来说，二月革命使他们脱离了困境，不然他们会一直深陷其中，但他们却暗中支持那些法国政府在打击的蛊惑人心的党派。

不过，他们中的大多数人最大的缺点就是胆小怯懦。我们大多数大使害怕和所驻的国家有任何政策上的联系，因为他们代表的是我们的利益，他们甚至害怕暴露自己的观点，因为这些随时可能会成为他们的罪名。

因此，他们谨小慎微地将一些无关紧要的事实秘密地塞入他们的通信中（因为在外交事务中，你必须不停地写，即使你一无所知而且什么也不想说），而且他们在记录的时候会小心翼翼不暴露自己对事情的看法，更不用说，他们也不会给我们从中得出结论的任何迹象。

我的同僚们自甘堕落，成为无用的人。说实话，在这种情况下，他们大多数人天生就很虚伪，我意识到这一点之后，就下定决心在重大事务上任命新人。

同样，我希望能摆脱多数派的领导，但没能成功，于是我试图和他们搞好关系，我希望能够在赢得他们好感的同时不会受他们的影响，对此我满怀希望。

尽管这是个艰巨的任务，但最后我成功了，因为在所有的内阁成员中，我是唯一一个强烈反对他们的政策，而同时又赢得他们好感的部长。如果非要让我承认的话，那么我的秘密就是在奉承他们的自命不凡的同时，忽略他们的意见。

我认为在一些小事中观察到的结论完全适用于大的事务：我发现在谈判中，人们的虚荣心能够促成一场有利的谈判，因为通常人们能够从虚荣中获得一些实质性的东西，同时不必付出一些实质性的东西。如果一个人在谈判的过程中充满野心或者贪婪的话，那么他一定不会成功。

与此同时，如果想利用他人的虚荣心在谈判中占据有利地位的话，就必须将自己暂时搁置一边，心无旁骛，一心只想着成功，正是这一点使得谈判变得很困难。

当时，我充分利用这一发现，并且获得了极大的好处。有三个人由于之前所处的地位，从而认为他们有权影响我们的外交政策：这三个人就是德布罗意先生、莫来先生和梯也尔先生。我对他们三人十分尊重，我经常派人请他们过来，有时我也会去拜访他们，谦逊地听取他们的意见，即使我几乎没有按照他们的意见行事。但这样做并没有让他们满意。

比起在不询问他们意见的情况下行事，还是听听他们的意见比较好，即使最后没有按他们的意思做事。特别是对梯也尔先生来说，我的这种方法更好使。雷慕沙，没有任何个人企图，真诚地希望内阁政府能够维持下去，他在和梯也尔相处的25年里，对梯也尔的弱点了如指掌，有一天他这样对我说："人们对梯也尔先生并不是十分了解。比起雄心壮志，他更多的是虚荣自负。他喜欢尊重而不是顺从。比起权力的本身，他更喜欢权力的表面。人们需要经常咨询他的意见，然后就可以按自己的想法去做事情。比起你做事的方法，他更加关注的是你是否尊重他。”

我就是这样做的，而且非常成功。在我担任内阁部长期间，有两件大事——皮埃蒙特事件和土耳其事件，当时我的做法和梯也尔先生的想法完全相反，不过到最后我们仍旧是很好的朋友。

对于总统来说，特别是面对外交事务的时候，对于一些重要事件，他总是表现得准备不充分。很快我就观察到，他很享受一人之下万人之上的感觉，并为此感到自豪，但他并没有采取任何措施去了解事情的情况。我建议他让大家对每天的工作做总结，而且要交给他审查。在此之前，他了解外部世界的途径只能靠道听途说，还有就是外交部部长认为可以告诉他的事情。

他的思想活动总是缺乏可靠的事实作为依据，这一点体现在他思想存在的所有幻想中。有时看到他的计划如此巨大、不切实际、肆无忌惮和令人困惑，我会感到恐慌。实际上，在向他解释事情的实际情况时，我会轻而易举地使他意识到眼前存在的困难，因为讨论不是他所擅长的。虽然他沉默不语，但绝不轻易妥协。

他的幻想之一就是和德国的两大势力之一结成联盟，他提议借此机会改变欧洲版图，抹去在1815年合同中针对法国的条约。因为他看到我并不相信能够找到这样一个势力愿意和我们结成联盟，于是抱着这样一个目的，他亲自召唤驻守在巴黎的德国大使。

突然有一天，他们其中一个人非常激动地告诉我，共和国总统问他：如果考虑到等价条件的话，他们是否会反对法国夺取萨瓦。还有一次，他萌生了一个想要派遣特使的想法，这人一定是他自己的人，他希望能够派遣他跟德国的王亲贵族直接交流。

他选择了佩尔西格尼，他要求我对佩尔西格尼作出任命。我答应了他的请求，但我深知这种谈判是没用的。

我相信佩尔西格尼身上肩负着双重使命：促进国内的权力篡夺和国外的领土扩张。他首先被派遣到柏林，接着又去了维也纳。正如我所预期的那样，他受到了对方的友好接见和热情招待，最后却遭到了拒绝。

但我说了太多个人问题了，让我们回到外交事务上吧。

当我执政的时候，尽管战火在其他国家已经熄灭，但整个欧洲的局势仍旧十分紧张。西西里岛已经被征服并且受到压制；那不勒斯已经顺从于他们（法国），甚至可以说是受到他们（法国）的奴役；诺瓦拉（城市名，位于意大利西北部）战争也失败了；凯旋的奥地利人和查尔斯·阿尔贝特之子谈判，他因为父亲退位而成为皮埃蒙特的国王；奥地利人离开伦巴第占领了帕尔马，他们在未经允许的情况下进入了属于教皇的辖境，即普拉森提亚和托斯卡纳区（意大利行政区名）的一部分。尽管大公（基本仅次于国王）通过臣民的帮助复辟成功，然而这些臣服者并没有因为他们的热情和忠诚而得到应有的回报。但威尼斯依旧誓死抵抗，罗马在击退了我们的首轮攻击之后，开始集结意大利的煽动势力来帮助他们，他们的呼声使整个欧洲都情绪激动。

德意志可能从二月革命之后都没有分裂和解体的迹象。尽管统一德意志的想法已经破灭了，但前德意志组织的地位还没有恢复。国民议会的成员已经锐减。

不过，他们一直到现在仍旧试图重建这个组织，这些成员已经逃往法兰克福，他们走到哪里都会表现出他们软弱无能和可笑的愤怒。但他们的解体并没有使原有的秩序重新恢复，相反，给了无政府状态更大的自由空间。

温和的，也可以说是天真的革命党人曾经相信他们有能力通过争吵和和平的方式说服民众和德国的王亲贵族服从一个单一的政府，继而能够为暴力的革命党人让路。这些革命党人一直坚信政府可以通过彻底摧毁旧政府体系

威尼斯，由加纳莱托在 1730 年所绘

和彻底废除现存的社会制度来使社会实现统一的状态。

因此，议会讨论之后，紧随其后的是各个地区的暴动。政治竞争升级成阶级斗争，在很多地方，特别是在德意志中部的几个小州和莱茵河大峡谷，穷人对富人与生俱来的仇恨和嫉妒逐渐发展成社会主义理论。

符腾堡处于混乱状态，萨克森刚刚经历了一场恐怖的暴乱，在普鲁士的帮助下才停止了这场暴乱；威斯特法利亚同样也爆发了多次暴乱；享有王权的贵族领地正在经历一场叛乱，巴登人赶走了他们的大公，并且组建了临时政府。

一个月之前，当我途经德意志时曾预测王亲贵族最后的胜利已经确定无疑，激烈的叛乱加速了这一结果到来的步伐。一个更大的君主国重新夺回了他们的首都和军队。

他们仍旧有困难要去克服，但已经没有什么危险了；他们是自己的主

符腾堡是当时欧洲的一个王国。图为符腾堡国徽

人，或者说即将成为自己的主人。叛乱分子在猛烈地打乱了公共秩序之后，也承诺了他们进行军事干涉的希望、机会和权力。

普鲁士已经开始这样做了。普鲁士通过军事力量刚刚镇压了萨克森的叛乱，如今他们进入了享有王权的贵族领地，干涉符腾堡，并且准备入侵巴登的公爵领地。因此，几乎整个德意志都有他们的士兵在把守，而且处于他们的影响之下。

虽然奥地利已经摆脱了威胁它存在的可怕的危机，但仍旧有大量的事情等待着它。它的军队在成功征服意大利之后却被匈牙利打败。它并不相信自己能够在孤立无援的状态下战胜它的攻击对象，所以请求俄国来援助它。俄国沙皇在5月13日的一份声明中向整个欧洲宣布，他们将向匈牙利进军。

尼古拉一世直到现在还是毫无危机感，依旧认为他有不可战胜的强大力量。他已经看到了远方国家的动荡不安，但还是无动于衷。

从那时起，尼古拉一世独自在欧洲的强大势力中代表着旧社会和权威的旧传统原则。他不仅仅认为自己是它们的代表，而且自认为是它们的守护者。他自身的政治理论、宗教信仰、雄心壮志和他的良心都促使他接受这个角色。因此，他得到了这种权力——建立一个比第一个帝国还要大的第二个帝国。

他通过书信或给予荣誉的方式鼓励那些在欧洲任何地方取得胜利、战胜无政府状态并获得自由的人，似乎他们都是他的臣民，为巩固他的权力而付出过努力。

他向在欧洲大陆最南端的费兰基里——西西里的征服者，送达了他的命令，他亲笔写信给费兰基里，表达了他对其指挥非常满意。他拥有至高无上的权力，在他的位置上，他目睹了撼动整个欧洲的一些斗争，这位皇帝毫无约束且口气中略带蔑视地评价着他追击的革命党人的罪恶，以及他曾经帮助过的党派和王亲贵族的罪恶。由于当时情况所需，他只是简单地表达了自己对此事的观点，并没有表现出急于想表现自己思想的意思，也没有刻意地去隐藏自己的思想。

拉莫里奇在1849年8月11日写信给我，这封信秘密地送到了我手中，他在信中这样说道：

“今天早上，沙皇告诉我说：‘将军是否相信保王党派能够和激进派团结起来推翻一个他们不喜欢的王朝，并以他们自己的王朝取而代之。我对此非常确信。特别是你们正统主义党派会毫不犹豫地去做。很久以来，我都认为是正统主义者使得波傍王朝的大分支变得令人难以接受。这也是我承认共

和国的一个原因。同时，我还观察到在你们的国家有一种特定的常识，这种常识恰恰是德意志人所缺乏的。’

“之后，皇帝还告诉我：‘普鲁士的国王是我的姐夫，我和他的关系非常密切，但他完全不听我给他的建议，如此一来，结果就是我们之间的政治关系明显冷淡了，从一定程度上来说已经影响到了我们的家族关系。看看他所做的事情：他领导着一群蠢货，这些人梦想着能够建立一个统一的德意志民族，现在他和法兰克福的议会决裂了，他不是开始觉得自己必须同他所扶植的石勒苏益格公国和荷尔斯泰因公国开战吗？还能想象得出比这件事情更可耻的事儿吗？现在，谁知道他和宪法提议会有多大的差距呢？’他又补充道：‘不要以为我干涉了匈牙利的事务，我就会在这件事情上为奥地利进行辩护。奥地利接二连三地出错，这是最严重的错误和最大的罪恶；其所导致的结果就是任由他们的国家被颠覆性的信条所侵略，政府落入那些无法无天的人手中。这是不能容忍的。’

“说到意大利事务的时候，他说：‘我们其他人根本看不到神职人员在罗马事件中所起的暂时的作用，但只要通过他们的方式能够建立一种可以持续下去的政权，那么我们可以不在乎他们的做法。’”

因为拉莫里奇被这种目空一切的语气所伤害，从沙皇的语气中他明显感觉到其独裁者的口吻，还有教皇和教皇之间的竞争，所以他们开始保卫罗马天主教制度。

皇帝说：“非常好！非常好！只要法国能够使自己不受疯狂的理论和改革者的激情所影响，那么就让它按照它的意愿成为天主教国家吧。”他以此结束了对话。

尽管沙皇在行使权力的时候冷酷无情、一丝不苟，但他仍旧保持着俭朴的、甚至是资本主义的习惯，他仅仅保留了最高权力的实质，拒绝浮华。

7月17日，驻圣彼得堡的法国大使写信告诉我：

“皇帝已经抵达华沙，为了能够及时赶上女王的节日庆典，他在身边没有任何随从陪同的情况下，坐着一辆邮车来到华沙，因为他的马车在距华沙60里格的地方出了问题。他以惊人的速度在两天半之内赶到了华沙，并且会在明天离开。每个人都被他与平日完全相反的权势和俭朴所感动，这位君主在派遣12万人投入战场之后，像邮差一样赶路为的是能够赶上妻子的庆典。没有任何事情比这更符合斯拉夫人的精神了，人们也许会说，文明的首要因素就是家庭精神。”

事实上，我们认为沙皇巨大的权力是建立在武力的基础上的观点是错误的。这种权力是建立在俄国人民的愿望和强烈的同情心的基础之上的。人民主权原则是所有政府的根本，从相反的一面来说，这种原则隐藏在最不独立的体系之下。

俄国贵族已经接受了欧洲的原则，尤其是欧洲的恶习；但俄国的民众和西方并没有联系，而新的精神使他们富有生气。他们在皇帝身上不仅看到了

华沙是波兰的首都，也是一座历史文化名城。图为 1770 年的华沙

合法的王公贵族，而且看到了上帝的使者，甚至是上帝本人。

在我描述过的欧洲大陆中，法国的地位处于劣势，而且是很尴尬的。革命没有在任何地方取得成功，没能建立一种常规的、稳定的自由体系。到处都是旧权力从革命的废墟中重新建立的景象，虽然和它们毁灭的时候不太一样，但仍旧十分相似。我们不能帮助旧权力巩固起来，也不能确保旧权力的胜利，因为旧权力所建立的制度不仅仅和二月革命所建立的体系，而且和我们的根本思想，以及我们的新习惯中最永久且不可战胜的东西是格格不入的。从他们的角度来看，他们并不信任我们，而且他们认为这样没什么错。

因此，欧洲传统秩序恢复者的伟大角色不属于我们。而且，这一角色已经被他人所取代：那就是俄国，仅仅留给我们一个次要的角色。

至于将法国置于革新者的前列，更不能这样想，因为，首先，法国绝对不可能为这些革新者提供建议，或者领导他们，因为他们言行放肆且非常无能；其次，人们不可能在国内被他们击败的同时又在国外支持他们。

他们的热情和信条会让整个法国燃起战火，在当时，革命信条统治着其他一切信条。因此，我们无法团结那些控诉我们敦促它之后又背叛它的国家，也无法团结那些指责我们动摇其王位的亲王。

我们只能接受英国人无结果的好意。此时我们孤立无援的境地和二月革命的时候一样。唯一不同的是，整个欧洲大陆国家对我们更加怀有敌意，而且英国对我们更加冷淡。

因此，我们只能和原来一样过着毫无意义的生活，就这样日复一日地过下去。不过，即使这样也是很有困难的。

法兰西民族曾经，甚至在某种程度上来说，至今仍旧在世界上有着举足轻重的地位，他们反对这种时代的必然性。虽然他们现在已经没有什么优势了，但仍然十分高傲自大。

他们害怕付诸实践，依旧希望他们的话语具有影响力，同时也希望他们的政府保持原有的骄傲，然而，却不允许政府承担风险。当时人们对法国的关注比内阁刚刚建立之初更加迫切。

6月13日，我们在巴黎轻而易举地大获全胜，撼动了整个欧洲。人们都希望法国会爆发一场新的起义。遭到重创的革命者希望借此机会重新恢复他们的力量，他们竭尽全力想充分抓住这次机会。

胜利在望的政府担心会受到这场危机的影响，于是在准备发出最后一击之前停手了。6月13日整个欧洲都发出了痛苦或喜悦的呐喊声。这天命运突然被确定，并一直蔓延到了莱茵河畔。

普鲁士军队已经成为公爵领地的主人，随即他们又入侵巴登大公国的领地，疏散了暴动者，除了坚持了几个星期的拉施塔特之外，他们几乎占领了整个国家。

巴登的革命党人逃往瑞士。来自意大利、法国，甚至可以说是来自欧洲每个角落的难民都逃到了瑞士，因为除了俄国之外，整个欧洲大陆都在经历着革命。难民人数很快上升到了1万或1.2万人。这是一支随时准备击溃邻国的军队。所有国家的内阁政府都对此高度警惕。

奥地利，特别是普鲁士已经有理由对瑞士联邦不满，甚至是俄国，这个和这场革命几乎没有关系的国家，在武力入侵瑞士的领土之后，又以政府受到威胁的名义充当正义的化身。这是我们所不允许的。

我首先试图让瑞士人接受我们的理由，劝说他们不要等到自己受到威胁的时候才开始反击，不要坐以待毙，而是要主动出击，将侵略者赶出自己的领土。

我不断向瑞士联邦驻巴黎的代表重申："这样一来，如果你们期望像人们要求的那样做，那么你们可以依靠法国的帮助来抵抗其他国家提出的不公正的或者是过分的要求。我们宁愿受到革命的威胁，也不会容忍他们压迫和羞辱你们。但如果你们不明确自己的态度，那么你们只能依靠自己，你们将

巴登大公国是德国西南部莱茵河东岸曾经存在的一个国家，国祚由1806 年至 1918 年。1848 年欧洲革命时期，巴登是改革者活动的中心。最终，巴登的革命活动主要被普鲁士军队所镇压。图为巴登大公国国徽

会孤立无援地与整个欧洲对抗。”

这些言辞丝毫不起作用，因为瑞士人的骄傲自大无人能及。瑞士的所有人民都相信他们的国家能够公然反抗世界上所有的王室和国家。

因此，我采取另一种方式和他们沟通，这种方式成功了。那就是建议外国政府在一定时期内拒绝在瑞士避难的所有人的赦免权，无论他们犯的是什么罪，都不允许他们回到自己的国家，其实这些外国政府早有意愿要这么做。

从我们的角度来说，我们对那些在逃往瑞士之后，试图想穿过法国去邻国或者美国的人关闭了边境，不管这些人是毫无恶意的难民还是革命的罪魁祸首，我们都一视同仁。因为通往外界的所有出口都关闭了，所以瑞士挤满了大概有1万到1.2万的冒险家——整个欧洲大陆最狂暴和最无秩序的人。

他们有必要给这些人提供食物和住宿，甚至是资金，否则他们会强行从国家获取这些东西。这突然让瑞士人明白了拥有避难权的弊端。

瑞士安排一些杰出的领导无期限地留在这里，尽管这样做会让其邻国面临危险，但革命军对他们来说是个大麻烦。那些比较激进的州首先提出要求，将这些给他们带来不便而且给他们造成经济负担的客人赶走。

由于没有说服那些外国政府开放他们的领土，进而使大批毫无恶意的难民能够离开瑞士，所以瑞士最后也只能将那些领导驱逐出境。几乎所有的欧洲力量都打击这些人，而不是将他们赶出自己的领土，最终瑞士为了避免暂时的不便和不必要的开支，将这些人赶走了。

没有更好的例子能够看出民主国家的本质了，通常情况下，它们在处理外部事务时总是非常困惑，或者只有一些错误的观点，一般只能通过内部的原因解决外在的问题。

在瑞士发生这些事情的同时，德国的总体局势正在发生改变。人民与政府之间的斗争转变成为王亲贵族之间的斗争。我对这场革命的新阶段非常关注，并且内心充满惶恐。

德国的革命并不像欧洲其他国家的革命一样，仅仅只是由一个简单的原因引起。而是由于当时的时代精神和德国特有的中央集权思想所引起的。虽然民主被打败了，但德意志统一的精神并没有被摧毁；对这种精神的需求、回忆和激情使得它存活了下来。普鲁士国王试图占有和利用它。尽管这位国王充满智慧，却没什么辨别力，他在对革命的恐惧和试图利用革命之间摇摆不定将近一年。他竭尽所能地与那个时代的自由和民主精神作斗争。

然而，他支持德意志统一的思想，这是一场愚蠢错误的游戏。在这场游戏中，如果他敢不惜一切代价去满足他的欲望的话，那么他的王位甚至是生命早就不保了。因为，为了能够克服来自现存体制和亲王们利益的阻力——他们一定会反对中央集权的建立，因此他必须呼吁民众的革命热情来帮助他，而腓特烈·威廉四世无法做到既利用民众对他的喜爱，又确保自身不会很快被其摧毁。

只要法兰克福议会能够保留自己的名誉和权力，普鲁士国王就会恳切地请求，并且竭尽所能使自己成为新帝国的首领。当法兰克福议会名声败坏、无能为力的时候，国王改变了他的行为，却没有改变他的计划。

他试图承袭议会，并且通过实现德意志统一的妄想与革命作斗争。民主主义者也企图利用这一妄想来撼动所有的王位。抱着这种企图，他劝说德意志所有的王亲贵族和他达成共识，建立一个比1815年更加亲密的新联邦，并且让他来统治新联邦。

作为回报，他负责建立和巩固他们在国家的地位。这些王亲贵族都非常憎恨普鲁士，但当他们面对革命的时候，他们被震撼了，所以大多数人接受了这一高利交易。

奥地利在这个建议上所取得的成功将会使其被驱逐出德意志，他们对此表示抗议，因为他们所处的境地使其什么也做不了。南方两个重要的君主

腓特烈·威廉四世（1795年10月15日—1861年1月2日），
霍亨索伦王朝的普鲁士国王，1840年至1861年在位

柏林群众欢呼1848年革命

国：巴伐利亚和符腾堡都效仿奥地利的例子，但整个德国北部和中部都加入了短暂的联邦，这个联邦是在1849年5月26日缔结的，在历史上被称为“三王联盟”。

于是，普鲁士一下子在这个地域广阔的土地上占据了主导地位，其势力范围从梅梅尔一直延伸到巴塞尔，曾经一度有2600万到2700万的德国人在它的统治之下。所有的事情都是在我任职外交部部长之后不久发生的。我不得不承认在我看到这一不同寻常的景象时，我脑海中充满了稀奇古怪的想法，有时试着去相信总统在外交政策上并没有我一开始想的那样疯狂。

曾经一直压在我们心头的北方大皇室联盟已经被摧毁了。欧洲大陆的两大君主国：普鲁士和奥地利一直争吵，几近交战的边缘。现在是时候建立一个关系紧密且强有力的联盟了，我们已经被迫放弃这个联盟60年了，它或许在某种程度上能够弥补我们1815年的损失。

法国不切实际地帮助腓特烈·威廉四世完成他的事业，有可能会分裂欧洲，并使其陷入一场危机，这场危机可能会重新改变欧洲大陆的版图。

这些想法似乎很适合当时的情形，它们存在于德国王亲贵族的想象中。他们当中权力较大的人一心想着改变版图，以损害邻国的利益来获得自己的权力。民众的革命弊病似乎已经影响到了政府。

巴伐利亚的外交部部长——冯德尔男爵对我们的使者这样说道：“38个国家组成一个联邦是不可能的事情。有必要使他们其中的一些国家成为附属国。比如，我们如何能够在巴登这样的国家重新建立秩序？除非我们拥有至高无上的权力使他们服从于我们。”他继续说道：“在这种情况下，内卡河谷自然而然将会归我们所有。”

就我而言，会很快将所有这样的幻想从脑海中删除。我很快就发现普鲁士不能也不愿意用任何事情作为我们调停的交换条件。它导致其他日耳曼国家的权力岌岌可危，而且可能非常短暂。没有人对普鲁士国王有信心，他在起初碰到障碍的时候可能就会舍弃我们，甚至舍弃他自己。尤其是这样一个影响范围广且雄心勃勃的计划对这样一个根基不牢固的社会并不适合，更不适合我们当时那个麻烦不断、危机四伏的时代，更不适合那些短暂的权力，就像那些偶然间会落到我手中的权力一样。

我之前对自己提出了一个更加严肃的问题，我在这里再次提起它是因为它总是会时不时地突然出现在我的脑海中，这个问题就是：使紧密团结在一起的德意志联邦更加紧密或是更加松散，哪一种情况符合法国的利益？换句话来说，我们应该期望德意志在某种意义上成为一个单一制国家，还是让它保持这种民众和亲王们都不和的聚合体？

在我们的外交政策中有一个传统：那就是努力保持德意志在多个独立权力中的分散状态。事实上，这在当时是不言自明的，在当时的情况下，德国后面只有波兰和一个半开化的俄国。但这和我们现在的情况一样吗？这个问题的答案依赖于另一个问题：现在俄国对欧洲独立的真正威胁是什么？

就我个人而言，我认为西方国家迟早会受到沙皇的束缚，或者至少可以说会受到沙皇直接的且无法抵挡的威胁，我认为我们的首要目标就是支持所有日耳曼人团结起来共同抵抗沙皇带来的威胁。整个世界的面貌是全新的，我们必须改变之前旧的准则，不必担心邻邦的强大，因为也许有一天我们会联手对抗我们共同的敌人。

从俄国沙皇的角度看，统一的德意志将会给他带来一个巨大的障碍。拉莫里奇在一封私人信件中告诉我，沙皇在跟他说话的时候还是保持着平日的坦率和高傲："德意志统一不是你我所期望的，但如果这一结果成为事实的话，将需要一个人来治理这个国家，这个人要具备拿破仑所不具有的能力。如果真有这么一个人，人们都会认为他会造成一定的威胁，那就是我们的事情了。"

不过，当我提出这个问题的时候，我发现问题还不到解决或者讨论的时

日耳曼人是一些语言、文化和习俗相近的民族的总称。这些民族从公元前 2000 年到约 4 世纪生活在欧洲北部和中部。图为条顿森林中的日耳曼人雕像

候，因为德国已经无法自拔地回到了之前的旧制度和权力的混乱状态。法兰克福议会试图支持德意志统一的想法已经幻灭。这使得普鲁士国王的计划注定面临同样的命运。

对革命的恐惧将各国的王亲贵族们推向了腓特烈·威廉四世的怀抱。在普鲁士人民的努力下，革命被全方位镇压，革命给人们带来的恐惧也随之消失，普鲁士联盟（或者可以成为新政体）一心想恢复他们的独立自主。

普鲁士国王腓特烈·威廉四世的事业是不幸的，因为他事业的胜利意味着对革命胜利的干涉，他总是将大事和小事拿来作比较。我想说的是他们的历史和我们的是一样的，而且他们和我们一样，他们因为重新建立旧秩序而注定会失败。那些被认为拥有普鲁士领导权的王亲贵族在第一时间宣布放弃权力，在打败匈牙利之后，奥地利人有这样一个机会——通过自己的物质力量和与其名字有关的记忆重新出现在德国的政治舞台上。这是在1849年9月发生的事情。

当普鲁士国王发觉自己和强大的敌人面对面，而且敌人背后有俄国的支持时，他的勇气一下子就没了，正如我预料的那样，他又回到了之前的状态。1815年的旧体制又重新恢复了，议会也将召开。很快，1848年发生的所有大事件给德国留下了两道明显的痕迹：一个就是小国对大君主国的依赖，另一个就是对封建制度残余势力的不可避免的打击。封建制度的毁灭是民众一手造成的，但得到了王亲贵族的认可。

整个德国上下，租地的永久持有权、男爵的什一税、劳役、财产转移税、狩猎权和司法权，贵族享有的这些项目都被废除了。国王复辟，但贵族并没有崛起。

很早之前我就肯定，我们在德国的这场内部危机中起不了任何作用，我能做的只有竭尽全力和互相争斗的各方搞好关系。特别是要和奥地利搞好关系，因为他们在罗马事件上的支持对我们是十分有必要的，这些我会在后面作出解释。我首先努力促成奥地利和皮埃蒙特之间长期悬而未决的谈判有一个完美的结局。我在这件事情上投入了很大的精力，因为只要在这方面没有建立长期的和平，欧洲仍然会处在不安定中，而且随时随地会面临更大的危险。

自诺瓦拉战争之后，皮埃蒙特就毫无目的地进行着谈判。一开始奥地利试图提出一些让皮埃蒙特不能接受的条件。而在皮埃蒙特这边，则一直自负地认为它的命运是不被看好的。

谈判曾多次中断，在我任外交部部长之前才重新进行。我们有足够的理由去期望这种和平会立即实现。一场大规模的战争会随时随地发生在这个欧洲大陆上的这个小角落。

此外，皮埃蒙特离我们太近，所以我们不能允许它失去独立，因为这种独立会使得它和奥地利分离。同时，我们也不允许它失去刚刚获得的宪法制度，因为这一制度会让它离我们更近。如果人们诉诸武力的话，这两个有利条件将会面临严重的危险。

因此，我以法国的名义非常热心地在两个党派之间游走，向他们说一些我认为最能说服他们的话语。我试图让奥地利相信通过这非同寻常的和平来实现整个欧洲的整体和平是多么迫在眉睫，同时我也向他们指出他们的要求有多么过分。

对于皮埃蒙特，我向它指出荣誉和利益会让奥地利作出让步的。我事先特地向他们说了我们自己清楚而准确的思想，这样一来他们就没有借口怀有一些危险的幻想，或者是假装还心存一些危险的幻想。

我不会详细地阐述那些讨论时所提出的条件，所有的一切在今天看来已经没有任何意义了。我想说的是在讨论结束的时候，他们似乎已经达成了一致，只是在资金问题上他们迟迟不能统一意见。这就是事情当时的状况，奥地利驻巴黎的大使已经向我们作出承诺：他们会作出让步。

我以为和平已经实现了，但是突然间，我毫无征兆地得知奥地利的全权代表突然改变了他们的态度和言辞，在7月19日那天发表了一份十分严重的最后通牒，提出了一些十分苛刻的条件，而且限我们四天之内作出答复。

四天之后，休战协议将会作废，战争将重新开始。拉德茨基元帅已经在召集军队，准备投入一场新的战争。这则消息和我们收到的有关和平保证的消息完全相悖，令我感到十分惊讶和气愤。

这些条件十分苛刻，且提出的方式十分傲慢无礼，似乎是在宣布和平并不是奥地利唯一的目的，它的目的在于皮埃蒙特能够独立，还在于它的代表机构的问题；因为只要自由在意大利的一角显现，奥地利就会在意大利其他地方感到地位不稳固。

很快我就得出结论：我们必须不惜一切代价阻止邻国被压制，不应该把和我们边界接壤的领土让给奥地利军队，不允许自1848年以来就表现出温和状态的政治自由被废除。

此外，奥地利对我们的态度表明它试图欺骗我们，或者是想要看看我们能够忍耐到什么时候，或者像大家所说的是为了试探我们。

这就是我事先所面临的一种极端的情况，我肩上所担负的责任使我不得不将自己的部长职位置于危险之中（说实话，也没有冒太大的危险），而且也是在拿法国的命运做赌注。我前往议会，向其阐述事态的发展情况。

总统和我所有的同事都一致认为我应该有所行动。我们立刻下达命令，让集结在里昂的军队前往阿尔卑斯山脉脚下。我一回到家就写了下面这封信（因为毫无活力的外交风格不符合当时的情况）：

“如果奥地利政府依然坚持在昨天电报中提到的那些无理的要求的话，超过他们外交讨论的范围，放弃他们的休战协议和理应承担的责任，正如电报中所说的，他们会前往都灵宣布和平，皮埃蒙特则非常确定我们不会抛弃它。情况和之前的完全不同：在诺瓦拉战争之前，人们自发地拿起武器，投入到战争中。这一次是奥地利在未受到挑衅的情况下主动宣战；它所提出的要求的性质和暴力的行为让我们有理由相信它的目的不仅仅是为了实现和平，而会威胁到皮埃蒙特领土的完整，或者至少会危及撒丁岛政府的独立自主。

“我们决不允许这种企图在我们身上发生。如果在这种情况下，皮埃蒙特遭到攻击的话，我们会保护它的。”

此外，我认为召见奥地利的代表是我的职责（这个身材矮小的外交官无论是从外表还是内在看，都非常像一只狐狸），同时，我坚信基于目前我们所采取的立场的需要，表达愤怒不失明智之举。因此，我便利用外交方式适时向他表达了我们的惊讶和不满，我的态度十分恶劣，之后他承认他这一生都没有听到过这样粗鲁的话语。

在上文我简短引用的那些话被送到都灵之前，两大强国已经达成了一

19 世纪中后期的都灵

致。他们就资金问题达成了一致意见，差不多在我们提出的条件范围内解决了这一问题。奥地利政府只是希望通过恐吓对方的方式促成谈判，这就使得对方很容易地接受了他们所提出的条件。

施瓦岑贝格亲王向我诉说了所有的借口和理由，和平条约在8月6日达成，皮埃蒙特在犯了很多错误，遭遇了很多不幸之后对和平充满渴望，这份条约比一开始它提出要求时许诺给它的好处多很多。

这件事情凸显出英国的外交习惯，特别是帕麦斯顿子爵的外交习惯。从谈判一开始英国政府就一直表现出对奥地利的仇恨，大声鼓励皮埃蒙特人民不要屈服于奥地利强加在他们身上的条件。

在下定了上面所描述的决心之后，我首要关心的就是将这些传达给英国，努力说服他们和我们采取相同的行动。因此，我向易斯发去了函件，易斯是当时我国驻伦敦的大使，我让他把这份函件拿给帕麦斯顿子爵看，并让他观察这位英国部长的意图。易斯这样回复道：

“当我把你的决定和你向博西里孔德先生下达的指令告诉帕麦斯顿子爵时，他听得十分认真，并且表示赞同。但当我说道：‘你是知道的，尊敬的子爵，我们想走到何处去，您是否能够告诉我你本人打算走到什么地步呢？’这时，帕麦斯顿子爵立刻回答道：‘英国政府在这件事情上的立场和你们是不一样的，我们提供给皮埃蒙特政府的仅仅只是外交援助和精神上的支持。’”

难道这不够典型吗？英国通过自己明智的法律和古老的风俗的力量保护其国家不受革命弊病的影响，并且通过其强大和在我们中间保持中立保证其民众不受亲王们愤怒情绪的影响，它总是喜欢在欧洲大陆的内部事务中扮演着自由和正义倡导者的角色。它喜欢责难甚至是侮辱强大的国家，为弱小的国家辩护；但它仅仅只是表现出正直的样子，讨论一些值得尊敬的理论，仅此而已。如果受它保护的国家需要它的帮助，它只会给予精神上的支持。

在本章的主题结束时，我得补充一句，这种策略使英国获得了极大的成功。皮埃蒙特的人们一直坚信英国会保护他们，而我们可能会抛弃他们。英国在都灵仍旧很受欢迎，法国则被怀疑。因为国家和人是一样的，比起为他们的利益服务，他们更喜欢溜须拍马不切实际的东西。

我们刚从糟糕的境地中走出来，却又陷入了更大的困境中。我们怀着恐惧和遗憾目睹了匈牙利所发生的事情。其民众所遭遇的不幸激发了我们内心的同情心。俄国的介入使得奥地利在一段时间内听命于沙皇，进而使沙皇俄国在欧洲事务管理方面变得越来越积极，但这一结果并没有取悦我们。所有事情的发生超出了我们的能力范围，我们陷入了孤立无援的境地。

我在给拉莫里奇的指令中这样写道：“我不需要告诉你在匈牙利事件中我们是多么的关心和悲痛。不幸的是，我们现在只能在这个问题上持消极态度。条约的各项条款和所传递的精神并没有赋予我们干涉的权力。除此之外，就目前我们的事务现状和整个欧洲的事务现状来看，远离欧洲战场迫使我们只能保持缄默。由于我们不能发表任何言论或者是作出任何行动，在这个问题上，想要维护我们的尊严就不能表现出任何兴奋和好感。在匈牙利事件上，我们的职责就是关心发生了什么以及将会发生什么。”

众所周知，对方人数优势明显，导致匈牙利被征服或者说被迫投降。他们主要的领导和一部分参与他们事业的波兰领导在8月底的时候穿越多瑙河，来到维丁，投入了土耳其的怀抱。

他们中的两个主要领导——宾斯基和科苏特给我们驻君士坦丁堡的大使写了信。信中表露出了他们思想的习惯和独特性。军人的书信言简意赅，律师和演讲家的书信则十分冗长，辞藻也很华丽。在他们的信中我对一句话印象深刻，这句话是这样说的：“作为一名虔诚的基督教徒，我选择不说那些难以言表的痛苦，而不是死亡的安宁。”在信中他们最后都要求法国的保护。

1572 年的君士坦丁堡

当这些反叛者乞求我们的帮助时，奥地利和俄国的大使出现在土耳其，要求土耳其交出这些人。奥地利的要求是以《贝尔格莱德条约》为基础的，但这个条约是不能保证他们实现权力的。俄国则是以1774年7月10日签署的《凯纳基条约》为基础的，该条约的含义实在是晦涩难懂。然而，实际上他们所要引据的根本不是什么国际法，而是一项更广为人知、更广泛实施的法律，那就是强者的法律。这一点不管是从两国大使的行为还是言语中都表现得十分清楚。这两位大使从一开始就声称这是战争与和平的问题。他们不同意就此作出讨论，坚持只要肯定或否定的答案，而且声称如果答案是否定的，他们将与土耳其断绝一切外交往来。

面对这种言语上的粗暴，土耳其首相十分绅士地作出了回答：土耳其是中立国，国家法律不允许他们交出在他们领土上避难的反叛者，而且伊斯兰教徒叛乱后，在匈牙利、特兰西瓦尼亚或者比萨拉比亚寻求庇护时，奥地利和俄国会引用同样的法律来反对他们。他们主张在多瑙河左岸允许的事情好像在右岸也理应得到允许。在讨论结束的时候，他们抗议他们被要求做的事情与他们的荣誉和宗教信仰相悖，而且他们十分乐意承担监禁这些避难者的工作，将他们送到不会对他人造成伤害的地方，但他们绝对不会同意将这些人交到刽子手手中。

我们的大使在给我的书信中这样说道："昨天，年轻的苏丹在回答奥地利大使的问题时说，他强烈谴责匈牙利叛乱者的行为，他现在只把他们当作力求逃避死亡的可怜人，人性不允许他交出这些叛乱者。"土耳其首相理查德·帕夏[①]对我们的使者说道："如果我因为这件事情而失去权力的话，我会感到骄傲。"他十分坚定地又说道："在我们的宗教信仰中，每一个希望被宽容的人都会得到他们想要的结果。"

这些话就好像是文明人和基督徒所说出的。那两位大使好像是真正的土耳其人一样，他们回答道，必须交出逃亡者，否则的话双方关系一定会破裂，这最终可能导致战争的爆发。穆斯林民众也开始变得情绪激动，他们支持自己的政府，（阿拉伯）穆夫提（伊斯兰教教法权威）前来感谢我们的大使在人道主义事业和法律方面给予他们的帮助和支持。讨论一开始，土耳其政府就写信给法国和英国的大使，呼吁他们所代表的这两个国家的公众力量对其进行支持，征求他们的意见，倘若北方的力量威胁到他们的安全时恳求他们的帮助。大使们在第一时间作出了回复，就他们来看，奥地利和俄国都超越了它们自身的权力；他们鼓励土耳其政府作出抵抗。

在此期间，沙皇的一位助手抵达君士坦丁堡。他带来了一封信，这封信是沙皇不辞劳苦亲笔写的，信中要求引渡六个月之前在匈牙利战争中抵御过俄军的波兰人。这一举动让人觉得奇怪，人们并没有看出在当时情况下沙皇

① 理查德·帕夏（1779—1858），奥斯曼土耳其政治家和外交家，苏丹阿卜杜勒·迈吉德改革的主要支持者。——译者注

上文中“年轻的苏丹”是指阿卜杜勒·迈吉德。当时，该苏丹年仅 25 岁

这样做的原因。下面一段文字是我从拉莫里奇的信中摘录的，他十分有远见地描述了沙皇这样做的原因。而且表明，在欧洲这偏远的一端，公众舆论尽管似乎既无喉舌也无权力，但却是多么的令人生畏。

他在信中这样写道："众所周知，匈牙利战争旨在支持奥地利——它作为一个民族令人仇视，作为一个政府又不受人尊敬，这场战争十分不得人心。它并没有带来任何好处，却耗费了8400万法郎。俄国希望贝姆、宾斯基还有其他的波兰人重新回到波兰，以此作为输掉这场战争的代价。特别是在军队中，士兵们对这些人充满愤怒之情。民众和士兵希望满足他们野蛮的民族自豪感的愿望十分强烈。尽管皇帝拥有无限的力量，但他也不得不重视他所依靠的民众，这些人才是他真正的力量。这不仅仅是简单的利己主义问题：一个国家和军队的民族情感正处于危险当中。"

毫无疑问，这些就是促使沙皇作出我上面所提及的这一危险决定的考虑。拉齐维尔亲王向沙皇呈递了他的信函，却一无所获。他立刻离开了，傲慢地拒绝了为他告别而准备的二次接见；俄国和奥地利的大使发表官方声明，称他们两国和土耳其断绝一切外交往来。

在当时十分危机的情形下，土耳其表现得坚定且得体，这让欧洲最有经验的内阁都引以为荣。在拒绝遵守两位皇帝的要求，或者说是命令的同时，苏丹写信给沙皇，说他不会再和沙皇讨论条约中提出的有关权力的问题，他呼吁友谊和荣誉，请求沙皇支持和理解土耳其政府拒绝采取措施的行为，因为这项措施可能会使土耳其毁掉其在世界人民心目中的形象。此外，他又一次提出由他亲自将避难者安置到一个对他们没有伤害的地方。

阿卜杜勒·迈吉德派了其帝国中最聪明的福阿德·埃芬迪将这封信送到圣彼得堡。另一封类似的信由驻土耳其大使直接送到了奥地利皇帝弗兰茨·约瑟夫的手中，这十分明显的差别意味着两位君主的赞同对奥地利来说重要性是不同的。

奥地利皇帝弗兰茨·约瑟夫（1830—1916）

9月底，我得知了这一条消息。我首先考虑的是将这条消息传达给英国。与此同时，我给我们的大使写了一封私人信件，信中我这样说道：

“在这件事情上，英国表现得比我们更感兴趣，他们所面临的冲突和矛盾比我们少，他们的行为一定会对我们产生很大的影响。英国内阁一定会清楚且直截了当地说明他们准备走多远。

“我并没有忘记皮埃蒙特事件。如果他们需要我们帮助的话，他们必须对我们唯命是从。在这种情况下，我们应该表现得坚决；否则的话，则不。同样重要的是，你应该确定在这件事情上的各种意见，因为在一个以议会体制为主体的政府内，多数党的支持并不总是一个充分的保证。”

尽管当时的情况十分严峻，但英国的内阁部长们因为议会假期而分散在各个地方，在会议召开之前花了很长时间才重新聚到一起。因为在这个世界上唯一仍然受贵族统治的国家中，大多数内阁部长不仅是大地主，同时还是大贵族。

在那时，他们在自己的土地上度假，从政府事务的疲倦和无聊中解脱出来，他们并不急着回到城里去，回到纷繁复杂的政治事务中。

在此期间，整个英国媒体，毫无派别之分地开始情绪激动起来，激烈地反对两位君主，这激起公众舆论支持土耳其。

英国政府受到了刺激，即刻作出回应。这一次英国政府没有犹豫，因为就像其所说的，这不仅仅关系到苏丹，而且关系到英国在世界上的影响。

因此，英国政府作出以下决定：一是向俄国和奥地利派去代表；二是英国地中海舰队进入达达尼尔海峡，以增强苏丹信心，如果有必要的话，要保卫君士坦丁堡。人们请求我们采取同样的行动。当天晚上，英国舰队已经接到命令。

这些决议让我陷入了困惑之中。我坚信我们应该支持我们的大使所作出的慷慨决定，并且支援苏丹；至于好战的态度问题，我并不认为采取这种态度是明智之举。英国要求我们作出和它相同的举动，可我们的立场和它的立场完全不同。

在保卫土耳其问题上，英国用它的舰队去冒险，而我们是用我们的生存去冒险。英国的内阁部长们在身处绝境时可以依靠议会和国家的帮助，但如果事情发展到必须通过战争来解决的话，我们几乎会被议会和国家抛弃。

人们在国内遭受到的不幸和危险使得他们对于其他任何事情都变得麻木不仁。此外，我坚信这种危险不会帮助我们促进目标的实现，反而会阻挠我们。因为单单只有俄国和这件事情有关，所以，如果俄国希望通过入侵土耳其达到分裂欧洲大陆东方的计划的话，我很难相信我们派出的舰队会阻止这场危机的产生。如果这场战争仅仅是为了报复波兰（很可能就是这样），通过使沙皇无法撤退从而引起他的怨恨的话，这只会让事情越来越糟。

怀揣着这些想法，我前往议院开会。我很快就看到总统已经做了决定甚至是保证，就像他亲自向我们宣布的那样。总统的这一决定是受到了诺曼比勋爵的激发，诺曼比勋爵是英国驻法国大使，18世纪的外交官，他深得路易·拿破仑的信任。我大多数的同事和他的想法是一样的，他们都认为我们应该毫不犹豫地和英国联合起来，和英国一样派军舰到达达尼尔海峡。

在我的努力之下并没有推迟一项我认为不成熟的措施，我要求在执行这项措施之前，一定要征求一下法卢的意见——他的身体状况迫使他不得不暂时离开巴黎，到乡下休息一阵子。

兰瑞奈斯为这件事情专门去看望法卢，将事情告诉他。兰瑞奈斯回来之后告诉我们，法卢毫不犹豫地支持我们派遣舰队。该项命令被立刻执行。

然而，法卢在做决定的时候没有咨询多数派领导和他朋友们的意见，甚至也没有考虑到他这样做会带来什么样的后果；他会听凭一个冲动之举——这有时候会发生在他身上，因为所受的教育和习惯的影响，致使他变得口是心非之前，他的天性已经决定了其性格的轻率莽撞。

也许在和兰瑞奈斯交谈之后，他也听到了他人的意见或者是自己又认真思考了，作出了和他之前完全相反的决定。因此，他给我写了一封十分冗长且复杂难懂的信，信中他假装误解了兰瑞奈斯的意思（这完全是不可能的事情，因为兰瑞奈斯是言行最清楚明白的人），撤回了自己的观点，试图推卸自己的责任。因此，我立刻写了张便条回复他：

“我亲爱的同事：议院已经采纳了这项决议，在这最后的时刻，我们除了等待什么事情也做不了；在这件事情上，整个议会的责任是相同的。不存在什么个人责任。我个人并不支持这一措施，但现在这项政策已经实施，我已经做好准备保护这项措施的实施，不使其受到其他人的责难。”

尽管给了法卢一个教训，但我仍然因自己的角色感到局促不安。对于维也纳将要发生的事情，我丝毫不感兴趣，因为我仅仅将奥地利看作附属国。不过，沙皇将会做什么呢？他本人做事轻率鲁莽，显然，他在处理和苏丹的关系时表现得义无反顾，尽管我们的威胁消磨了他的傲气。值得庆幸的是，我在圣彼得堡和维也纳有两位聪明能干的代表，在他们面前我可以畅所欲言。

我命令他们：“要谨慎行事，小心我们的敌人出于自尊心而反对我们，避免和英国大使之间太过亲密，你们所在国家的议院对他们的政府非常憎恶，然而，你们仍需和这些大使保持良好的关系。为了能够取得成功，我们要采取友好的语气，不要试图恐吓别人。讲明我们的立场，我们是不希望战争的，我们讨厌战争，并对战争充满恐惧。不过，我们不会让我们的名誉受损。当土耳其宫廷来征求我们的意见时，我们不能建议他们表现出胆小怯懦；而且当他们表现出的勇气（这种勇气是得到我们支持的）令他们陷入困境的时候，我们也不能拒绝他们提出的帮助请求。因此，我们必须寻找一条出路来摆脱这个困境。难道仅仅是为了科苏特自身的安全就要发动一场全面战争吗？难道列强就是用这种方式在当时的情况下表现出对东方问题的关心吗？难道就没有一个好的办法以保留每个人的颜面吗？他们究竟想要得到什么？他们想要的仅仅是将这些逃亡者交到他们手上这么简单吗？很显然，这不值得引发如此大范围的争论，但如果这只是个借口，如果这一事件下面隐藏着欲望，事实上它涉及奥斯曼帝国，必然会引发一场他们所希望的全面战争。尽管我们热爱和平，但我们绝对不允许不战而败的事情发生在君士坦丁堡。”

当这些指令一到达圣彼得堡，这件事情就顺利解决了。拉莫里奇在收到这些指令之前就已经遵照指令的内容行事了。在当时的情况下，他审时度势，考虑周到，这让对他不了解的人感到十分惊奇，而我对此丝毫没有感到震惊。我知道他生性冲动鲁莽，但他的思想深受阿拉伯外交学派的影响——那是所有外交学中最睿智的，十分慎重、敏锐，以至于到了欺骗的程度。

拉莫里奇一听到从俄国直接传来的有关争吵的谣言时，他赶忙对君士坦丁堡所发生的事情表示出强烈的反对，尽管在表述的时候他的态度十分友善，但他十分注意尽量不表现出官方的、威胁性的言辞。他表现得和英国部长步调一致，而在联合行事的时候却小心行事，不作出任何让步。不过，当福阿德·埃芬迪带着阿卜杜勒·迈吉德的书信抵达的时候，拉莫里奇私下派人告诉他为了保证谈判的顺利进行，他不会和他见面，但土耳其要相信法国是值得依靠的。

他得到了这位来自苏丹的使者极大的帮助，因为这位使者在他那土耳其的外表下隐藏着才思敏捷的智慧。尽管苏丹已经求助法国和英国，但当福阿德抵达圣彼得堡的时候，他没有任何拜访这两个强国代表的意向。在和沙皇会见之前，他拒绝见任何人，他说他期待自己能够顺利完成使命。

当沙皇看到他的威胁没有成功，而且事情又出乎意料地出现转机时，他一定感到了一种苦涩的不快，但他克制住了自己的情绪。在他的内心，他并不愿意触及东方问题，即使在不久前，他这样说道：“奥斯曼帝国已经灭亡了。我们能做的就是为它准备后事。”

为了迫使苏丹违反国际法从而挑起战争是一件十分困难的事情，在这个问题上，沙皇可能会得到他的人民野蛮的激情的支持，但会受到全世界舆论的谴责。他知道法国和英国所发生的事情。他决定在他受到威胁之前就作出妥协和让步。因此，这位皇帝退让了，这令他的臣民甚至是外国人都十分吃惊。他接见了福阿德，收回了之前对苏丹提出的要求。

奥地利也赶紧效仿沙皇的做法。当帕麦斯顿子爵的指令到达圣彼得堡的时候，所有的一切都宣告结束了。

最好的做法就是什么也不说；但在这一事件中，我们的目标仅仅是取得成功，而英国内阁则希望制造声势。他们需要这种声势来回应其国民的愤怒。

英国大使布卢姆·菲尔德勋爵在沙皇的决定昭告天下的第二天拜见了俄国外交大臣内斯尔·罗德伯爵，但对方十分冷淡地接见了他。他向对方宣读了帕麦斯顿子爵的文书，文书中要求俄国不要强制苏丹交出避难者，其中语气十分有礼貌，而又强硬。这位俄国人回答道：“我既不理解这样做的目的，也不清楚这个要求的目的。他所谈及的事情可能已经解决了，而且无论如何，英国在这件事情上没有发言权。”

布卢姆·菲尔德勋爵向他询问事态的发展情况。内斯尔·罗德伯爵则十分傲慢，拒绝作出任何解释，他说道：“这就相当于承认英国有权力介入他丝毫不感兴趣的事情。”

这位英国大使坚持无论如何要留下文书的副本，起初内斯尔·罗德伯爵拒绝了，最后还是十分不情愿地接受了这一请求，并送走了这位访客。他漫不经心地说他会回复这个照会的。这个照会实在是太长了，而且令人讨厌。

末了，这位俄国大臣又说：“法国已经跟我说了同样的事情；但它说得更早更好。”

布卢姆·菲尔德勋爵

当我们得知这场危险的争吵已经结束，内阁目睹了两个大国之间的国外事务圆满结束时，内阁垮台了。不过，世界和平、皮埃蒙特战争和匈牙利战争始终悬而未决。

附　录

附录一
古斯塔夫·德·博蒙特对2月24日的看法

今天，也就是1850年10月24日，我和博蒙特进行了一次交谈，值得记录下来。下面就是他对我说的话：“2月24日早上7点，朱尔斯·拉斯特瑞和另外一个人（我忘了博蒙特当时说的是什么名字）来我家让我和他们一起去梯也尔先生家里，说巴罗、杜维尔热和其他几个人都在那儿。”

我问他是否知道梯也尔和国王在晚上说了什么。他这样回答道：“杜维尔热拒绝记录下梯也尔的言辞。梯也尔是在凌晨1点的时候被国王召见的，他发现国王的思想处于犹豫不决的状态。国王立即告诉他只能和巴罗还有杜维尔热一起进来。国王在多次反对之后已经流露出妥协的意思。直到第二天早上，梯也尔才离开王宫，然而，当国王送他离开时，告诉他不管怎样，到现在为止还没有人联合起来。”

很显然，在那天早上之前，国王保留了尝试另一种组合的权力。

博蒙特继续说道：“在这儿我必须告诉你一则奇闻。你知道在这个决定性的夜晚，就在杜伊勒里宫刚刚授予比若总指挥的职位时，他心里到底是怎么想的？听着：比若的野心就是在梯也尔独揽大权之后担任国防部部长的职位。他清楚地看到了事情发展的结果，这个任命是不可能发生的；但他一心想着即使不能担任国防部部长，至少可以在国防部有绝对的优势，所以，在2月24日清晨，比若在杜伊勒里王宫亲笔给梯也尔写了一封长达四页的书信，信的内容是这样的：‘我明白让您任命我为国防部部长实在是有困难，但我一直很仰慕您，我坚信有朝一日我们一定能够一起执政。然而，我清楚现在的状况，所以我会作出让步。但我请求您，至少给我的朋友马格尼先生国防部副国务秘书的职位。’”

重新回到博蒙特的叙述上，他继续说：“当我抵达圣乔治王宫的时候，梯也尔先生和他的朋友们已经离开那儿前往杜伊勒里王宫了。我急忙去追赶他们，最后和他们同时到那儿了。当时巴黎的现状是十分可怕的，虽然如此，国王还是和往常一样接待了我们，交谈中他还是和往常一样语言丰富，而且矫揉造作。在觐见国王之前（至少，我相信博蒙特已经讨论了这件事情），我们自己谈论局势，我强烈建议免除比若的职位。我认为，如果我们想对抗民众运动的力量的话，那么我们务必要有比若的名气和他的厚颜无耻；但如果我们希望尝试和解或者终止敌对状态的话，那么比若的名字反而会起到相反的效果。其他人都支持我的想法，梯也尔虽然犹豫不决，也只好不情愿地妥协了。他们在大家都知道的这件事情上作出了让步：比若还是名义上的总指挥，拉莫里奇被任命为国民警卫队的首领。梯也尔和巴罗进入了国王的议事室。停战的指令下达到每一个部队，并且部队撤退到王宫，以便给国民警卫队让路。我和雷慕沙急忙起草了一份公告，告知人们这些指令并向他们作出解释。9点钟的时候，大家一致同意梯也尔和巴罗尝试以个人名义向民众发起呼吁，梯也尔在楼梯处被拦下了，被迫返回，这也费了些工夫，这一点我不得不承认。巴罗只身前往，我跟随着他 。”

下面是博蒙特的解释，它和巴罗的说法一样。

博蒙特说：“巴罗在这件事情上表现得非常出色，我费了很大的力气才说服他返回，尽管我们当时已经抵达了圣丹尼门的路障处，但想要继续前进看起来是不可能的事情。我们返回的举动令事情变得更糟。我们清楚地意识到，一群比我们当初经过此处时怀有更大敌意的人让出了一条通道，等到我们抵达旺多姆广场时，尽管巴罗有众多的追随者想和他一起武力攻占杜伊勒里宫，但他还是十分担忧和不情愿，于是就溜回了自己的家中。我回到了杜伊勒里宫。尽管当时的情况对我来说十分严重，但还远没有到绝望的地步。当我发现我不在的这段时间所有人都陷入了混乱之中，整个杜伊勒里宫已经被可怕的混乱所笼罩时，我感到十分惊讶。我并不清楚到底发生了什么，也不知道他们得知了什么消息使所有的事情都陷入了混乱之中。我感觉自己饿死了，而且筋疲力尽，我赶忙去桌子那儿拿了些吃的。就在我吃东西的这三到四分钟里，国王，又或许是亲王的一位随从来看了我十来次，他语无伦次地和我说话，随后就离开了，我想他根本就没明白我的回答。我赶忙去找梯也尔、雷慕沙、杜维尔热还有另外一两个内阁新成员。我们一起来到国王的办公室：这是我出席的唯一一次议会。梯也尔一开始就长篇大论地讲述了国王的职责和家长作风。国王说：‘你的意思是让我退位？’国王对他的话表现得十分冷漠，直接切入主题。梯也尔给出了肯定答案，并说出了这样做的原因。杜维尔热非常支持他的观点。我并不清楚发生了什么，所以表现出了极大的震惊，我大声说一切还有挽回的余地。梯也尔对我的呼喊似乎十分反感，这不禁让我想到，从一开始，梯也尔和杜维尔热的阴谋诡计就是逼迫国王退位，他们认为无法依靠国王，他们希望在国王退位之后，以内穆尔公爵或者是奥尔良公爵夫人的名义进行统治。国王曾经给我的印象是会坚持到底的，但在这关键时刻，他似乎已经放弃了。”

到这儿我对于博蒙特后面所说的一点儿印象也没有了，我将用另一段谈话来补足。我现在记录有关国王退位的场景，情况如下：

“在这段时间，事态和所传来的消息越来越糟糕，人们内心的恐惧急剧上升，梯也尔宣布他已无能为力了（这可能就是事实），巴罗也几乎没有办法了。接下来梯也尔就消失了，至少，在最后时刻我都没有看见他，这是他非常错误的举动，尽管他已经辞去了部长的职位，他也不应该在这个关键的时刻抛弃众亲王们，尽管他已经不再为他们服务，但至少应该给他们一些建议。国王退位的最后时刻我在场。蒙庞西耶公爵急不可耐地请求他的父亲写下传位诏书。国王停下来说道：‘你也看到了，我实在是写不快了。’尽管王后很是失望，但仍不失英雄气度。她知道我会出现在议院反对国王退位，她抓住我的手告诉我，绝对不允许这种胆小怯懦的行为发生，我们必须学会自卫，在国王面前，如果有人想靠近国王的话，必须先通过她这一关，她就算被杀也在所不惜。然而，国王已经在退位的诏书上签字了，内穆尔公爵请求我赶紧前往卡鲁塞尔告诉杰勒德元帅他已经看见国王签了字，他可以向民众发表公开声明，告诉人们国王已经退位。我急忙赶到那里传达，接着赶紧回来。但所有的房间都已经空无一人。我一个房间一个房间地走过，却没有看到一个人。我又下楼去了花园，在那儿我碰见了巴罗先生，他刚刚从内政部赶回来，他和我一样在找人。国王已经从大道上逃走了，奥尔良公爵夫人似乎也从河边的地下通道走了。没有任何人逼迫他们必须离开城堡，那儿十分安全，他们离开后的一个小时人们才攻占了那里。巴罗下定决心不惜一切代价帮助公爵夫人。他赶忙为公爵夫人、年轻的亲王和我们自己准备好了马匹，希望我们混入人群当中，事实上，尽管希望渺茫，但这是留给我们的唯一机会了。由于我们没办法和公爵夫人会合，我们只好出发前往内政部。你在路上见到了我们，接下来发生的事情你都知道。”

附录二
巴罗对2月24日的看法

“我认为莫来先生是在马路上发生枪击事件时才拒绝加入内阁的。梯也尔告诉我，国王是在凌晨1点的时候派人去请莫来先生的；他向国王推荐我，说我是个必不可少的角色；起初国王坚决反对，最后还是作出了让步；接着，国王把在王宫召开的会议推迟到了早上9点。

“早上5点的时候，梯也尔来我家叫我起床，我们交谈了一会儿，然后他就回家了。8点的时候我去叫他，看见他当时正在安静地刮胡子。很遗憾，国王和梯也尔就这样浪费了凌1点到早上8点这段时间。他刮完胡子之后，我们一起前往城堡。民众早已情绪高涨，路障已经建好，甚至从杜伊勒里宫已经传来了几声枪响。尽管如此，我们发现国王依旧十分淡定，保持着平时的镇定。他向我诉说着一些老生常谈的问题，说的那些话你都可以想象得到。我强烈建议梯也尔不要在这种名义下执政，最起码将国民警卫队的指挥权交给已经执掌政权的拉莫里奇。梯也尔接受了这一建议，这也得到了国王和比若的同意。

“接下来我建议国王解散众议院。他回答道：‘绝不！绝不！’他发火了，径直离开了房间，当着梯也尔和我的面‘砰’的一声关上了门。

“很显然，他让我们执政是为了保证事情最初的成功，与民众作出妥协之后，他试图在议会的帮助之下抛弃我们。这要是放在任何平常的时候，我一定会转身离开；但现在情况严重，我不得不留下来。

“我提议由我去告知民众新内阁的组成，进而安抚他们的情绪。由于我们不可能及时打印并且张贴出公告，我就将自己当作移动的公告。

“我必须公正地说，梯也尔希望陪我一起去，但我拒绝了他的好意，因为我担心他的出现反而会给民众留下不好的印象。

“于是，我出发了。我在没有任何武器装备的情况下通过了每一个路障；人们放下了枪，路障也打开了；人们高喊着‘改革万岁！巴罗万岁！’

“我向圣丹尼门走去，在那儿我发现了两个高高的路障，并且有人把守着，他们并不赞同我所说的，而且丝毫没有让我通过路障的意思。所以我不得不往回走。

“回来的时候，我发现人们的情绪比我来的时候还要激动，尽管如此，我并没有听见任何煽动性的呼声或者是要求马上进行革命的言论。我听到的唯一一句严重的话是艾蒂安·阿拉戈[①]说的。他走过来告诉我：‘如果国王不退位的话，我们会在今天晚上8点之前发动革命。’

“于是，我立即前往旺多姆广场，成千上万的民众跟随着我，他们高喊着：‘去杜伊勒里宫！去杜伊勒里宫！’我在想怎样做才是最好的。

“我走在前往杜伊勒里宫的队伍的最前面，这就使我成为局势的绝对领导者，但通过这样一种方式显得有些暴力而且具有革命性。如果当时我知道杜伊勒里宫发生了什么，我一定会毫不犹豫地前往那里。不过，我并没有感到焦虑不安。民众的态度似乎并不怎么坚定。

① 艾蒂安·阿拉戈（1802—1892），法国文学家、政治家，制宪议会代表，天文学家阿拉戈的弟弟。——译者注

“我得知所有的军队已经退回到城堡了。内阁政府领导和将军们都在那里。因此，我很难想象在不久以后将政府交到这些民众手中是多么的令人恐慌。

“我转向右边，回家休息片刻。我什么也没有吃，只是感到筋疲力尽。几分钟之后，马尔维尔从内政部捎来话，让我务必赶紧前往内政部，有发往各行政区的电报需要我签字。

“我上了马车，途中我得到了人民的欢呼。到那儿之后，我又出发前往王宫。我依旧不知道发生了什么事情。当我到达位于花园对面的码头时，我看到了一个团的陆军骑兵正准备回到他们的营房。他们的陆军上校对我说：‘国王已经退位了，所有的军队都已经撤退了。’

“当我到达议院的小门时，我发现要从这儿进去是很困难的，因为部队正在从每一个出口向外走。最后我终于抵达了院内，但几乎已经空了；只有德·内穆尔公爵在那儿。我请求他告诉我奥尔良公爵夫人现在在哪儿。他说他不知道，不过他认为此时她应该在河边的阁楼。我急忙赶到那儿去。但别人告诉我，奥尔良公爵夫人并不在那儿。

“我破门而入，找遍了房间的每个角落，事实上，她并不在那里。我离开了杜伊勒里宫，恰巧碰见了哈温，我告诉他如果要是碰见公爵夫人的话，不要把她带到议院那儿。

“在议院，人们已经没什么事情可做了。我的意图是，如果我能找到公爵夫人和她的儿子的话，我会让他们骑马和我一起冲入人群中：我甚至已经准备好了马。

“由于没有找到公爵夫人，我就回到了内政部。我在路上遇到了你，你知道那儿发生了什么。我接到命令赶紧前往议院。我刚抵达议院，极左派领袖就将我包围，我被他们的领头人强行拖入了第一个办公室。在那儿，他们请求我向议会建议组建一个临时政府，我可以作为临时政府的一员。我让他们回去做自己的事情，然后回到了议院。接下来发生的事情你都知道了。”

附录三
1848 年 2 月 24 日发生的一些事情

（一）迪福尔先生对阻止二月革命的发生所作出的努力——梯也尔先生的责任，他使得这些努力徒劳无功

今天，也就是1850年10月19日，里韦[①]和我一起回忆了一件值得铭记的事情。

在君主政体被推翻的前一个星期，很多保守派代表开始感到焦虑不安，但内阁部长和他的同事并没有和他们一样感到恐慌。后者认为在没有任何暴力的情况下，比起使宴会运动处于危险之中来说，推翻内阁是较为明智的做法。萨兰德·鲁茨先生是他们中的一员，他向比尔劳特先生提出了以下建议（宴会运动将于22日举行，那天刚好是星期二）：在21日那天，迪福尔和他的朋友应该紧急下达指令，该指令应该和萨兰德·鲁茨和他提到名字的那些人共同商讨决定，他列出了40个名字。如果反对派放弃参加宴会运动并且阻止民众的话，这一指令就应该由他们投票表决。

① 里韦（1800—1872），托克维尔的朋友，1849年被选入国家行政法院，长期活跃在法国政坛。——译者注

2月20日，星期天，我们约好在里韦家中商讨这一建议。我能想起来当天在场的有迪福尔、比尔劳特、兰瑞奈斯、科尔塞勒、巴罗、塔拉波、里韦和我。

比尔劳特向我们阐述了萨兰德·鲁茨的提议，我们当即就接受了这一提议，因此我们当天就起草了一份指令。我亲自撰写的这份指令，几经修改之后，得到了朋友们的支持。我所使用的语言都非常温和，但接受这份指令就不可避免地会导致内阁领导辞职的结果。

现在还剩下一件事情，就是履行保守派投票的条件，即停止宴会运动。我们对此运动一无所知，因此我们并没有能力阻止它。经过一致同意，我们中应该有一个人立刻去找杜维尔热和巴罗先生，建议他们应该根据条件的要求采取行动。最后我们选定里韦前去践行协商，并暂时停止了会议的进行，到晚上再召开，这样就知道他是否取得了成功。

当天晚上他回来了，向我们汇报了所发生的事情：

巴罗十分急切地对他所提出的建议表示赞同；他热情洋溢地抓住里韦的手，告诉里韦说他将按要求行事；在感觉自己可以逃避宴会的责任时，他感觉如释重负。但他又补充他不希望自己单独涉及此事，他必须得到朋友的支持，否则他什么也做不了。我们对这点太了解了！

里韦去拜访杜维尔热，被告知杜维尔热现在在音乐学院，但会在晚饭之前回来，因此里韦在家里等他。杜维尔热回来了，里韦告诉他保守派的提议和我们当天起草的指令。杜维尔热听到这些显得有些轻蔑，他说：“他们走得太远了，是时候往回走了；保守派后悔得太迟了；我自己以及我的朋友不可能牺牲我们的名誉和在民众间的影响力，去说服民众放弃已经计划好的示威运动。”他又补充道：“不过，我愿意把我的个人想法告诉你，但我现在要和梯也尔去吃饭，今天晚上我会给你送去便条，告诉你我们最后的决定。”

当便条送来的时候，我们大家都在那儿。便条上言简意赅地说明了杜维尔热的意见，同时梯也尔也同意这个意见。便条是在晚饭之前写的，他们建议我们务必要放弃这些行动。我们即刻散开了：大局已定。

在梯也尔和杜维尔热列出的反对原因中，应该被摆在第一位的原因他们并没有阐述，对这个原因我深信不疑，那就是：由于内阁在保守派和那天由我们撰写的指令的共同作用下悄无声息地垮台了，政权到了我们手中，却并没有落到那些发起宴会运动的领导者的手中。

（二）1848年2月24日迪福尔的努力

今天，也就是1850年10月19日，里韦告诉我他从未与迪福尔谈论过迪福尔在2月24日那天发生的事情，但从迪福尔和家庭成员以及亲信的谈话中，我们知道里韦说了下面这些话：

“2月23日，大概6点15分，莫来先生和蒙塔利维先生达成一致意见之后，派人去请迪福尔。迪福尔在去莫来家的路上叫里韦等他，因为他打算去完莫来家之后再去里韦家。但迪福尔并没有回来，里韦过了一段时间才见到了迪福尔，他相信迪福尔在莫来家进行了一场相当长的谈话，之后才离开的。迪福尔宣称他不希望加入新内阁，就他的观点来看，当时的情况要求倡导这一运动的人上台，也就是说，梯也尔和巴罗上台。

“迪福尔回家之后，完全被巴黎当时的局势所吓到了，而且他的妻子和丈母娘比他更加恐慌，24日早上5点的时候，他和她们一道出发，并将她们送到沃维。他自己随后返回巴黎。我大概是在八九点的时候见到他的。我不记得他告诉过我关于那天早上的行程。我和兰瑞奈斯还有科尔塞勒一起去拜访他，但很快我们就分开了，我们说好12点在众议院见面。迪福尔并没有来，他似乎一开始就打算这样做。事实上他去了国民议会大厦，无疑，那儿已经遭到了侵袭。可以确定的是，他已经前往沃维和他的家人团聚了。”

附录四

6月21日我和贝尔耶先生的谈话

我和贝尔耶先生都是宪法修正委员会的成员。我这样开始了我们之间的谈话：

“让我们把你我之间肤浅的东西暂时搁置吧。你现在不是一个修正主义者，而是要投入选举运动中。”

他回答道：“的确如此，你是对的。”

我说：“非常好，我们现在来看看你是否认真考虑过这个问题。我必须马上告诉你的是，我不能加入这样一个诡计——它唯一目的是在下一次选举中仅仅只是拯救一小部分温和派人，而置其他党派的人于不顾，特别是我所在的党派。你必须通过给修正案一个共和党的特征来给温和派共和党人一个正当的理由对修正案进行投票，否则我们一定会尽最大的努力来阻止你们的诡计。”

他同意了我所提出的条件，但提出了他所在的党派的激情和偏见所带来的困难。我们就到底接下来该怎么做讨论了很久，最后我们讨论了他所遵循的政策。

我就这一问题和他交换了意见，我特别希望能够保留这一记忆。

“贝尔耶，你让我们所有人都处于困境之中，为此，你必须承担全部的责任，这一点你应该十分清楚。如果正统主义者一旦和那些希望打倒总统的人联合起来的话，这场战争仍旧是有可能实现的。你把自己所在的党派拉向了相反的方向。自此以后，我们不再进行抵抗；我们不能单独和山岳派人一起；既然你们作出了让步，那我们也必须作出让步，但这会导致怎样的结果？我知道你的想法，你的想法显而易见：你认为是当时的时局不可避免地造就了总统的统治地位，而且使他不可超越地赢得了整个国家的支持。我们无法和命运抗争，于是你让自己也卷入了这场战争，并且让局势变得越来越糟糕，可你希望你和你的朋友，还有那些有秩序的党派（他们并不认同总统）能够进入下一届议会。你认为通过这种方式能够对抗总统，通过处理他的事务就能够在下一届议会中找到一群可以抵抗他的人。在当时的情况下，和支持总统的人对着干就是让自己失去民心、没有资格当选，将自己的党派交给社会主义者和波拿巴主义者（政治独裁者），他们谁胜利都不是你所希望的。非常好！你所提出的计划有合理的一面，却忽略了很重要的一方面：我能够理解你的想法，假如选举能够在明天进行的话，假如你能够取得成功，就像12月的选举一样，那么我能够理解你；不过，从现在起到下一届选举还有将近一年的时间。即使你成功地让选举顺利进行，也不可能在春天就实现。从现在到下一届选举的这段时间中，你认为波拿巴主义者会停止他们的行动吗？你难道没有发现，在要求你修正宪法之后，公众舆论被所有行政代表和我们的弱点所激起，他们会提出更多的要求，继而得寸进尺，直到迫使我们公开支持不合法律规定的总统连任，毫无私心杂念地为他工作。你能做到这些吗？即使你愿意，你所在的党派是否愿意这样做？我认为不会，你将会坚持自己的立场一直到必须停止的时候，同国民和行政权力对抗；换句话来说，一方面变得失去民心，另一方面会失去政府的支持，至少失去了政府选举中立的态度。你将会受到自己的束缚，并且极大限度地增加反对自己的势力，就这样。我还要告诉你的是：不论你完全且永远地处于总统的束缚之下，还是在即将成功时功亏一篑，你都必须自己承担执掌政权的责任，尽管这个人是个平庸之才，由于情况特殊，他成为革命的领导人，也是我们的主人。”

在我看来，贝尔耶这个人有些缄默了，到了分别的时候，我们就此别过。